汇率理论发展与实践研究

——兼论人民币汇率形成的"二合一"模式

黄先禄◎著

人 民 出 版 社

内容提要

本书从汇率决定和汇率制度选择两个角度,从汇率、汇率理论和人民币汇率形成机制三个层面,梳理和分析了中外汇率理论的发展脉络和趋势,并针对当前我国人民币汇率所面临的问题,探索性地提出构建人民币汇率形成的"二合一"模式的设想,即合理的人民币均衡汇率水平、合意的人民币汇率制度选择和人民币汇率形成的长效机制。本书认为,"二合一"模式,作为人民币未来改革的取向,不仅符合汇率理论发展的学理逻辑,而且还符合我国社会经济发展的现实逻辑。

全书共分七章,其核心内容主要为马克思汇率理论、西方汇率理论和人民币汇率理论三大部分。所运用的研究方法是:坚持宏观分析与微观分析相结合,而以宏观分析为主;坚持均衡分析与非均衡分析相结合,而以均衡分析为主;坚持数理分析与哲理分析相结合,而以数理分析为主;坚持逻辑分析与历史分析相结合,而以逻辑分析为主;坚持实证分析与规范分析相结合,而以实证分析为主;坚持动态分析与静态分析相结合,而以动态分析为主。

本书认为,马克思是汇率理论的集大成者,马克思的劳动价值理论是汇率理论的坚实基础。马克思认为汇率在形式上表现为用一国货币表示另一国货币的价格,但在实质上却是指两国货币所包含或所代表的价值量之间的兑换比率,因而汇率就是国际商品交换的历史发展及其内在矛盾的必然产物,汇率变动的"典型过程"就是实际汇率围绕货币价值平价上下波动的过程。马克思不仅强调国内劳动价值对汇率的决定影响,而且还强调国际劳动价值对汇率决定的影响。从汇率的层面看,价值规律的调节作用已从国内范围扩展到国际范围。马克思还敏锐地指出了金本位制下国际信用体系的所有弊端,认为"现实的危机总是在汇兑率发生转变以后",并认同"汇兑率是货币金属的国际运动的晴雨表"。然而,马克思的汇率理论也具有金本位时代的局限性。实证表明，那些能用于黄金本位的汇率调节理论绝对不能照搬到没有黄金准备的汇率制度上来，而且在考察影响汇率的货币价值属性的同时，还必须考察影响汇率的商品价格属性。

本书从历史的角度回顾和评述了汇率决定理论和汇率制度选择理论的演变和发展历程。在汇率决定理论层面，本书重点介绍和阐释了国际借贷理论、汇兑心理理论、购买力平价理论、利率平价理论、资产组合理论、均衡汇率理论和汇率决定的混沌理论；在汇率制度层面，本书重点介绍和阐释了金本位制货币体系下的汇率制度，布雷顿森林货币体系下的汇率制度和牙买加货币体系下的汇率制度；在汇率制度选择理论层面，本书重点介绍和阐释了汇率两极论理论、最优货币区理论、经济结构理论、名义驻锚理论、"原罪"理论、"恐惧浮动"理论和"中间汇率制度消失"理论。通过分析与比较，本书认为，不论从哪个角度来考察研究，这些汇率理论都具有其独特的内容和形式。就汇率决定理论而言，其发展经历了"三个"转变，即从以注重宏观分析为主向以注重微观分析为主转变，从以注重存量因素分析为主向以注重流量分析为主转变，从以注重实体经济为主向以注重虚拟经济为主转变。就汇率制度选择理论而言，其发展也经历了"三个"转变，即从收敛于固定汇率制度向收敛于独立浮动制度转变，从选择最优货币区向选择汇率目标区转变，从追求单一政策目标向追求多重政策目标转变。尽管汇率理论各有特色，但由于各国情况千差万别，任何一个国家"永远都无法知道正确的汇率"，而且也没有任何汇率制度适合于所有的国家和所有的时期，更没有任何最好的汇率制度。

最后，本书从经济体制的角度回顾和评述了人民币汇率形成机制的演变和发展历程。就计划经济体制时期而言，当时那种以行政管理来替代经济管理、以政治规律来替代经济规律的经济运行方式，容易造成对现实经济的人为性偏离，从而也就无法依据一般汇率理论来确立人民币汇率的均衡水平，那种非经济性的人民币汇率的长期稳定就成为政治长期稳定的附庸。因此，与其说人民币汇率的长期稳定包含着许多不合理的成分，还不如说这是一种不得已而为之的选择。就市场经济体制时期而言,特别是近20年来,人民币汇率所存在的问题日益凸显,即在人民币汇率计值方面存在着错配现象,在人民币均衡汇率水平方面存在着错调现象,在人民币汇率制度安排方面存在着错位现象:鉴于人民币汇率形成机制所存在的问题,本书从两个层面探讨了构建人民币汇率形成的长效机制问题,并提出了构建人民币汇率形成的"二合一"模式。在人民币汇率决定方面,本书根据马克思关于汇率的实质就是两国货币所具有(在金属货币条件下)或代表的(在纸币条件下)内在价值之比的理论,并参照货币价值的计量方法,构建了合理的人民币均衡汇率决定的理论模型。在人民币汇率制度选择方面,本书沿着克鲁格曼关于汇率目标区情况下"蒙代尔三角"、"钟摆效应"的思路,放大了"蒙代尔三角"的功能,构建了"弹性三角"模型。所谓"弹性三角"模型,就是在克鲁格曼"钟摆效应"的基础上全面整合"货币政策独立性、资本自由流动性和汇率稳定性"三大目标功能,以促进汇率政策与经济政策的协调一致、和谐发展。"弹性三角"模型能够有效地克服"两极汇率制度论"和"中间汇率制度论"的理论缺陷,既拥有浮动汇率的灵活性,又拥有固定汇率的稳定性;既强调货币政策的独立性,又强调货币政策的有效性;既可隔离资本流动的冲击,又可形成配套政策的组合效应。

本书研究的结论是:人民币汇率改革必须以科学发展观为指导,在"二合一"模式的总体框架下,既要立足于发展,即形成合理的人民币均衡汇率平价可持续发展的长效机制,而不要受制于非经济因素的影响;又要立足于科学,即遵循人民币均衡汇率平价形成机制演化的内在逻辑和客观规律,有效而及时地转换制度,以利于合意的人民币汇率制度的路径选择,而不要受制于其他利益集团或政治意愿。只有这样,才能真正实行有管理的浮动汇率制,才能真正实现人民币汇率平价的可持续发展,才能有效地推进人民币成为世界货币的国际化进程。

▌目　录

序 ·· 1

导　论 ·· 1

第一节　国外文献综述 ······························· 2

一、国外汇率决定理论研究情况 ···················· 2

二、国外汇率制度选择理论研究情况 ················ 5

第二节　国内文献综述 ······························ 14

一、国内汇率决定理论研究情况 ··················· 14

二、国内汇率制度选择理论研究情况 ··············· 14

第三节　存在的问题 ································· 16

一、汇率理论研究中存在的问题 ··················· 16

二、人民币汇率形成和发展中存在的问题 ··········· 20

第四节　本书研究思路、意义、方法、结构 ············ 27

一、研究思路 ··································· 27

二、研究意义 ··································· 27

三、研究方法 ··································· 28

四、结构安排 ··································· 29

第一章　马克思汇率理论的形成和发展 ·············· 31

第一节　马克思汇率理论的形成 ··············· 32

　　一、马克思汇率理论产生的时代背景 ································ 32

　　二、马克思汇率理论产生的基础 ·································· 35

　　三、马克思汇率理论的分析方法 ·································· 39

　　四、马克思汇率理论的基本观点 ·································· 40

第二节　马克思汇率理论的分析框架 ································· 49

第三节　马克思汇率理论的发展 ····································· 57

　　一、从贸易角度分析外汇的虚拟价值 ····························· 57

　　二、从金融角度分析外汇的虚拟价值 ····························· 59

　　三、从投资角度分析外汇的虚拟价值 ····························· 60

　　四、综合的货币汇兑平价 ·· 61

第四节　马克思汇率理论的启示 ····································· 62

第五节　社会主义国家汇率理论与实践 ······························ 64

第六节　苏联及东欧国家汇率理论与实践的启示 ···················· 66

第二章　西方汇率决定理论的形成和发展 ························ 71

第一节　铸币平价理论 ··· 72

　　一、铸币平价的理论基础 ·· 73

　　二、铸币平价理论的基本思想 ···································· 74

　　三、铸币平价理论的评价 ·· 75

第二节　国际借贷理论 ··· 77

　　一、国际借贷理论的基本思想 ···································· 77

　　二、国际借贷理论的发展 ·· 79

　　三、国际借贷理论的评价 ·· 80

第三节　汇兑心理理论 ··· 82

　　一、汇兑心理理论的时代背景 ···································· 82

　　二、汇兑心理理论的基本思想 ···································· 83

　　三、汇兑心理理论的评价 ·· 84

第四节　购买力平价理论 ··· 85

　　一、购买力平价的理论基础 ······································ 87

二、购买力平价的基本模型 ……………………………… 89

三、购买力平价理论的修正和扩展 ……………………… 92

四、购买力平价理论的评价 ……………………………… 94

第五节　利率平价理论 ……………………………………… 97

一、利率平价的理论基础 ………………………………… 98

二、抵补利率平价与非抵补利率平价的关系 …………… 102

三、利率平价与购买力平价的关系 ……………………… 104

四、利率平价理论的政策含义 …………………………… 106

五、利率平价理论的修正与发展 ………………………… 107

六、利率平价理论的评价 ………………………………… 112

第六节　资产组合理论及数理分析 ………………………… 113

一、资产组合理论的产生 ………………………………… 113

二、资产组合理论的基本内容 …………………………… 114

三、资产组合理论的动态调节过程 ……………………… 115

四、资产组合汇率模型 …………………………………… 117

五、资产组合理论的评价 ………………………………… 120

第七节　均衡汇率理论 ……………………………………… 122

一、均衡汇率理论的基本内容 …………………………… 123

二、均衡汇率理论模型 …………………………………… 124

三、均衡汇率理论的评价 ………………………………… 139

第八节　汇率决定的混沌理论 ……………………………… 142

一、简单的汇率混沌模型 ………………………………… 144

二、汇率决定的混沌货币模型 …………………………… 148

三、汇率混沌理论的启示 ………………………………… 152

第三章　西方汇率制度选择理论的形成和发展 …………… 155

第一节　西方汇率制度的形成和发展 ……………………… 156

一、金本位制货币体系下的汇率制度 …………………… 157

二、布雷顿森林货币体系下的汇率制度 ………………… 162

三、牙买加货币体系下的汇率制度 ……………………… 169

第二节 西方汇率制度的选择理论 ……………………… 173

一、20 世纪 50 年代:汇率两极论 …………… 174

二、20 世纪 60 年代:最优货币区论 …………… 177

三、20 世纪 70 年代:经济结构论 …………… 180

四、20 世纪 80 年代:名义驻锚论 …………… 182

五、20 世纪 90 年代:"原罪"论、"恐惧浮动"论和"中间汇率
制度消失"论 ……………………… 185

第三节 西方汇率制度选择理论的分析框架 …………… 191

一、"蒙代尔三角"的原理 …………… 191

二、"蒙代尔三角"的应用 …………… 193

三、"蒙代尔三角"的局限 …………… 194

四、"蒙代尔三角"的理论突破 …………… 196

第四节 西方汇率制度选择理论的评价 …………… 197

一、没有任何汇率制度适合于所有的国家 …………… 198

二、没有任何汇率制度适合于所有的时期 …………… 199

三、没有任何最好的汇率制度 …………… 202

第四章 人民币汇率的理论与实践 ……………………… 205

第一节 人民币汇率的诞生及价值基础 …………… 206

一、人民币汇率的诞生 …………… 206

二、人民币汇率的价值基础 …………… 207

第二节 人民币汇率的计量 …………………… 208

一、人民币理论汇率的计量模型 …………… 208

二、人民币实际有效汇率的计量模型 …………… 212

三、人民币均衡汇率的其他计量模型 …………… 214

第三节 人民币汇率制度的演变 ………………… 217

一、1949—1952 年爬行钉住的汇率制度 …………… 218

二、1953—1972 年双钉住的固定汇率制度 …………… 219

三、1973—1980 年钉住篮子货币的汇率制度 ……………… 221

四、1981—1984 年钉住一篮子货币的双重汇率制度……… 223

五、1985—1993 年爬行钉住单一货币的双重汇率制度……… 224

六、1994—2005 年钉住美元的汇率制度 ………………… 225

七、2005 年以后参考一篮子货币的汇率制度 …………… 227

第四节　篮子货币汇率制度的数理分析 ……………………… 230

一、虚拟篮子货币汇率制度的数理分析 ………………… 230

二、参考篮子货币汇率制度的数理分析 ………………… 231

三、篮子货币汇率制度的启示 …………………………… 235

第五章　构建人民币汇率形成的"二合一"模式 …………… 239

第一节　构建合理的人民币均衡汇率决定模型 …………… 240

一、西方汇率决定理论在中国的适用性 ………………… 241

二、人民币汇率决定的价值基础 ………………………… 247

三、合理的人民币均衡汇率决定模型的数理分析 ……… 248

第二节　选择合意的人民币汇率制度 ……………………… 259

一、西方汇率制度选择理论在中国的适用性……………… 260

二、合意的人民币汇率制度选择理论的数理分析 ……… 265

第三节　人民币汇率形成的"二合一"模式的对策和建议 ……… 275

一、建立人民币汇率制度转换的有效机制 ……………… 275

二、建立货币政策传导的有效机制 ……………………… 278

三、建立外汇储备的有效机制 …………………………… 280

四、建立人民币国际化演进的有效机制 ………………… 284

结　语 ……………………………………………………………… 289

参考文献 ………………………………………………………… 295

后　记 ……………………………………………………………… 303

序

货币是人类社会经济机体中的"血液",是世界经济的润滑剂,而汇率则是"货币金属的国际运动的晴雨表"。如果一切经济问题最终都将表现为货币问题,那么一切开放经济问题则最终表现为汇率问题。经济学上的汇率问题常常涉及汇率决定问题和汇率制度问题。就汇率的产生而言,一般认为在国际经济交往中主要存在着三种交易,即商品交易、货币交易和服务交易。这三种交易都与汇率息息相关,而货币交易则是汇率产生的直接原因。因而可以说汇率就是世界经济交易相互依赖的直接传递机制。按照经典的表述,汇率是货币的国际价格,即一国货币与另一国货币交换的比率。根据马克思的国际价值理论,基于有效劳动基础上的购买力平价是汇率的价值基础,汇率的市场表现应该是围绕其价值而上下波动。

现代汇率理论认为,汇率作为贸易品和非贸易品的相对价格,它能够起到引导国际资源配置的作用。不过这些理论的目的只是为了解释汇率的决定基础,其理论在中短期汇率的解释方面都面临着许多困境。尽管人们已经认同汇率波动的长期因素主要是由货币的购买力决定,但对影响汇率的短期因素的分析,人们还是众说纷纭,没有形成一致的意见。

均衡汇率是汇率理论的核心问题之一,是判断实际汇率水平是否失调以及汇率政策是否需要调整的主要客观依据。判断人民币汇率是否合理,首先要计量人民币均衡汇率水平。由于特殊原因,人民币没有规定含金量,对外币的汇率不是按照黄金平价来确定的,而是采用"物价对比法"或"换汇成本法"来计量的。如要从理论上分析,那么汇率的失调,无论是高估或是低估,都会使经济付出福利和效率代价。

党的十六届三中全会提出"完善人民币汇率形成机制,保持人民币汇率在合理均衡水平上的基本稳定;在有效防范风险的前提下有选择、有步骤地放宽对跨境资本交易的限制,逐步实现人民币资本项目可兑换"。"完善人民币汇率形成机制"意味着汇率制度选择具有更大的灵活性;"合理均衡"意味着汇率水平主要由市场供求水平来决定;"逐步实现人民币资本项目可兑换"则意味着汇率机制将朝着更加适应市场经济体制的方向迈进。

2005 年 7 月 21 日,中国人民银行宣布:我国开始实行以市场供求为基础、参考一篮子货币进行调节、有管理的浮动汇率制度。这一决定,标志着中国的汇率制度改革和经济增长战略调整将进入一个新时代。从经济发展的战略上分析,要配置好国内外"两种资源",适应好国内外"两个市场",大国的崛起就必须保持汇率制度的一定弹性,特别是在世界贸易摩擦冲突频繁之时,为维护人民币的国际形象和捍卫中国的国家利益,中国应该趋利避害,打破国际货币体系中美元的霸主地位,破解"特里芬难题",减少美元贬值风险,实施有效的人民币汇率制度改革。从短期看,人民币汇率已从单一钉住美元过渡到参考美元、欧元和日元等货币组成的货币篮。从长期看,我国还可以根据经济发展状况、经济运行状况和国际收支状况在金融深化中进一步改革人民币汇率制度,积极参与亚洲货币合作,不断推进人民币的区域化和国际化进程,探索和完善人民汇率形成机制。

制度经济学家诺思曾在《经济史中的结构与变迁》中指出:"人们过去作出的选择决定了其现在可能的选择"。尽管 2005 年 7 月 21 日所宣布的汇率改革是"出其不意",而且也达到了预期目标,但仍然带有过去难以抹去的伤痕。

黄先禄的这部专著就是在国际国内经济发展大转型的大背景下写作的。书中从汇率决定和汇率制度选择两个角度,从汇率、汇率理论和人民币汇率形成机制三个层面,清晰地梳理了中外汇率理论的发展脉络与实践路径。综观全书,主要具有以下三个方面的特点:

第一,研究的前沿性。汇率一直是国际经济学研究的前沿核心领域之一,而判别汇率均衡水平是否合理则又是开放经济学领域中最具挑战性的实证问题之一。在计划经济时代,汇率一直蛰伏于经济现象之中。

随着全面向市场经济转型,汇率作为宏观经济的"宏观",其影响已经显现,其作用在不断地得到释放。过去习惯于以调控利率来调控经济的时代已经结束,而以相对有效的政策"组合拳"来调控经济的时代已经来临。在全球化和市场化浪潮席卷中的中国,其经济的主线是汇率问题。作者以其独有的胆识和胆量,将研究触向经济前沿的"险峰",并试图在经济前沿研究中破解人民币汇率之谜。

第二,思路的创新性。书中针对我国人民币汇率长期所存在的问题,原创性地构建了人民币汇率形成的"二合一"模式。"二"是指合理的人民币汇率均衡水平和合意的人民币汇率制度选择,而"一"是指人民币汇率形成的长效机制。在人民币汇率决定方面,作为人民币汇率未来的改革取向,"二合一"模式存在一定的合理性,它不仅符合汇率理论发展的学理逻辑,而且还符合我国社会经济发展的现实逻辑。

第三,观点的独特性。书中从马克思的价值理论和西方的价格理论的双重视野出发,认为无论是在金属货币条件下还是在纸币条件下,汇率的本质都是两国货币所具有或所代表的内在价值之比,汇率的决定不仅与货币因素有关,而且还与非货币因素(比如全社会的商品价值总量、全社会的劳动生产率和货币的流动性)有关。同时,书中还沿着克鲁格曼关于汇率目标区情况下"蒙代尔三角"、"钟摆效应"的思路,通过反思"蒙代尔三角"("货币政策独立性、资本自由流动性和汇率稳定性")三大目标功能,重构了"弹性三角"模型。并认为这一模型能够有效地克服"两极汇率制度论"和"中间汇率制度论"的理论缺陷,能够做到既拥有浮动汇率的灵活性又拥有固定汇率的稳定性、既强调货币政策的独立性又强调货币政策的有效性、既可隔离资本流动的冲击又可形成配套政策的组合效应。

全书的结论是:人民币汇率改革必须以科学发展观为指导,在"二合一"模式的总体框架下,既要立足于发展,即形成合理的人民币均衡汇率平价可持续发展的长效机制,而不要受制于非经济因素的影响;又要立足于科学,即遵循人民币均衡汇率平价形成机制演化的内在逻辑和客观规律,有效而及时地转换制度,以利于合意的人民币汇率制度的路径选择,而不要受制于其他利益集团或政治意愿。只有这样,才能真正实行有管理的浮动汇率制,才能真正实现人民币汇率平价的可持续发展,才能有效地推进人民币成为世界货币的国际化进程。所有这些观点,不但有自己的独立见解,而且有一定的实际参考价值。

专著还以数理的方式,全面解读了汇率理论的内在机理,实证剖析了货币篮子在"钉住"和"参考"的汇率制度选择中的经济学意义。从总体上看,这部专著思路清晰,逻辑严密,推理严谨,分析透彻,行文流畅,学术规范,论点正确。特别是在拓展人民币汇率研究的广度和深度上,不仅具有理论上的创新意义,而且还具有实践上的指导意义。认真阅读全书,从中至少可以得到如下三点启示:

第一,劳动价值论仍然是汇率决定的基石。汇率是两国货币所包含或所代表的价值量之比,而货币的根源在于商品,商品的根源又在于劳动。按照马克思汇率理论,如果要确定汇率这一比率,那么就必须确定两种货币分别所包含或所代表的价值量;如果要确定货币所包含或所代表的价值量,那么就必须确定商品所包含或所代表的价值量。而商品所包含或所代表的价值量则要通过社会必要劳动时间来确定。马克思汇率理论是在劳动价值论所要求的基本假设前提下形成的,即存在一种同质的可以相互折算的价值量,而这个价值量则随着劳动生产率的发展变化而变化,也就是说汇率的基础是由各国货币所包含或所代表的价值量的多少决定的。同时,按照价值规律的要求,两国货币的相互交换或兑换,必须以两国货币所包含或所代表的价值量相等为基础。汇率既要体现出两国货币之间的一种价值交换关系,又要体现出两国货币对国际贸易商品的购买力的比例水平。研究表明,在金本位制条件下,两国货币之间的汇兑比率可以由两国货币所包含或所代表的价值量决定,而非金本位制特别是纸币条件下,两国货币之间的汇兑比率则可以由两国货币对国际贸易商品的购买力水平决定。但无论是在何种经济条件下,汇率价值平价比例都无法绕开劳动价值论所圈定的范畴。

第二,汇率的经济学意义是深远的。货币是否坚挺是一个国家经济盛衰交替最早出现的征兆。人类有史以来的发展经验表明,崛起中的国家总是以更加旺盛的生产力和更加旺盛的发展势头创造出巨大的物质财富,维持合理的均衡汇率水平就能维持好货币的有效购买力和经济发展的持续推动力,就能促进社会资源的有效配置和社会财富的保值增值,而合意的汇率制度选择将会有力地增强货币政策的有效性,加速经济结构性调整和改革,从而促进中国经济与全球经济的和谐、协调和平衡发展。采用相对灵活并具有弹性的汇率制度,既符合中国人民的利益,也符合世界人民的利益。就中国而言,实行有管理的浮动汇率制度,不仅可以缩小货币供应中的"倒剪刀差"现象,而且还可以规避货币计值中的"错配"现象,充分发挥中央银行的"宣示效应"。渐进式的人民币汇率升值和升值预期,不仅有利于我国对外贸易的"自然对冲",而且还有利于减缓资产价格因受货币冲击而上涨的趋势。

第三,汇率经济学正方兴未艾。最近一个时期,一些关于货币和汇率著作的出版,已比较清晰地反映了汇率的历史演进。在金本位时代,作为货币价值度量的金银成了货币币值稳定的定海神针。据统计,1664—1936 年,世界各主要国家货币的稳定年限分别是:英镑(1664—1914 年)的币值稳定时间是 250 年,美元(1800—1913 年)的币值稳定时间的 113 年,法国法郎(1814—1914 年)的币值稳定时间是 100 年,荷兰盾(1816—1914 年)的币值稳定时间是 98 年,瑞士法郎(1850—1936 年)的币值稳定时间是 86 年,比利时法郎(1832—1914 年)的币值稳定时间是 82 年,瑞典克朗(1873—1931 年)的币值稳定时间是 58 年,德国马克(1875—1914 年)的币值稳定时间是 39 年,意大利里拉(1883—1914 年)的币值稳定时间是 31 年。同英国和美国相比,欧洲各主要国家在由农业国向工业国的经济发展转型中,同样保持了货币币值的高度稳定性。然而,自 1971 年世界货币体系脱离金本位之后,各国货币的购买力就急剧下滑。从 1971—2006 年,世界各主要国家货币购买力下降(1999 年以后的则折算为欧元)情况如下:意大利里拉购买力下降 98.2%,法国法郎购买力下降 95.2%,马克购买力下降 89.7%,英镑购买力下降 95.7%,瑞典克朗购买力下降 96%,加元购买力下降 95.1%,美元购买力下降 94.4%,日元购买力下降 83.3%,瑞士法郎购买力下降 81.5%。

如上所述,汇率的波动是正常的,维持货币币值的稳定才是最重要的。由于战争的原因,人民币没有被规定所应度量的含金量,也没有被纳入到"二战"后所建立的以黄金为基础的布雷顿森林体系中。在计划经济时期,人民币汇率被行政性地强制稳定。但人民币汇率的稳定不等于人民币币值的稳定,不等于人民币实际购买力的稳定。因此,汇率的研究所涉及的领域极其广阔,所涉及的问题极其复杂,而专门的汇率经济学学科正初具雏形,其前景任重道远。

当然,书中也存在一些问题,这既是作者今后应该继续努力的方向,也是供大家继续讨论的永久话题。党的十七大报告又重申了"完善人民币汇率形成机制,逐步实现资本项目可兑换"的既定目标。我相信,这部凝聚着心血和汗水的著作,作者那种刻苦钻研、勇于攀登的精神,会激发那些视金融知识为畏途的读者朋友们重新燃起一股强烈的探索人民币汇率之谜的求知欲望。

出版这部专著,是人民出版社奖掖后学的体现。作为黄先禄的导师,我感到非常欣慰。在即将付梓之时,我所写的这篇序,既是我的个人体会,也是我对这部专著的认可和推荐。

全国政协委员,中央党校原教育长、教授 李兴山

2010 年 9 月于北京

导 论

汇率问题一直是世界经济中的热点问题,而汇率理论也一直是国际金融理论的核心。从过去到现在,不论是发达国家,还是发展中国家,都对汇率理论研究趋之若鹜,研究汇率也一直被认为是最具有挑战性的课题之一。

第一节　国外文献综述

一、国外汇率决定理论研究情况

自 20 世纪 70 年代布雷顿森林体系瓦解以来,主要国家货币之间的汇率波动十分剧烈。由于传统汇率理论无法给予充分的解释,国外出现了大量探讨汇率波动原因的新的理论和实证研究①。20 世纪 70 年代,人们对购买力平价理论和货币均衡理论还抱有很大的信任度,但今天人们已经放弃了这些理论作为解释汇率的主要工具。这些理论模型在解释高通胀率国家的汇率时具有一定的价值,但在解释几种主要汇率时几乎不起什么作用。

汇率模型在 20 世纪 60 年代主要集中于经常项目,而在 20 世纪 70 年代初期和中期,则主要集中于资本项目。虽然把资产市场的作用包括在汇率模型内是汇率模型构建的一大进步,但经济学家们仍然感到,如果完全忽视汇率对商品劳务贸易的影响,就会漏掉某些重要东西。资产是一种存量,要获得和处置这一存量,就必须有流量的调节。所以,20 世纪 70 年代下半期汇率模型的发展同考虑资产市场的理论不一致。按照对

---

① 　马君潞:《国际浮动汇率制度的 20 年》,《南开经济研究》1993 年第 5 期。

经常项目和资本项目处理的方式进行分类①：

(1)涉及经常项目的汇率模型包括：①弹性分析模型；②凯恩斯主义的总需求模型；③吸收分析模型；

(2)涉及资本项目的汇率模型包括：①汇率动态模型；②资产组合平衡模型；③货币替代模型；

(3)涉及经常项目和资本项目之间相互影响的汇率模型包括：①动态局部均衡模型；②理性预期的"新闻"模型。

均衡汇率是汇率理论中的核心问题之一，是判定汇率水平是否失调及政策是否需要调整的主要依据。过去通常只认为购买力平价理论就是汇率的决定理论，但实际上购买力平价也是均衡汇率的最早理论。自20世纪20年代以来，购买力平价作为国际经济学领域中最有影响力的汇率理论，一直在深深地影响着人们的思想，同时，人们也一直在寻找卡塞尔（Cassel）所称的"正常"汇率（即均衡汇率）。然而，困难在于人们试图通过改变名义汇率以保持与同一时期两国物价水平成比例变化从而保持实际汇率（即均衡汇率或"正常"汇率）不变的想法在经济生活中很难实现，各国的实际汇率不仅经常发生变化，而且随着一国劳动生产率、贸易条件等基本经济要素的变化而变化。均衡汇率（即实际汇率）是一种动态的汇率，按照购买力平价理论构建汇率决定模型，可能会导致错误的价值评估。

鉴于以上原因，1963年，国际货币基金组织专家斯旺（Swan）明确地把均衡汇率定义为与宏观经济内外均衡相一致的汇率，为构建均衡汇率决定模型奠定了理论基础。美国国际经济研究员威廉姆森（John Williamson,1983）最先提出可用于实证分析的基本要素均衡汇率理论（FEER），并率先测算了美元、日元、德国马克、法国法郎、英镑、意大利里拉、加拿大元等西方主要货币的均衡汇率。他的思想为20世纪80年代以来测算美元、日元、德国马克等货币之间的汇率协调奠定了理论基础。斯特恩（Stein,1994）系统地提出自然均衡汇率理论（NATREX），实证测

---

① 李月宏:《汇率非均衡演化的特征及模型研究》,1995年。

算了美元、德国马克、澳大利亚元等货币的均衡汇率;麦克唐纳德(Ronald MacDonld,1998)完整地提出色彩浓厚的行为均衡汇率理论(BEER),实证分析了美元、日元、德国马克等货币的汇率变动。在现代汇率理论中,西方学者除针对发达国家提出均衡汇率决定理论之外,爱德华兹(Sebastain Edwards,1989)第一个提出针对发展中国家的均衡汇率理论(ERER),他构建了一个估计汇率的动态计量模型,并运用普通最小二乘法或工具变量法实证研究了巴西、哥伦比亚、印度、菲律宾、马来西亚、泰国等十二个发展中国家的实际均衡汇率。埃尔巴达威(Elbadawi,1994)在构建非贸易品需求和非贸易品供给函数的基础上,根据发展中国家的特点给定外生变量和政策变量,并通过非贸易品市场出清的条件方程,求解非贸易品市场均衡时的实际汇率水平。蒙蒂(Montiel,1999)在综合以前均衡实际汇率理论的基础上,建立了具有微观经济基础的长期均衡汇率决定模型。概括来说,均衡汇率实证模型主要有四类:(1)基于购买力平价的均衡汇率实证模型(Ahlers 和 Hinkle,1999);(2)局部均衡框架下的均衡汇率实证模型(Ahlers 和 Hinkle,1999);(3)一般均衡框架下的均衡汇率实证模型;(4)简约一般均衡下的单方程协整模型。[①]

国外研究均衡汇率的文献不多,而系统地研究人民币均衡汇率的就更少。从已有的研究成果来看,从理论角度探讨的文献居多,而从实证角度研究的很少。如 Chou 和 Shih(1997)根据购买力平价,利用 1997 年以前的年度数据估算了人民币均衡实际汇率;他们的结论是:人民币币值在20 世纪 80 年代是高估的,在 20 世纪 90 年代的早期是低估的。然而,通过对官方汇率和外汇影子价格估计值的比较,他们又认为人民币的官方汇率在整个 20 世纪 80 年代和 90 年代早期都是高估的[②]。Bu 和 Tyers(2001)则运用 Devarajan、Lewis 和 Robison 的"1-2-3 模型"(假定一个小

① 张斌:《人民币均衡汇率:简约一般均衡下的单方程实证模型研究》,工作论文,2003 年。

② Chou,W. L. and Y. C. Shih,"The Equilibrium Exchange Rate of Chinese RMB," *Journal of Comparative Economic* (26),1997,pp. 165–174.

型开放国家,只从事生产国内消费品和出口品,市场上也只有出口品、进口品和国内消费品),采用逆实际分析法以年度数据估计 1987—1998 年人民币均衡实际汇率①。Zhang ZhiChao(2001)使用年度数据对人民币均衡实际汇率进行了估算②。

二、国外汇率制度选择理论研究情况

纵观汇率理论学说史,尽管与汇率决定理论研究相比,汇率制度选择理论的研究起步相对较晚,但随着各国经济市场化和开放程度的不断加大,特别是 20 世纪 90 年代以来,新兴市场经济国家频繁发生金融危机,以及由此而引发的汇率制度的崩溃,致使汇率制度的选择研究不仅成为汇率理论研究领域里的一个重要问题,而且还成了经济学家们长期关注的焦点问题。概括起来,国外关于汇率制度选择的理论研究可以归纳为以下几个方面:

1. 从成本层面到收益层面研究汇率制度

20 世纪 50 年代是西方经济学家对汇率制度选择争论最为激烈的时期,以金德尔伯格(Kindleberger)为代表的一批经济学家极力推崇固定汇率制,并认为固定汇率制能够带来显著的收益,能够规避汇率风险,能够促进贸易和投资等;而浮动汇率制常常引发汇率的不稳定性,增大经济活动的不确定性,则会带来显著的成本,影响国际贸易和投资等。以弗里德曼(Friedman,1953)为代表的另一批经济学家则极力主张浮动汇率制,并认为"浮动汇率不一定是不稳定的汇率,即使不稳定,也主要是因为主导国际贸易的经济条件的基础不稳定。固定汇率尽管名义上是稳定的,但

① Bu,Y. X. and Tyers,R. ,"China's Equilibrium Real Exchange Rate,Counterfactual A-nalysis",Felbruary Working Papers in Economics and Econometrics No. 390 Australian National University SBN,0868313904,2001.

② Zhang Zhichao,"Real Exchange Rate Misalignment in China:An empirical Investigation", *Journal of Comparative Economics*(29),2001,pp. 1-15.

它可能使经济中其他因素的不稳定性变得持久和强化"[1],且"汇率不稳定是基本经济结构不稳定的一种表征,通过官方固定汇率来消除这种表征是无法治愈任何基础性经济结构失衡的,并只会使调整变得更加痛苦"[2]。同时,在外界经济条件发生变化的情况下,固定汇率因无法进行适时的纠偏性行为而产生显著的成本,比如导致汇率严重高估或低估,造成国际收支严重失衡和非均衡积累,最终酿成货币金融危机。而浮动汇率制不仅能够提供更加有效的国际调节体系,促进国际贸易更加自由,而且还能够利用汇率双重调节手段来实现国内目标。爱德华兹(Edwards,1996)模型是假定货币当局以取得通货膨胀和失业之间此消彼长的二次损失函数最小化为目标,货币当局在选择汇率制度时就要比较每种汇率制度的预期损失以及放弃钉住汇率的潜在政治成本。1997年,Krugman和Obstfeld用成本——收益分析法与经济一体化特征相结合的方法来研究一国汇率制度的选择,即是否加入固定汇率区(或共同货币区)。

2. 从经济层面到政策层面研究汇率制度

1998年,Roubini和Wachtel针对中东欧转型经济进行研究,他们认为,资本流入和固定汇率制度的选择也导致了这些国家实际汇率升值、竞争力明显丧失及经常账户恶化。而且,这些国家中也存在着脆弱的经济基本面,比如虚弱的银行和金融体系、日益增加的外债等。但在这些转型经济中,短期资本投资即所谓的热钱流入相对较少,因而限制了投机性资本突然逆转的可能性。同年,Radelet和Sachs研究也表明,金融恐慌(Financial Panic)是造成东亚金融危机的基本因素,危机的核心是大规模国外资本流入金融体系,使得金融体系面对金融恐慌变得脆弱。当外币定值的短期债务大量增加、外汇储备减少时,投资者便会产生心理恐慌,结果市场预期的变化造成资本逆转,从而引致危机发生,即使经济基本面足够健康并能够保证外币定值的长期债务不违约,但还是无法规避金融

---

① Friedman, M., "The Case for Flexible Exchange Rate", *Essays in Positive Economics*, Chicago University Press, 1953, p. 173.

② Friedman, M., "The Case for Flexible Exchange Rate", *Essays in Positive Economics*, Chicago University Press, 1953, p. 158.

危机。因而外币短期定值债务对汇率制度的选择也至关重要。

从政策层面看：(1)1997 年，通过对金本位制度、布雷顿森林体系及欧洲和拉美钉住汇率制度下的货币危机进行比较研究，Bordo 和 Schwartz 认为近年来货币危机反映经济基本面与固定汇率之间的冲突，就像过去货币危机一样。如果政府政策与钉住汇率不一致，那么货币投机攻击就必定发生。1999 年，Mishin 认为，虽然坚持固定或钉住汇率制对于控制通货膨胀可能是成功的，但是如果一国银行体系脆弱，并有大量外币定值的债务，那么实行钉住汇率制是非常危险的，它可能增加金融体系的不稳定性，使金融危机更有可能性发生。2000 年，卡尔沃和莱因哈德(Calvo and Reinhart，2000a)针对钉住汇率制是东亚货币危机罪魁祸首、新兴市场(EMs)应该选择浮动汇率制等结论进行了研究。(2)2000 年，Yoshitomi 和 Shirai 认为，如果干扰源来自于货币冲击，比如货币需求的变化和影响价格水平的冲击，那么就应偏向固定汇率制，因为所有商品和服务的价格成比例的变动不会改变它们的相对价格，使用汇率变动作为改变支出的政策是不必要的。如果干扰源来自于实际冲击，比如偏好的改变或者影响国内商品与进口商品相对价格的技术性变化，那么更加灵活的汇率制度是合意的，因为相对价格的频繁变动使得有必要使用汇率作为政策工具来调整经济以对实际冲击作出反应。如果干扰源来自于外部冲击，那么浮动汇率制是合意的，因为浮动汇率能够极大地隔离国内经济，降低外部冲击的影响。而如果干扰源来自于国内冲击，比如不稳定的财政政策和货币政策，那么固定或钉住汇率制是合意的，因为固定或钉住汇率有助于政府财政政策和货币政策形成外部硬约束，部分地限制政府政策随意性行为，从而极大地降低政府政策不稳定带来的负面效应。美国经济学家格雷厄姆·伯德曾将经济结构特征与经济冲击结合起来并归纳为十个方面因素作为发展中国家是否采用浮动汇率制的参考标准①，即经济波动主要来自于国外、经济开放程度不高、商品多样化、贸易分布广、资本市场一体化程度高、相对通胀率差异大、进出口价格弹性高、国际

---

① 陈岱孙、厉以宁：《国际金融学说史》，中国金融出版社 1991 年版。

储备少、社会更倾向于收入增长或存在完善的远期外汇市场等。(3)1998 年，Devereux 和 Engel 通过构建货币冲击造成不确定环境中经济主体最优化模型来研究固定和浮动制度的社会福利特性，认为最优化汇率制度取决于是由厂商货币还是由消费者货币来确定价格。当由消费者货币确定价格时，浮动汇率下国内消费的变化不受外币变化的影响；当由厂商货币确定价格时，则无论浮动汇率制还是固定汇率制都存在着外币干扰的传染。1999 年，Devereux 和 Engel 在动态时间序列一般均衡框架下研究汇率制度选择。他们认为在货币冲击的不确定环境中，汇率制度的最优选择取决于是由厂商货币确定价格还是由消费者货币确定价格，当由厂商货币确定价格时，如果一国足够强大或不过于厌恶风险，那么应该偏向于选择浮动汇率；当由消费者货币确定价格时，如果浮动汇率能使国内消费与外币冲击相隔离，那么则总是偏向于选择浮动汇率制，特别是在国际化生产的情况下，选择浮动汇率制的收益应该更大。

3. 从最优货币区到汇率目标区研究汇率制度

在"固定汇率制"与"浮动汇率制"优劣之争相持不下的情况下，经济学家蒙代尔(Mundell，1961)另辟蹊径，提出了"最优货币区"(Optimal Currency Areas)理论。他认为不能笼统而抽象地谈论汇率制度的优劣，而应当结合某种经济特征来进行汇率制度选择。为此，他提出以"生产要素流动性"作为建立"最优货币区"的标准，即在生产要素可以自由流动的区域内，实行固定汇率制是可行的；如果一个区域范围很大、生产要素不能自由流动、经济发展不平衡，那么就不宜采用固定汇率制，因为这时需要以货币币值的变动去促使生产要素的流动、发展经济和解决就业问题，而实行浮动汇率制就更加合意。继蒙代尔之后，麦金农(Mckinnon，1963)、凯南(Kenen，1969)、英格拉姆(Ingram，1969)、哈伯勒(Haberler，1971)等分别从不同的角度补充和发展了"最优货币区"理论。1965 年，针对市场投机压力，威廉姆森(Williamson)提出采用一种能够应对的汇率制度形式——爬行钉住(Crawling Peg)。他认为，"如果平价钉住的改变趋向于导致汇率未来可持续信心的累积性降低，那么可调整钉住是不可能无限期可行的。因为如果钉住易于变动，则增强的不稳定投机将会发生;如果僵化不动,则又中止了可调整"①。针对 20 世纪 80 年代初主要汇率失调的情况,威廉姆森(Williamson,1985)主张建立一个中心汇率上下各 10%的汇率目标区(Target Zones)。目标区的维持不需要太多的努力,货币当局的干预只是偶尔为之。克鲁格曼(Krugman,1989,1991)则把这种汇率目标区思想加以理论化、形式化,形成了经典的 Krugman 汇率目标区模型。1997—1998 年东亚新兴市场发生汇率制度危机后,有关汇率制度选择的研究又形成了高潮。沿着爬行钉住和目标区的理论思路,经济学家提出了以爬行带(Crawling Bands)取代爬行钉住和汇率目标区。尔后,Dornbusch 和 Park(1999)又将爬行钉住、目标区和爬行带统称为"BBC 制度"(the BBC Rules)。但是奥布斯特费尔德和罗高夫(Obstfeld 和 Rogoff,1995)认为,汇率目标区虽然可以减少央行承受单方面博弈的风险,同时排除极端的汇率波动,但是汇率目标区仍旧只能推迟汇率遭受攻击的时间,而无法规避之,当汇率达到目标区的界限时,便面临着与固定汇率同样的问题。

4. 从政府公信力(credible)层面和公众预期力层面研究汇率制度选择

政府的公信力来自于政府的声誉、信用和执行力,而公众的预期力则来自于对政府和市场的信心。1988 年,贾瓦齐(Giavazzi)和帕加诺(Pagano)认为,因为没有被公众预期的通货膨胀将降低失业率和未偿还债务的实际额,一个缺乏纪律约束的政府将存在制造通货膨胀的冲动,但考虑时间的一致性,理性的公众自然会猜测到政府的动机,并相应地作出调整,结果是政府实行通货膨胀的效果比不实行通货膨胀更差。问题在于,即使政府意识到这一点并希望执行零通货膨胀的政策,公众也不会相信。因为假设公众相信了政府的零通货膨胀政策,政策的最优选择必定是制造通货膨胀。因而政府必须寻找外在的约束,才能使得自己的承诺取信于民,并在政策可信的情况下减少政策不确定因素引起的不稳定性。1998 年,丹尼尔·M. 钦(Daniel M. Chin)和普雷斯顿·J. 米勒(Preston J.

---

① Williamson,J. ,"The Crawling peg", *Princeton Essays in Internaional Finance*,(50),1965,p. 8.

Miller)在一般动态均衡模型中比较了固定汇率制与浮动汇率制。他们发现两种汇率制度的基本区别在于货币政策路径。由于政策协调的要求,紧的货币政策需要保持固定汇率和紧的财政预算。在某些情况下,选民或政策制定者偏好某种汇率制度,而在另一种情况下偏好另一种,但选民和政策制定者的选择经常是相反的。1999 年,伯索德·赫伦多夫(Berthold Herrendorf)认为,如果国外通货膨胀和真实汇率波动输入的成本太高,则一个国家的名义汇率制度选择在可信度问题上应该采取钉住,这比浮动汇率具有较高的可信度和较低的通货膨胀。相反,由于汇率可以完全控制,钉住汇率制度解决了私人信息问题,越透明则政府信誉越有影响,同时,透明度对于投机压力和汇率失调也极其重要。2000 年,Frankel、Schmukler 和 Serven 认为如果政府能对某种名义锚(Nominal Anchor)作出承诺,并且这种承诺具有公信力的话,那么一国通货膨胀便会下降而不必有产出和就业的损失,汇率制度选择就会有一定的自由。他们主张对汇率要确定一个目标,并以此来加强中央银行的货币稳定计划,而中央银行又可以通过固定汇率甚至放弃货币稳定计划,更加可信地反通货膨胀。1999 年,Jeanne 和罗斯(Rose)认为,汇率制度主要因汇率噪声不同而不同,并不是因宏观经济面不同而不同。市场噪声交易者(或叫技术交易者)的存在能够造成汇率失调,导致外汇市场上多重均衡而损害宏观经济结果。但是噪声交易者的进入又分担了汇率变动相关的风险。在这种情况下,可以使用货币汇率政策来降低汇率变动而不改变宏观经济基本面。也就是说,设计良好的汇率政策要比无管理的浮动汇率能够产生更好的效果。1999 年,阿金诺(Agénor)和马森(Masson)以1994 年 12 月墨西哥比索危机为例研究了信誉和声誉在危机中的作用,并认为几乎没有实证证据能把比索贬值的预期归因于经济基本面因素;相反,市场似乎严重低估了比索贬值的风险——尽管存在着早期预警信号,诸如实际汇率升值和经常账户恶化的迹象,但是直到当局宣布比索贬值 15% 之后,市场信心似乎才崩溃。2000 年,弗兰克尔(Frankel et al)针对中间汇率制度正在消失的假说,提出了一种可能的理论解释,即中间汇率制度缺乏所需要的政府信誉。如果央行宣布汇率作为中间目标,那么公众就能够通过所观察到的数据来判断货币当局是否守信、遵循其宣布的政策。而且,简单的制度比复杂的制度更易为市场参与者所查证,这就解释了政府信誉缺乏下的中间汇率制度更易遭受投机攻击的原因。威廉姆森(2000)认为,有管理的浮动汇率制度具有两大缺陷:一是缺乏透明度,二是没有预期的中心汇率。弗兰克尔(Frankel,2001)等认为,可信度和透明度是汇率制度讨论的焦点。中间汇率制度越来越不受欢迎的一个重要原因就是它们的不透明度,且难以核实。弗兰克尔等通过对历史数据的实证研究,也发现了篮子中的货币越多、浮动范围越大就越难以核实的问题。

5. 从货币联盟到制度转换研究汇率制度

从货币联盟角度看,1943 年,凯恩斯(Keynes)提出了有名的"凯恩斯方案",开创了世界货币"班考"(Bancor)的先例。1961 年,特里芬(Triffin)沿着凯恩斯的思路,针对 IMF 以一国货币——美元与有限黄金储备并列作为国际储备基金资产的弊端——"特里芬两难"①提出了国际储备资产多元化或国际化的方案。1969 年,根据特里芬在 20 世纪 60 年代初所提倡的这种方案,IFM 创立了"特别提款权"(SDR),其成员国于 1970 年 1 月起开始以 SDR 的形式持有储备资产。按照特里芬原有的设想,实际上是要让 IFM 转换作用,充当世界银行的角色;同时,让特别提款权充当世界货币的角色。但是,要让凌驾于各主权国家政府之上的世界中央银行来协调各国之间的经济利益关系,不仅在第二次世界大战后的 10 余年中难以实现,就是在当今世界也是难以想象的。尽管特里芬方案中有许多不切实际的设想,但是其理论精髓在区域一体化中仍然被逐渐地采纳了。可以说欧洲货币联盟(EMU)的共同货币——欧元(euro)就是世界货币在区域范围内的一种缩影。研究表明,汇率制度的选择不仅是一个动态的过程,而且汇率制度的转换也是经常发生的。据克莱因

---

① 特里芬两难是指主导货币国家的顺差有利于巩固主导货币的信誉和地位,但不利于扩大其作为国际清偿手段的作用和影响;反之,主导货币国家的逆差有利于扩大主导货币作为国际清偿手段的作用和影响,但却有损于主导货币的信誉和地位。

和马里恩(Marion,1994)的研究,发生货币危机的国家被迫放弃原来的汇率制度,而没有遭受货币危机冲击的国家,也可能会转换汇率制度。除了非洲一些法郎区的国家外,大部分国家钉住某一货币的时间都很短。如拉美和加勒比国家在1957—1990年的87项钉住事例中,钉住的平均时间只有10个月。Dornbusch(1997)、Goldstein(1998)以及Tornell和Velasco研究表明,高通货膨胀国家由钉住的汇率制度转换为较有弹性的汇率制度的最佳时点是在估计钉住汇率的边际收益等于其边际成本之时。1998年,艾肯格林和马森发表的关于汇率制度退出战略的研究报告认为:(1)对大部分新兴经济体来说,较高的汇率弹性是有利的;(2)当有大规模资本内流时,应放弃钉住汇率,因为此时"退出战略"成功的概率较大;(3)在退出钉住汇率之前,有关国家需改善和加强其财政和货币政策。1994年,霍尔(S. G. Hall)和加勒特(A. Garratt)描述了汇率制度转换的路径。1998年,格尔辛·奥兹坎(F. Gulcin Ozkan)和艾伦·萨瑟兰德(Alan Suther Land)认为政策制定者希望放松货币政策以刺激总需求,放弃固定汇率制度,如果外汇市场上的做市商知道政策制定者的目标函数,并形成了因制度转换所产生的利差预期,那么其结果将会影响政策制定者是否决定进行汇率制度的转换。这就充分地说明了放弃固定汇率作为应对外界冲击时的理性预期均衡是存在的,而在某些情况下,多重均衡的存在又可能导致自致性危机。2000年,加布里埃拉·芒达卡(B. Gabriela Mundaca)因此而研究了央行干预对汇率制度转换的影响,并采用制度转换模型,表明两种制度转换的决定因素是中央银行在外汇市场上的干预能力,并希望将来在存在特定概率的情况下改变汇率的均衡状态。2000年,赫尔穆特·瓦格纳(Helmut Wagner)针对货币局制度和美元化制度,从加快资本流动对汇率制度转换影响的层面进行分析,认为新兴国家的货币危机和金融危机的教训就是汇率制度的角点解优于中间解,最优汇率制度取决于一个国家的环境和时期,应及时改进汇率制度安排以避免货币危机和金融危机,或减少负面影响。2002年,博·桑德曼(Bo Sandemann Rasmussen)研究了不同形式的固定汇率制度所产生的不同退出成本,研究表明,加入货币区的潜在好处就是货币区相对于正规的固定汇率制度而言,其遭受外界"投机冲击"的可能性小。麦基宾(Mckibbin)和李(Le,2002)在研究东亚国家汇率制度时,选择浮动汇率、半钉住欧元半钉住美元的固定汇率、完全钉住日元等制度,并运用宏观动态一般均衡模型分析了这些国家的 GDP、实际有效汇率和通货膨胀的变化,结果表明,对东亚国家而言,浮动汇率制度总是优于固定汇率制度。帕特里克·N. 奥萨克韦(Patrick N. Osakwe)和劳伦斯·L. 谢姆布里(Lawrence L. Schembri,2002)研究了固定、永远固定和浮动汇率制度崩溃对真实产出的影响,在外界冲击很大的环境中,浮动汇率制度在理论上可以减少真实产出的波动。而墨西哥则不同,如果在 20 年前就实行浮动汇率制度,那么墨西哥真实产出的波动将会减少一半。

6. 从博弈论角度研究汇率制度

由于存在着汇率制度的多重均衡,货币协调往往易于失败,进而引发货币危机和钉住美元制度的崩溃。一般认为,小型开放经济体可以在不影响世界经济的前提下选择最佳的汇率制度安排,并且只有在一国经济大到足以影响其他国家的经济发展时,才会考虑到其他国家的可能反应和承受能力。1998 年,科勒(Kohler)研究发现,货币政策合作的帕累托效率会优于非合作博弈,各国应该加入货币联盟。在 N 国模型中,"搭便车"的激励限制了货币联盟的规模,其成员国数量要小于 N 国。这样,成员国可能受到联盟规则的约束,而非成员国则可能成功地输出通胀而不怕成员国效仿。如果成员国太多,那么,大的货币联盟就难以维持,即使有几个规模较小的货币联盟相互并存,但对于货币合作中"搭便车"的问题,其可能的解仍是次优解。2000 年,Ogawa 和 Ito 构建了一个与美国、日本和邻国之间相互贸易的理论模型,以便于考察可使贸易平衡波动最小化的亚洲新兴市场经济国家的最优汇率制度选择,并认为新兴市场经济国家的汇率制度选择依赖于邻国的选择,而两国篮子货币中的美元的权重则趋向纳什均衡。

第二节　国内文献综述

一、国内汇率决定理论研究情况

国内研究均衡汇率并从理论角度研究的文献较少，而从实证角度研究的较多。最早对人民币均衡汇率进行计量研究的是陈彪如（1992），他实证测算了 1981—1990 年人民币"理论汇率"（即均衡汇率）和失调程度。金中夏（1995）使用 Edwards 模型对人民币均衡汇率进行了研究。易纲和范敏（1997）利用套利均衡和市场均衡分析了人民币市场名义均衡汇率，但没有提出市场均衡概念；范敏（1999）采用最小二乘法（OLS）估计了 1990—1997 年人民币均衡汇率；张晓朴（1999）、林伯强（2002）和张斌（2003）采用协整技术对人民币均衡实际汇率进行了估算。卜永祥和 Tyers（2001）利用一般均衡框架下的均衡汇率实证模型（Devque—Lewis—Robinson，简称 DLR 模型）、何新华（2003）利用 Haque 和 Montiel（1999）针对发展中国家设计的结构性一般均衡模型（HLM 模型）研究了人民币均衡汇率。

二、国内汇率制度选择理论研究情况

在国内，易纲（2000）认为汇率制度选择问题的核心是权衡效率与稳定之间的两难。对一个资本账户开放的国家而言，实行中间汇率制度是很危险的，只有汇率完全市场化才是有效而保险的；而对于一个资本账户尚未开放的国家而言，无论政府名义上宣布采取何种汇率制度，事实上都将收敛于固定汇率制。李翀（2000）认为，从防范国家金融风险角度考虑，采用灵活的浮动汇率制度是较好的选择，但"如果一个国家或地区认为钉住汇率制度给它所带来的如提高本国或本地区货币的地位、加强与它所钉住的国家的经济联系等方面的利益超过可能遭受外国机构投资者投机性冲击所带来的损失，那么，它仍然应该选择钉住汇率制度。但无论选择什么样的汇率制度，如何防范国家金融风险仍然是各国选择汇率制

度的重要因素之一"①。张志超(2001)在一个博弈的分析框架中,通过比较两种汇率制度的福利,对中国转轨时期的汇率制度进行了研究。他认为,中国的汇率制度并轨并实行钉住汇率制度增加了福利,相反,如果采取了浮动汇率制度,相应的就会产生可信度和可核实性等问题。储幼阳(2006)采用 Logistic 模型对 70 多个转换年份样本和 Logit 模型对 34 个国家进行了汇率制度转换的实证研究,研究表明,汇率制度转换和汇率浮动影响因素不同,汇率制度转换主要受失业、财政赤字等带有政治色彩的变量的影响,小幅度的汇率制度波动成本小于汇率制度巨变所产生的成本。

　　1994 年 1 月 1 日,我国声称实行有管理的浮动汇率制,但人民币汇率制度实际上仍然是钉住美元汇率制。因此,人民币汇率制度选择问题遂成为中国学者研究的热门课题。张志超(2002)②从博弈论的角度,认为人民币应实行浮动汇率制。李翀(2002)③也认为,灵活的浮动汇率制相对来说更有优势一些。胡祖六等(2000)④则从国际收支和资本开放的角度,认为人民币应恢复实行有管理的浮动汇率制,并逐步向有弹性的浮动汇率制方向发展。余永定等(2002)⑤从开放经济条件下货币政策有效性的角度,认为应实行钉住一篮子货币制。对于最佳的退出时机,胡祖六(2001)⑥认为应选择在亚洲经济全面复苏以后;而张志超(2002)则认为最佳的退出时机应选择在钉住汇率的边际收益等于边际成本的时点上。

　　① 李翀:《国家金融风险论》,商务印书馆 2000 年版。
　　② 张志超:《汇率制度理论的新发展:文献综述》,《世界经济》2001 年第 1 期。
　　③ 李翀:《论货币局、美元化和货币替代的制度选择》,《世界经济》2002 年第 2 期。
　　④ 胡祖六:《人民币:重归有管理的浮动》,《国际经济评论》2002 年第 3—4 期。
　　⑤ 余永定、何帆、李婧:《亚洲金融合作:背景、最新进展与发展前景》,中国社会科学院国际金融研究中心工作论文,2002 年。
　　⑥ 胡祖六:《入世:中国开放资本项目的催化剂》,《国际经济评论》2001 年第 7—8 期。

第三节 存在的问题

一、汇率理论研究中存在的问题

实际上,任何一种汇率理论都难以对 1973 年以来的所有重大汇率波动作出全面而完整的解释。即使能够自圆其说,那也是从不同的侧面、依据不同的假设条件来探讨汇率决定因素、影响因素或汇率波动的部分原因。因为 1973 年以来国际主要货币之间所经历的数次重大汇率波动都是在不同的经济背景下发生的,并且有着不尽相同的决定因素和影响因素,而这些汇率波动又不可能重演和重复,并且汇率理论研究中也存在一些误差与偏差:

1. 理性预期假说难以成立

理性预期假定经济单位在形成他们的预期中利用了一切可以利用的信息,并理智地处理这些信息,从而除随机的、非经济的扰动外,人们都会形成完全的预见,而且这种预见是通过一定时期内重复发生事件及其概率分布形成的[1][2]。所以,在汇率的更改预期模型中将产生大量的投机"泡沫",具有理性预期的外汇投机者能够精确地预测这些"泡沫"破裂的时间,从而他们能够通过在"泡沫"破裂之前的正确预测来获得最大的利益。但是,如果所有投机者都持有理性预期,那么,"泡沫"破裂的时间将接近于今天,重复下去,就会得出"泡沫"不能形成的结论,这就意味着投机者之间及投机者与模型之间都使用了不一致的信息。或者说,外汇投机者完全一致的预期是不可能的。对理性预期模型的实证检验在一定程

---

[1] Baillie R. T. , *The Foreign Exchange Market Theory and Econometric Evidence*, Cambridge University Press,1989.

[2] Evan G. W. ,"A Test for Speculative Bubbles in the Sterling-Dollar Exchange Rrate : 1981 - 1984", *AER*,76(4) ,pp. 621–636.

度上揭示了理性预期模型的不合理性①。G. Hard(1989)考察了"新闻"对汇率的影响,其结论是:汇率的暴涨和暴跌与"新闻"发生无关②。Frenkel 和 Froot(1988)、Allen 和 Taylor(1989)和 Fakagi(1991)所做的研究表明:金融市场的预期是非理性的,短期的预期倾向于投机的影响③④。Froot 和 Ito(1989)的实证研究又进一步显示了预期的不一致性⑤。对理性预期来说,预期的一致性是必要条件,预期的不一致性意味着理性预期的不成立。由此可见,必须正确说明外汇市场上存在大量具有不一致预期的投机者,即说明采纳不同类型信息的机构间的内部反应。

2. 缺乏经济学思想基础

回顾一百多年的汇率理论研究,汇率究竟是由什么决定的,可能还不易作出令人满意的回答。正如陈彪如在《国际金融概论》中所言:"西方国家对金融的理论研究,带有很大的片面性和局限性……在汇率决定方面,也有同样的情形,如国际借贷说,购买力平价说,汇兑心理说,资产选择说,国际收支决定论,外汇供求流量论,都不是全面地看问题,而只是强调的重点罢了。不能按照这一学科的逻辑结构异型论证,找出它们之间的相互作用和内在联系,从而形成一套完整的理论和一个科学的体系"。汇率理论发展到今天,所谓自成体系的各流派所强调的往往只是研究方法的不同,并没有什么实质的差异,而往往忽视自身在理论基础上有着直接联系的经济学背景。比如现代国际贸易理论是直接在经济学(主要是微观经济学和古典经济学)的基础上发展起来的,而现代汇率理论则主要是在国际贸易理论的基础上发展起来的。从基本经济思想上看,两者

---

① Boothe P., "The Statistical Distribution of Exchange Rate : Empirical Evidence and Economic Implications ", *Journal of International Economics*, (2), 1987, pp. 297–319.

② Hard G., "News and the Foreign Exchange Market", London school of Economics Financial Markets, Group Discussion Paper, 1989, p. 71.

③ Allen P. R. and Taylor S., "Charts, Noise and Fundamentals: a Study of the London Exchange Market", Discussion paper, 1989, p. 341.

④ Frenkel J. A. and Froot K. A, "Chartists, Fundamentalists and the Demand for Dollars", *Greek Economic Reviews*, (10), 1988.

⑤ Froot K. A. and Ito T., "On the Consistency of Short Run and Long Run Exchange Rate Exchange Expectations ", *Journal of Internation Money and Finance* (8), 1989, pp. 487–510.

具有一脉相承的关系。因此,汇率理论内含的经济思想在某种程度上决定了它的理论思路。要构建具有内在逻辑性的汇率决定体系,一方面可以从新的范畴出发,建立崭新的汇率决定理论,并替代过去汇率理论以及解释现实的汇率现象;另一方面可以对现有汇率理论进行重新整合,寻找它们的内在逻辑关系,在共同的思想基础之上构建有机的汇率理论体系和分析框架。

3. 缺乏合理汇率的决定理论

在固定汇率制度下,汇率是一个可以完全由政府确定的值,即汇率是一个外生变量;在浮动汇率制度下,汇率不再是一个外生变量,而是一个由多种变量共同决定的内生变量。针对某一时点的汇率变动,可能是其中的某一自变量起决定作用,也可能是由多种因素共同起主要作用。而且随着时间的变动,每个自变量在决定汇率的变动中的权数也可能随时变动。因而任何由有限个自变量构成的汇率回归方程可以拟合过去,但无法准确预测未来汇率的变动方向和变动幅度(赵庆明,2005)。显然,这些预测的错误或困惑的最大原因在于其忽视了其他因素的动态作用。这种在"假定其他因素不变"的条件下分析汇率的生成,强调某些因素对汇率的影响,在布雷顿森林体系下或许是对的,但在布雷顿森林体系崩溃之后,即在浮动汇率取代固定汇率成为国际货币体系的主要汇率制度时,特别是主要工业国家在国际间逐步推进金融自由化而使得伺机寻找获利机会的游资日益增加时,如果汇率理论所依据的仍然是新古典经济学理论来分析推算均衡汇率,那么就只能得出困惑的非均衡汇率。尤其是20世纪80年代以来,虽然构建于均衡模式和线性数理方法基础之上的新古典经济学在经过马歇尔和瓦尔拉斯、德布鲁和卢卡斯两代人的努力之后已经基本完成,但是在金融市场上所表现出来的奇异性和突发性却是古典理论所无法解释的。因为新古典经济学总是把市场汇率波动归咎于来自经济系统外的随机干扰,但是历次震动世界经济的外汇市场的波动都找不到来自系统外的证据①。

---

① 傅琳:《混沌经济学与新古典经济学的比较研究》,《新华文摘》1994年第5期。

4. 缺乏合意的汇率制度

人们普遍认为"蒙代尔不可能三角"具有直观的解释力,也常常将其作为一国汇率制度选择的合理判定标准。但是在这种理念下,人们对浮动汇率制和固定汇率制的研究都存在着严重的不足之处。就浮动汇率制度而言,在资本完全流动的条件下,即使是已经实行了浮动汇率制,也不一定能确保货币政策的独立性(孙华好,2004)。因为一国货币政策的变动在浮动汇率制下会导致汇率的超调,超调造成的不稳定性有可能造成国内外资源配置不当和外汇市场上的过度投机,从而使得中央银行不得不采用货币政策干预汇市,于是,用汇率稳定换得的货币政策独立性也最终无法取得,即"蒙代尔不可能三角"中的两角也未必能同时成立。国际经验表明,世界上除最大的四五个国家外,其他国家的货币政策都不能独立,不论这些国家是实行固定汇率制还是实行浮动汇率制(Frankel、Schmukler 和 Serven,2002),即在开放经济条件下,货币政策不独立的现象可能具有普遍性,在选择汇率制度时就不必以货币政策独立与否为依据,为谋求货币政策独立性而实行浮动汇率制也并不可靠。

就固定汇率制而言,人们很容易混淆固定汇率制与钉住汇率制的区别,并往往将钉住汇率当成固定汇率(杨帆,2005)。在蒙代尔看来,固定汇率(Fixed Rates)的调节机制允许通过外汇市场的干预买卖来改变货币供应量,固定汇率体系是一种包含国际收支自我调节机制的货币准则。而在钉住汇率(Pegged Rates)机制下,中央银行在干预外汇市场、维持钉住汇率的同时,还要保持独立的货币政策。即中央银行对货币市场的决策和对外汇市场的干预是分开的,它可以分别决定是增加或减少货币供应量还是提高或降低利率。针对人们对固定汇率的误解,蒙代尔还认为,固定汇率是一个货币准则,而该准则使本国的货币政策与伙伴国的货币政策保持一致,人们不能将作为货币准则的固定汇率体系与浮动汇率体系混为一堂,也不能将货币准则与汇率制度混为一堂。因为浮动汇率对货币政策没有任何义务,浮动汇率不能称作为任何意义上的货币准则。固定汇率则意味着准确的货币政策,并使本国的通货膨胀率与伙伴国相同;而浮动汇率则可以伴随任何货币政策——恶性通货膨胀、恶性通货紧缩或者价格稳定。正是由于错误地理解了作为货币准则的固定汇率与钉住汇率之间的相互区别,所以才使得各国的汇率制度被频繁地转换。

二、人民币汇率形成和发展中存在的问题

1. 在人民币汇率计值方面存在着错配问题

所谓货币错配指的是一个经济行为主体(政府、企业、银行或居民)在融入全球经济体系时,由于其货物和资本的流动使用了不同的货币计值,因而在货币汇率变化时,其资产/负债、收入/支出会受到影响的情况(巴曙松,2005)。特别是在巨额货币错配已经积累的情况下,一旦需要变动货币汇率或改变汇率制度,本币汇率的剧烈波动并因此而产生的货币错配或期限错配的风险就不可避免。从存量上看,货币错配指的是资产负债表(即净值)对汇率变动的敏感性;从流量上看,货币错配则是指损益表(净收入)对汇率的敏感性。净值/净收入对汇率变动的敏感性越高,货币错配的程度也就越严重(莫里斯·戈登斯坦和菲利浦·特纳,2005)。

就外因而言,广大发展中国家之所以面临货币错配,是因为布雷顿森林体系崩溃以后形成的以美元和欧元为"关键货币"的国际货币体系,将美元、欧元以外的其他国家的货币"边缘化"了。在这种国际体系下,由于美元和欧元区居民的资产/负债、收入/支出基本上都能以同一的美元或欧元定值,所以美元和欧元区各国可能不会发生货币错配现象。然而,广大发展中国家由于其经常项目交易和资本项目交易很难用本币来定值,更难用本币来计值,所以,其资产/负债、收入/支出便呈现出多种货币并存的局面,货币错配因而就成为常态。

就内因而言,在资产/负债方面,由于国内储蓄不足,且资本市场发展滞后,发展中国家不得不到海外融资或通过本国银行到国际市场筹资。但由于在国际资本市场上基本不可能筹到以本国货币计值的债务,发展中国家只能借入外币资产,于是就自然而然地陷入货币错配困境。在收入/支出方面,由于发展中国家大多实施"出口导向"战略,贸

易顺差就成为这些国家的追求目标。由于其交易难以用本币定值,贸易顺差的实现自然就意味着外币定值债权的积累,货币错配也同样不可避免。

许多曾经声称采用"浮动"汇率制的发展中国家,并没有像工业国一样让本币的汇率自由浮动,而是更为频繁地通过外汇市场干预或利率政策的调整来控制本币汇率(卡尔沃和雷哈特,Calvo and Reinhart,2000)。发展中国家之所以会产生这种"浮动恐惧",并不是因为怕汇率变动会波及国内价格,而是因为在其对外借贷中以外币计价的借款占了绝大部分(豪斯曼恩、潘尼查和斯特恩,2000)。一旦货币错配发生,这些国家就不会愿意让本币大幅贬值,以免国内银行或企业因净值下降而遭受破产的威胁。

作为发展中国家,中国也存在着以上的问题。在中国,一些企业常常借外币而兑换为本币使用(货币错配),借短期贷款而作长期贷款使用(期限错配)。在国家采用"适度从紧"的货币政策时,国内的一些投资主体为逃避人民币信贷规模控制,常常采用各种措施,变相扩大投资规模。在经常账户实现可兑换后,一些经济行为主体利用本、外币之间可兑换的畅通渠道,比较容易地获得了大量的外汇,并通过资本流入而实现国内结汇,从而获取人民币现金,实现"外币本币化"。但这样做的直接后果是产生货币错配或期限错配。如果出现货币错配,那么,当本币贬值时,本币的借款成本上升,企业则会陷入财务困境。如果出现期限错配,那么,利率则会上升,本币的借款成本也会上升。尽管企业的理性行为能够对暴露的汇率风险进行冲销,但由于国内不完善、不发达的市场金融体系,使得企业无法对暴露的头寸进行冲销。因此,从定性上分析,中国已经是货币错配比较严重的国家之一。

再从定量上分析,截至 2004 年年底,中国居民持有的外汇资产(约9000 亿美元)占 M_2 的比重达 27%。如果再计算 2004 年年底中国高达2285.96 亿美元的外债余额,中国的货币错配率竟达 34.8%,其错配程度十分突出。在货币错配的影响下,2003 年 1—5 月、2003 年 9 月、2004 年2—6 月和 2004 年 11 月—2005 年 1 月,我国国内外币存款净额急剧下降,大量外汇资产被兑换成人民币。特别是 2004 年,增长高达 2067 亿美元的外汇储备中,大约有 1000 亿美元无法由国际收支表予以合理解释。可见,高速增长的外汇储备所造成的人民币的过度投放,正是导致人民币汇率升值压力的主要原因之一,而这一压力又是来自货币错配所诱发的外汇投机。非理性的外汇投机使得汇率制度难以找到合适的改革时机,从而引发汇率(制度)错配,进而迫使人民币趋向国际化、可兑换化。

2. 在人民币均衡汇率方面存在着错调问题

由于价格黏性,市场无法完全出清,这就相应地引起了人民币汇率存在多恩布什式的失调问题,它不能按照人们的理想预期来把握实际汇率的波动,这就是人民币汇率错调的问题所在。其具体表现为实际均衡汇率偏离的非均衡性。

(1)绝对购买力平价(静态)下实际均衡汇率的偏离

1997 年,易纲、范敏运用绝对购买力平价理论对 1993—1995 年的人民币汇率进行了估算。在测算中,以 100 种商品和劳务的中美价格为样本数据,得出 1995 年人民币与美元的绝对购买力平价是 1 美元 = 4.2 元人民币;以 56 种可贸易商品的中美价格为样本数据,得出 1993 年、1994 年、1995 年美元兑人民币的汇率分别是 7、7.3 和 7.5。他们认为造成 1995 年美元兑人民币的汇率估计值高出名义汇率(1 美元合 8.35 元人民币)近 50% 的主要原因在于样本数据中包含了住房、服务和教育等非贸易品①。比较 2004 年张志柏运用相对购买力平价理论采用 1985—2003 年 CPI 样本数据的研究结果,如以 1995 年 100 种商品和劳务测算的人民币与美元的绝对购买力平价(1 美元 = 4.2 元人民币)为基期,则 2004 年人民币被低估 52.83%,而 2003 年人民币被低估 53.51%。如以 1995 年 56 种可贸易商品测算的人民币与美元的绝对购买力平价(1 美元 = 7.5 元人民币)为基期,则 2004 年均衡汇率为 6.972 元/美元,人民币被低

---

① 易纲:《中国的货币化进程》,商务印书馆 2003 年版,第 171—172 页。

估 15.77%；2003 年均衡汇率为 6.946 元/美元，人民币被低估 16.08%①。

（2）相对购买力平价（动态）下实际均衡汇率的偏离

2004 年，刘阳博士选用 1994 年第 1 季度为基期，测算了 1980—2003 年人民币均衡汇率。通过运用相对购买力平价理论，估算结果是：除 1992 年的实际汇率与均衡汇率一致、1993 年的实际汇率相比均衡汇率而言存在低估外，其他年份人民币实际汇率都存在不同程度的高估。其中 80 年代初高估的情况最为严重，幅度达 250%（实行内部结算价后，汇率高估被消除很多外，但仍然存在 60% 左右的高估）；除 1988 年、1996 年的高估以及 1993 年的低估因外汇调剂市场作用而有所缓解外，2002 年、2003 年的汇率高估幅度依然分别在 9% 和 8% 左右。2005 年，王国维、黄万阳利用爱德华兹（Edwards）提出的 ERER 模型对 1980—2003 年的人民币实际汇率错位进行了计算。计算结果表明，1981 年、1989 年、1995 年人民币接近均衡水平；1982—1985 年人民币持续高估，其间 1983 年和 1984 年出现严重高估；1986—1994 年人民币持续低估，其间 1986 年、1987 年、1988 年、1992 年、1993 年、1994 年出现严重低估；1996—2002 年人民币持续高估，其间 1997 年、1998 年出现严重高估；2003 年人民币转为轻度低估②。另据郑建明、曹龙骐的研究，人民币在 1981—1990 年期间存在平均水平为 25.14%（或 10071 个基点）的贬值压力，1991—1996 年期间存在平均水平为 20.61%（或 11261 个基点）的升值压力，1997—2001 年期间存在平均水平为 6.17%（或 5585 个基点）的贬值压力，2002—2004 年则存在平均水平为 2.84%（或 2269 个基点）的升值压力③。

（3）同非美元货币比价的偏离

---

① 张志柏：《以相对购买力平价估值人民币汇率》，《国际金融研究》2005 年第 6 期。

② 王维国、黄万阳：《人民币均衡实际汇率研究》，《数量经济技术经济研究》2005 年第 7 期。

③ 郑建明、曹龙骐：《人民币升值压力的货币化、资产泡沫与宏观调控》，《国际金融研究》2005 年第 8 期。

在固定汇率制度下,选择固定汇率并非就是钉住美元的固定汇率。在世界多极化的发展中,单一钉住美元显然会被动地与其他货币"非均衡"浮动。而钉住篮子货币在一定程度上虽然能够化解因美元、欧元、日元之间的浮动而造成的人民币"非均衡"浮动,但由于人民币是非自由兑换货币,人民币汇率的偏离仍然是不可避免的。据陈春生研究,从基本汇率分析,1995—2002年美元对其主要贸易伙伴货币的名义有效汇率上升了37.5%,对可自由兑换货币上升了26.7%,对非自由兑换货币上升了52.6%。美元对其他货币的强势政策同时也迫使人民币处于超强势状态,同时,其他货币对美元的弱势政策也迫使人民币客观上被动地实施了强势升值政策。从双边汇率分析,1995—2002年人民币对主要贸易伙伴货币的名义汇率呈现全面上升态势,但具体又程度不一。第一类是美元型,包括美元、港元、英镑和沙特阿拉伯的里亚尔,其名义汇率的波动较小;第二类是日元型,属中度贬值型,其贬值幅度在10%—29%之间,主要有日元、新台币、新加坡元、澳大利亚元等;第三类是严重贬值型,其贬值幅度在30%—49%之间,主要有韩元、德国欧元、马来西亚林吉特、泰国泰珠等;第四类是超级贬值型,其贬值幅度在50%以上,主要有印尼卢比、俄罗斯卢布、菲律宾比索和巴西的雷亚尔。特别是日元,其名义汇率对人民币贬值了25.8%,而其相对购买力平价上升了27.8%,使名义汇率与平价偏离的程度高达72.2%。大量货币对人民币、美元等少数几种货币采取低估政策,其结果是促使人民币在国际汇率体系中的比价大面积扭曲,形成了一种人民币被分层次高估的畸形的台阶式结构。在这一结构中,人民币名义汇率相对于购买力平价被高估10%—29%的有印度卢比、加拿大元、意大利欧元和港元,被高估30%—49%的有澳大利亚元和西班牙欧元,被高估50%—59%的有韩元、马来西亚林吉特、新加坡元等七种货币,被高估60%以上的有日元、泰珠、印尼卢比等六种货币。在中国大陆的前24位贸易伙伴中,有11种货币的名义汇率在2001年创出历史新低,有6种货币在2002年创出历史新低,有3种货币虽未创出历史新低,但其汇价水平也已十分接近历史底部。陈春生还认为,人民币汇率自1997年以来一直在币值高估状态下运行,其高估的程度已超过"广场协议"后的日元(从 1985—1989 年日元的实际有效汇率上升 21. 86%)①。

3. 在人民币汇率制度方面存在着错位问题

目前,人民币汇率的市场形成机制是不完全的,一是人民币只实现了经常项目下的可自由兑换,而没有完全实现资本项目下的可自由兑换,资本项目仍然受到严格管制,资本项目下的外汇供求难以反映在人民币汇率形成机制中。二是即便是可自由兑换的经常项目下的外汇供求关系也不能反映其真实状况。在结售汇制度下,结售汇行为是强制性的,外贸企业的外汇需求要通过银行售汇制度来得到满足。虽然外贸企业的贸易用汇可以通过银行售汇来解决,但是其非贸易用汇则受到一定程度的外汇审批限制,企业和居民仍然不能意愿地持有外汇。在意愿结汇制度下,只是外汇政策的重大转变,外汇体制并没有改变。对外贸企业来说,虽然新政策赋予企业根据自身经营保留外汇的"选择权",从短期来看,外贸企业未必会使用这种权利。在本币处于升值过程中时,外贸企业可能不会选择舍弃本币而保留外币;只有当本币处于贬值情况下,外贸企业则才会考虑舍弃本币而保留外币。从长远看,在人民币波动增大的情况下,意愿结汇制度对外贸企业防范外汇风险提出了更高要求,外贸企业不仅需要加强自身抗风险能力,而且需要提高对市场的敏感度。对整个经济来说,在目前人民币不断升值的背景和预期下,外贸企业在保证企业基本经常贸易活动的条件下更倾向于把收到的外汇结成人民币,因此,我国外汇储备增长不会放缓或减少,"藏汇于民"仍然难以在短期内实现。

就银行间汇市而言,一是参加银行间外汇市场的主体——外汇银行实行的是会员制,其会员资格的获取要通过中央银行或外管局的审批,具有严格的市场准入制度,银行间汇市是封闭而非开放的。二是中央银行对外汇银行持有外汇的额度有严格规定,这就使得外汇银行不能意愿地持有外汇或根据本币和外币的资产组合来规避风险,从而实现收益最大化。三是在银行间汇市交易中,由于中央银行对外汇银行的额度控制以

① 陈春生:《人民币汇率水平与结构的实证分析》,《统计与信息论坛》2005 年第 3 期。

及中央银行庞大的外汇储备和货币供给权,使得中央银行对汇市中的汇率生成具有较大程度的管制权(即中央银行管制定价机制)。四是银行间汇市交易的币种虽然有美元、日元和港元三种,但其交易量以美元为主,且几乎不存在远期、期货交易,其波幅相当小,交易品种十分单一(黄瑞玲,2005)。

名义上,人民币实行的是有管理的浮动汇率制。但实际上,人民币对美元的汇率波动是在一个很窄小的区间内浮动。据统计分析,如以年均汇率为基准,那么,人民币年末汇率的偏离度情况是:1994 年为 2%,1995—1997 年缩小到不足 1%,1998—2000 年缩小到 0.01%,2001—2004 年也只有 0.36%。如果按照布雷顿森林体系下固定汇率的标准(中心汇率上下 1%),人民币汇率在 1994 年尚可被认为是浮动汇率制,但自1995 年以后已演变为典型的固定汇率制,且单一钉住美元,即便是 1994年 1 月 1 日—2005 年 7 月 21 日之间的有管理浮动制,其走势的一个重要特征也是"管理"得多,而"浮动"得少(戴相龙,1999)。特别是 2000—2002 年,尽管外汇储备增加了 73%,但人民币对美元的汇率波动没有超过 0.05%,人民币汇率处于一种超稳定状态。从实证分析中可以看出,在外汇银行、企业、居民都不能意愿地持有外汇的前提下,中国的汇率生成机制具有封闭性、管制定价、交易品种单一和波幅较小等特征。尤其是1994 年以来,人民币汇率管理有余而浮动不足,人民币汇率钉住美元,保持高度的"静态稳定",人民币汇率制度名义上是有管理的浮动汇率制,而实际上仍然属于钉住美元的固定汇率制。难怪 IMF 在 1999 年汇率制度的最新分类中,我国被归入钉住汇率制度(邓立立,2006)。在钉住汇率制下,中央银行对汇率的调整存在着时滞性和非连续性。但在开放经济下,这种缺乏弹性的汇率机制,必将导致国际投机资本进行大规模投机活动的可能性。

综上所述,尽管中国式的经济增长并没有形成对外国资本的高度依赖,但利用外资已经成为我国一项重要的经济政策,外资对中国式的经济增长的绝对贡献是很大的(外资企业出口占中国出口的 50% 以上),因而外汇储备增长、贸易收支顺差和直接投资增长就成为推动人民币出现升值压力的直接原因,而且在这些经济因素的背后存在着一定的汇率制度扭曲,即汇率(制度)错位现象。

第四节　本书研究思路、意义、方法、结构

一、研究思路

本书以马克思汇率理论为指导,继承西方经济学关于汇率理论研究的最新成果,以全球经济一体化为视野,以国际金融为纬,以中国汇率改革为经,在宏观层面的着力点下,有序地深入微观层面的各个触角,不断吸收国际国内在汇率演进方面的成熟理论和成功实践,努力构建社会主义市场经济条件下人民币合理的汇率决定理论和合意的人民币汇率制度选择理论,促进人民币汇率实现相对稳定和可持续发展的长效机制的形成,即"二合一"模式的确立。

二、研究意义

1. 理论意义

随着经济全球化时代的到来,一价定律的现实约束条件将越来越接近于理论假设,真实汇率水平将越来越收敛于长期购买力平价,尽管从短期分析,购买力平价还有不相适应之处,但从长期分析,购买力平价则存在趋近于货币真实价值的可能性。许多现当代中外经济学家在研究中都会"本能地认为购买力平价的某些变形可以作为长期真实汇率的锚"(Rogof,1999),而且在国际宏观经济学中的大量论证也表明至少在长期联系中购买力平价的一些形式是成立的。马克思是购买力平价理论的集大成者,西方很多汇率理论都在不自觉地隐含着一价定律的理论假设(利率平价理论中隐含着与购买力平价的相互关系)。因此,重新审视汇率理论,并寻找其与购买力平价理论的内在联系,对于确立合理的人民币均衡汇率水平具有重大的理论意义。

2. 现实意义

"蒙代尔三角"模型曾被视为各国汇率制度选择的经典理论,但在汇率的多重均衡和政府的多重政策目标之下,该理论的天然局限性越来越令决策者棘手,特别是令那些以追求国内政策的组合效应和国际事务的协调发展为宗旨的政府行为难以实现多赢的局面。从哲学角度看,任何绝对的选择,都意味着形而上学行为的产生;从经济角度看,以最少成本收到最好的实效,这纯粹是最理想的状态。然而,从现实角度看,相机抉择,逆风向行事,往往可以收到较好的政策效果。因此,采用比克鲁格曼目标区"钟摆效应"更加灵活的选择路径,并针对人民币汇率波动的实际情况来选择合意的人民币汇率制度可能更具有现实意义。

三、研究方法

一是宏观分析与微观分析相结合,以宏观分析为主。汇率是世界宏观经济的晴雨表。国内经济主要依靠利率调节,而全球化的宏观经济显然依重于汇率调节。本书在对汇率进行宏观分析和把握的同时,还尽力切入汇率生成机制的微观层次,特别是经济变量的微观变化往往会引起汇率制度选择和汇率决定的宏观层面的变化。

二是均衡分析与非均衡分析相结合,以均衡分析为主。无论是汇率决定理论还是汇率制度选择,都将坚持在均衡分析中有非均衡分析方法的运用,而在非均衡分析中又有均衡分析方法的运用,即充分体现马克思主义关于"辩证均衡"分析的思想。

三是数理分析与哲理分析相结合,以数理分析为主。货币是现代社会理性化过程的基本条件①。而汇率则是有限理性的产物。汇率的决定,是一个复杂的系统的科学演绎过程,它不仅表现在哲学哲理上,而且表现在数学数理上。清晰的数学数理逻辑比缜密的语言描述更能近似地、科学地揭示汇率生成的内在机理。正如马克思所说:"一门科学只有

---

① 西美尔:《货币哲学》,华夏出版社 2002 年版,第 10 页。

在成功地运用数学时,才算达到了真正完善的地步。"①

四是逻辑分析与历史分析相结合,以逻辑分析为主。本书从历史角度考察汇率决定理论、汇率制度选择和汇率实证研究及其检验的演变历程,拟提出相关理论假设和假说。在逻辑上,本书沿着汇率理论的内在发展逻辑,合理地构建分析汇率波动趋势的新框架,并认为汇率制度不论如何选择与安排,都将取决于汇率的决定。

五是实证分析与规范分析相结合,以实证分析为主。在实证分析中,修正和扩展汇率决定和汇率制度选择方面的理论并进行合理推导论证,同时引用相关的经济数据进行实证检验和分析;在规范分析中,本书拟采用归纳判断、演绎推理等方法。

六是动态分析与静态分析相结合,以动态分析为主。在篮子货币构成及其影响因素分析中采用静态分析,在汇率决定理论分析与汇率制度选择路径分析中采用动态分析。

四、结构安排

导论部分主要综述和分析国内外汇率理论的研究情况以及人民币汇率存在的问题、本书研究思路、意义、方法及结构安排等。

第一章主要梳理马克思汇率理论的形成和发展,并指出其理论对现行人民币汇率机制改革的现实启示和当代意义。

第二章主要梳理西方汇率决定理论及模型的形成和发展,以及社会主义国家汇率理论与实践,并指出其对人民币汇率机制改革的现实启示和当代意义。

第三章主要梳理西方汇率制度选择理论的形成和发展,并指出其对人民币汇率机制改革的现实启示和当代意义。

第四章主要梳理人民币汇率理论以及汇率制度的形成和发展,并指出其对现行人民币汇率机制改革的现实启示和当代意义。

---

① 保尔·拉法格:《摩尔和将军——回忆马克思和恩格斯》,人民出版社1982年版,第95页。

　　第五章主要分析西方汇率决定理论和汇率制度选择理论在中国的适用性,并基于货币价值理论从汇率价值平价与汇率价格平价两个主要方面简要构建人民币合理均衡汇率模型,并作简要的分析,并针对当前中国面临的宏观经济形势及人民币汇率方方面面所存在的错配、错位及错调问题,提出构建人民币汇率形成的"二合一"模式的政策和建议。

　　结语部分总结全文的研究思路、研究结论及贡献。

第一章

马克思汇率理论的形成和发展

建立汇率理论是马克思的遗愿。早在 19 世纪 40 年代,马克思就曾构思《政治经济学批判》、《社会主义者批判》和《政治经济学史》三部巨著,但第二部计划被放弃,第三部演变为《剩余价值理论》,而第一部最重要。从 1857 年开始,马克思又多次对第一部《政治经济学批判》进行了设计,并最终形成了马克思经济学理论体系结构,在"政治经济学批判"的总标题下,按照从抽象到具体的方法,分六册来阐述他对资本主义经济制度的研究成果。按照马克思的想法,第五册《对外贸易》主要研究"生产的国际关系、国际分工、国际交换、输出和输入、汇率"①,或者"对外贸易、汇率、货币作为国际铸币"②。也就是说,在马克思的"六册"写作计划里,马克思曾打算用第五册来阐述汇率理论。尽管马克思没有在他有生之年完成这"六册"的写作计划,但从马克思已经完成的著述中,人们仍然能够探寻到马克思汇率理论的形成和发展轨迹。

第一节　马克思汇率理论的形成

一、马克思汇率理论产生的时代背景

马克思汇率理论产生于 19 世纪中后期,以马克思完成《政治经济学批判》(1857 年 10 月至 1858 年 5 月,或称《1857—1858 经济学手稿》)和《资本论》(1863 年 8 月至 1865 年 12 月)两部宏伟著作为标志。在这两部著作中,马克思对汇率作了全面的论述。特别是《资本论》的第三卷,

---

① 《马克思恩格斯全集》第 46 卷(上),人民出版社 1979 年版,第 46 页。
② 《马克思恩格斯全集》第 46 卷(上),人民出版社 1979 年版,第 219 页。

马克思在第三十五章第二节中专门就"汇兑率"问题作了精辟的阐述,并提出了许多有关汇率问题的基本观点,为马克思汇率理论的建立奠定了坚实的基础。

马克思汇率理论是资本主义发展到一定阶段的产物。在 15 世纪末,特别是在地理大发现和新航线开辟之后,世界形成了新市场的贸易需求,并极大地促进了西欧生产和贸易的发展,加速了资本主义原始积累的进程。从 16 世纪开始,资本主义原始积累加速发展,新兴的资产阶级在国内以强制手段破坏旧的封建生产关系(英国的圈地运动),在国外以炮舰开拓殖民地和进行残酷的血腥掠夺,并将从殖民地掠夺而来的大量财富转化为发展欧洲资本主义的原始资本。到 19 世纪上半叶,资本主义制度在欧洲各主要国家已经普遍确立,这时的资本主义经济也已经发展到机器大工业时期。工业革命在英国率先完成,并使英国的资本主义发展在欧洲居于领先地位。与英国相比,作为后起的资本主义国家,法国在 19 世纪初开始了产业革命,而德国资本主义虽然发展较晚,但也于 19 世纪上半叶建立了以普鲁士为中心的 18 个小邦国关税同盟,并促进了全德国统一的国内市场的形成,建立了西里西亚和柏林等大的工业和商业中心,为资本主义的迅速发展扫除了障碍。也就是说,在马克思所处的时代,资本主义生产方式在欧洲特别是西欧已经占据了统治地位。其时代经济特征如下:

1. 金本位时代

在马克思(1818—1883)生活的年代里,货币制度体系发展较快。在这一时期,许多国家都实行了贵金属本位制,特别是金本位制。过去那些禁止金银外运的法令都被废除,货币经营业、银行、国债和纸币产生,股票投机和有价证券投机、各种物品投机等现象大量出现,整个货币制度得到发展,资本又有很大一部分丧失了它原来还带有的那种自然性质。在金本位制下,黄金就是货币,它执行价值尺度、流通手段、贮藏手段、支付手段和世界货币的职能。纸币只是黄金的符号。它代表一定重量的黄金执行价值尺度、流通手段、贮藏手段、支付手段的职能。但国家与国家之间的经济活动,最终还是要用黄金来清偿。马克思有时在综合其他经济学派理论的时候,也常常使用复本位制理论,即金本位制和银本位制。

2. 混合流通时代

马克思所处的时代是金属货币流通、信用货币流通和纸币流通的混合流通时代。马克思曾指出,人们之所以对货币有这样和那样的不正确的看法,就是因为他们没有看清自己所处的时代是一个混合流通的时代,也就是说,人们很容易把一种货币的流通规律与另外一种货币的流通规律混淆起来。由于当时货币制度比较混乱,因此,人们对货币的解释也就比较混乱。其原因在于把金属货币流通规律、信用货币流通规律和纸币流通规律混为一谈。尽管是混合流通,但它依然是个简单的货币流通。在当时的自由资本主义时代,货币流通都是消极的,基本上没有货币当局用货币流通手段去干预经济问题。因为货币流通仅仅是商品流通的产物,金属货币流通决定了货币流通的性质,而货币流通没有自己的独立品性。同时,马克思还指出,在混合流通时期,金属货币更多的是发挥价值贮藏的作用,无论是个人的价值贮藏,还是银行作为准备、国家作为财富,都是把黄金作为价值贮藏的。而信用货币更多的是发挥支付手段的作用,纸币更多的则是发挥流通手段的作用。在经济周期的不同发展阶段,三种货币有不同的转换。当发生经济危机的时候,人们就会去追求实实在在的东西,即黄金,于是就会出现货币危机和信用危机。

3. 经济危机时代

在马克思所处的时代,由于资本主义的市场经济制度在欧洲的建立还为时不久,资本主义还处在自由竞争的发展阶段,其经济危机频频发生。最初是 1825 年在英国爆发,其后在 1836 年又两次爆发并波及到美国,1839年、1847 年、1857 年和 1873 年都发生过严重的经济危机。特别是 1847—1848 年,首次爆发了资本主义世界经济危机。随后,资本主义世界每隔 10年左右就会周期性地爆发世界性的经济危机。经济危机的结果表现为:生产急剧下降,工人大批失业,生活极度贫困,企业大量倒闭,厂房大量闲置,市场极度萧条,金融秩序混乱,社会矛盾尖锐,等等。特别是在危机时期,一国与另一国清账时,"唯一的对等价值,可接受的等价物"①就是作为货

---

① 《马克思恩格斯全集》第 46 卷(下),人民出版社 1979 年版,第 402 页。

币形式的黄金和白银。如果一旦黄金和白银短缺,就会产生货币支付问题,金融危机旋即爆发。马克思指出,除 1837 年外,"现实的危机总是在汇兑率发生转变以后,……在贵金属的输入又超过它输出时爆发"①。例如,在 1825 年,现实的经济崩溃就是在金的流出已经停止之后发生的,至于贵金属在各国的分配与均衡影响,马克思认为,一旦危机结束,撇开新开采的贵金属从产地流入的现象不说,金、银就会按"在平衡状态下在各国形成特别贮藏的比例再行分配。在其他条件不变时,各国的相对储藏量,是由各国在世界市场上所起的作用决定的"②。因此,以周期性的资本主义经济危机为研究对象的马克思经济学,又被西方人称为"危机经济学"。

二、马克思汇率理论产生的基础

马克思汇率理论的基础是劳动价值论或称国际价值论。一般认为,在国内交换中,商品的价值决定于国内大多数生产者所具有的熟练程度和生产条件下单位时间内劳动耗费量的平均水平。而国际价值是在参加世界市场的各国的国内价值的基础上形成的,是世界市场产生和发展的产物。正如马克思所指出的,"每一个国家都有一个中等的劳动强度,在这种强度以下的劳动,在生产一种商品时所耗费的时间要多于社会必要劳动时间,所以不能算作正常质量的劳动。在一个国家内,只有超过国民平均水平的强度,才会改变单纯按劳动的持续时间进行的价值计量。在以各个国家作为组成部分的世界市场上,情形就不同了。国家不同,劳动的中等强度也就不同;有的国家高些,有的国家低些。于是各国的平均数形成一个阶梯,它的计量单位是世界劳动的平均单位。因此,强度较大的国民劳动比强度较小的国民劳动,会在同一时间内生产出更多的价值,而这又表现为更多的货币","但是,价值规律在国际上的应用,还会由于某种下述情况而发生更大的变化:只要生产效率较高的国家没有因竞争而

---

① 《资本论》第 3 卷,人民出版社 1990 年版,第 643 页。
② 《资本论》第 3 卷,人民出版社 1990 年版,第 645 页。

被迫把它们的商品的出售价格降低到和商品的价值相等的程度,生产效率较高的国民劳动在世界市场上也被算作强度较大的劳动","一个国家的资本主义生产越发达,那里的国民劳动的强度和生产率,就越超过国际水平。因此,不同国家在同一劳动时间内所生产的同种商品的不同量,有不同的国际价值,从而表现为不同的价格,即表现为按各自的国际价值而不同的货币额。所以,货币的相对价值在资本主义生产方式较发达的国家里,比在资本主义生产方式不太发达的国家要小"①。

从这段话中可以看出,第一,马克思已经明确提出了"国际价值"的范畴,并指出在世界市场上,商品的国际价值不再取决于各国的社会必要劳动时间,而取决于"世界劳动的平均单位"。如在世界市场上,"棉花的价值尺度不是由英国的劳动小时,而是由世界市场上的平均必要劳动时间来决定"②。第二,由于不同国家的劳动生产率和劳动强度不同,因此,用世界市场上的计量单位"世界劳动的平均单位"衡量,不同国家在同一劳动时间内所生产的同种商品的不同量,就有不同的国际价值。这就导致了以下情况的出现:"就工业品来说,大家知道,拿英国比如说同俄国相比,100万人生产的产品,不仅数量多得多,而且产品价值也大得多"③。因此,"一个国家的三个工作日也可能同另一个国家的一个工作日交换"④。第三,国际交换同样是等价交换。在谈到一国之内的商品交换时,马克思曾指出:"交换是等价物的交换,这种交换同对外贸易中的交换一样不会增加价值。"⑤可见,对外贸易中的交换是不增加价值的等价交换。与国内交换中等价交换不同的是,国际交换中的等价是以国际价值而不是以商品不同的国民价值为基础来衡量。

总之,国际价值和国民价值的社会性质是相同的,二者都是人类抽象劳动的凝结,所不同的是国际价值的计量标准是"世界劳动的平均单

---

① 《资本论》第1卷,人民出版社1975年版,第614页。
② 《马克思恩格斯全集》第47卷,人民出版社1972年版,第405页。
③ 《马克思恩格斯全集》第26卷Ⅱ,人民出版社1972年版,第542页。
④ 《马克思恩格斯全集》第26卷Ⅲ,人民出版社1972年版,第112页。
⑤ 《马克思恩格斯全集》第46卷(上),人民出版社1972年版,第317页。

位"。各国国内社会必要劳动所创造的价值都是通过它还原为国际价值。凡是高于"世界劳动的平均单位"的,便算作劳动强度较大的劳动,所形成的国际价值也就较大;反之,凡是低于"世界劳动的平均单位"的,便算作劳动强度较低的劳动,在同一时间支出的劳动所形成的国际价值就要小些。而各国劳动强度和劳动生产率的差别与经济发展水平相联系,所以不发达国家较之发达国家会在同一劳动时间内生产较小的国际价值。

由于马克思对"世界劳动的平均单位"未作进一步的阐述,因而学术界对这个问题有不同的理解。一种解释认为"世界劳动的平均单位"就是国际价值的一个单位,因而某种商品的国际价值就是各国生产该商品所需的国内社会必要劳动(时间)的加权算术平均数。另一种解释认为,《资本论》第1卷《工资篇》所说的"世界劳动的平均单位"仅仅是指世界劳动平均强度单位,而不是"世界社会必要劳动时间",即各国国内社会必要劳动(时间)的加权平均数。此外,还有人认为马克思并没有在"世界劳动的平均单位"与"国际价值"之间画等号,作为加权算术平均数的那种国际价值是不存在的。

马克思的国际价值论所论述的是不同国家在不同生产率水平上生产同一种商品所具有的统一价值。但是由于各国劳动生产率的现实差异,使得不同国家生产的同一种商品所包含的内在价值量并不相同。因而,各国货币所包含的或代表的价值量也就不相同。按照马克思主义的观点,各国货币之间的兑换比率,即汇率就是由各国货币所包含或代表的价值量多少所决定的。汇率就是指两国货币所包含的或代表的内在价值量之间的交换比率。马克思的汇率理论显然是以劳动价值论为基础的。而且,从马克思对货币及货币币值的论述看,其理论来源可以追溯到李嘉图的货币思想。正如马克思自己所说:"我的价值、货币和资本的理论就其要点来说是斯密—李嘉图学说的必然的发展"①。

然而,亚当·斯密和大卫·李嘉图的货币理论没有深入地分析商品

---

① 《资本论》第1卷,人民出版社1975年版,第19页。

的矛盾,没有看到价值的货币形式同商品矛盾的内在联系,因而他们没有也不可能真正克服货币分析上的困难。而只有马克思从分析商品入手并从商品的内在矛盾中才寻找到了正确的答案,从深入研究商品的国内交换与国际交换发展以及与之相适应的价值形式发展过程中,才第一个科学地揭示了货币的起源与汇率的产生及其本质问题。正如马克思在《资本论》中所指出的"我在本书各处都是假定金是货币商品"一样,他认为"货币不仅是一般商品,而且也是特殊商品,它受供求规律支配"①。一方面,马克思指出,"只要理解了货币的根源在于商品本身,货币分析的主要困难就克服了",但"人们已经知道货币是商品,这在货币分析上是跨出很大一步的开端,但终究只是开端而已。困难不在于了解货币是商品,而在于了解商品怎样、为什么、通过什么成为货币"②。另一方面,马克思又指出,"在货币作为交换价值的单位,作为交换价值的尺度,即作为交换的普遍比较标准的规定中,货币的自然物质金银是重要的"③。在这里,马克思是从货币的价值尺度出发强调了货币的商品性和货币的内在价值。同时,马克思又指出,"作为流通手段的货币仅仅是流通手段。货币要能够起这种作用,对它来说唯一重要的规定性就是货币在流通中的量即数量的规定性。因此,作为单纯流通手段的金银,对货币作为特殊自然商品的性质来说是无关紧要的"④。显然,马克思又从货币的流通手段出发,强调了货币的非商品性和货币的外在价值。并且,马克思还认为,在纸币流通下,纸币数量是决定币值的,如马克思指出,"流通的纸币的价值则完全取决于它自身的量"⑤。因此,马克思明确地提出了货币是商品体与非商品体的统一,货币币值是内在价值与外在价值的统一。而且在汇率问题上,马克思的汇率理论不同于大卫·李嘉图的汇率理论。马克思认为汇率取决于两国货币的内在价值量的交换比率,而大卫·李嘉

---

① 《资本论》第1卷,人民出版社1975年版,第112页。
② 《资本论》第1卷,人民出版社1975年版,第110页。
③ 《马克思恩格斯全集》第46卷(上),人民出版社1979年版,第157页。
④ 《马克思恩格斯全集》第46卷(上),人民出版社1979年版,第159页。
⑤ 马克思:《政治经济学批判》,人民出版社1976年版,第100页。

图则认为汇率取决于两国货币外在价值的比率,即取决于两国货币供求数量。同时,从对达里蒙和蒲鲁东的批判中,也可以看出马克思已经克服了大卫·李嘉图货币数量论的影响,站到了金本位制的立场。马克思指出:"如果银行券单纯被看做金的支取凭证,那么,它要不贬值,它的发行量就不能超过它所要代替的金币量"。或者说,在银行券的背后要有黄金储备作抵押。

马克思认为,汇率是国际商品交换的历史及其内在矛盾的必然产物,马克思揭示了在国际商品交换中货币和汇率产生的必然性。他认为,国际商品交换的发展必然地要从最初的物物交换、易货贸易过渡到以货币为媒介的国际贸易,而当货币最终固定在黄金上,各国货币在国际间使用时,必须脱去其民族的外衣,按纯金含量进行折算,于是出现了铸币平价,并产生了不同货币间折算兑换的标准比率,即汇率。因此,马克思的汇率理论认为,汇率在形式上表现为用一国货币表示另一国货币的价格,但实质上是指两国货币所包含或所代表的价值量之间的兑换比率。

三、马克思汇率理论的分析方法

1. 抽象分析法

这种方法是从劳动价值论角度出发,揭示出汇率的基础是由各国货币所包含的或代表的价值量的多少所决定的。它撇开了汇率看似决定于国际收支所引起的外汇供求关系变动的表面现象,运用抽象分析法抓住了汇率的本质。汇率是指两国货币所包含的或代表的价值量的比率。而且,由于各国劳动生产率和科技进步的程度不同,各国货币所包含的或代表的价值量也就不同。因而,即使其他条件不变,汇率在长期内也会随着各国劳动生产率的发展而作相应的变动。显然,马克思的汇率理论是把汇率看做一个动态的问题来研究的。

2. 数量分析法

在考察金、银之间价值的历史比价时,马克思根据大量的货币史的统计材料综合概括了金、银之间价值的比价史,采用数量分析法考察了金、银之间比价的变动情况,并认为"不同的金属之间的价值比例不考虑价格就能确定,即通过它们相互交换时的简单的量的比例来确定"。在亚洲,从公元前 15 世纪到公元前 6 世纪,金、银的价值比为 1:6 或 1:8。在摩挲法典中是 1:2.5。金的产地为亚洲和埃及,当时意大利使用铜币,不采用金、银货币。在亚历山大死后,由于金沙取尽以及技术和文明的进步,金、银的比价提高,并开始开采银矿。特别是在迦太基人开发西班牙银矿之后,金、银比价发生了与 15 世纪末由于美洲银矿的发现而发生的那种革命性的变化。据统计,在恺撒(大帝)时代以前,金、银的比价为 1:17,后又降为 1:14,最后从公元 422 年又上升到 1:18。并且,金开始由东方输入欧洲,随后又是从美洲输入银。在中世纪,金、银的比价又回到了古代(色诺芬时代),即金、银之间的比价为 1:10(有的地方为 1:12)。当美洲被发现后,金、银的比价又与公元 397 年接近,即金、银的比价为 1:14,甚至达到 1:15。在加利福尼亚和澳大利亚发现金矿后,金、银的比价大概又回到了罗马皇帝时代的比价,即 1:18,甚至更高。

马克思最后得出的结论是:"无论是在古代还是在现代,从东方到西方,银随着贵金属生产的进步而变得相对便宜,后来加利福尼亚和澳大利亚把这种状况扭转了过来。"①

四、马克思汇率理论的基本观点

1. 汇率的产生

汇率是国际商品交换的历史发展及其内在矛盾的必然产物。货币在国际间流通,于是就产生了汇兑率。它是一国货币单位兑换他国货币单位的比率或价格,简称汇率,又叫汇价或外汇行市或外汇牌价。马克思揭示了在国际商品交换中货币和汇率产生的必然性。他指出,国际商品交换的发展必然要从最初的物物交换、易货贸易过渡到以货币为媒介的国际贸易,而货币最终固定在黄金上,各国货币在国际间使用时,必须脱去其民族的外衣,按照纯金的含量进行折算,于是出现了铸币平价,并产生了不同货币之间的折算和兑换的标准比率,即汇率。因此,马克思汇率理

---

① 《马克思恩格斯全集》第 46 卷(上),人民出版社 1979 年版,第 133 页。

论认为,汇率在形式上表现为用一国货币表示另一国货币的价格,但实质上汇率是指两国货币所包含的或代表的价值量之间的兑换比率。在金本位制下,不同国家单位货币的含金量之比,就被称为货币平价或汇率平价。如在 1929—1933 年大危机前,1 英镑的含金量是 113 格令,1 美元的含金量是 23.22 格令,这样,1 英镑就等于 4.8665 美元。

2. 汇率决定的基础

按照马克思的观点,货币本身所具有的或代表的价值量成为其相互对比折算的基础,即汇率的决定基础。两国货币所包含的或代表的价值量之比,可称为真实汇率。在金本位制度下,货币的真实汇率就是货币含金量的对比,即铸币平价,它构成了金本位制度下汇率的决定基础。在真实汇率的基础上,再根据两国国际收支等情况而上下波动,便形成了两国货币的现实汇率或名义汇率。在纸币流通制度下,纸币本身没有含金量和价值量,但流通中代表一定的含金量和价值量执行货币职能。因此,各国纸币实际代表的含金量或价值量的对比,便成为决定各国货币汇率的基础。

3. 汇率变动的"典型过程"

汇率是体现国际信用的经济范畴。在国际市场或世界市场上,只有贵金属才是世界货币。但是,在国际贸易和国际收支中,并不是用黄金作为购买手段和支付手段,而且在国际市场上信用也同样排挤了黄金,而用汇票取而代之,只有支付国际结算的差额时才使用黄金。当用汇票结算国与国之间的债权债务时,就必然涉及由汇票体现出来的各国货币的比价问题。比如英国的商人购买德国的商品,不是用黄金,而是用在英国购买的德国汇票进行支付,这实际上就是用英镑购买或兑换马克。英镑兑换马克的比率或比价,就是汇率。

马克思认为,各国货币兑换的比率或比价的高低,首先取决它们各自的含金量。依据各国货币单位的含金量所确定的兑换比率或比价,叫作货币平价,它是汇率或外汇行市的基础。但是,像价格围绕价值上下波动一样,汇率或外汇行市也是经常围绕货币平价上下波动。这是因为外汇行市还要受到外汇供求关系的影响,而外汇供求关系又要以一定时间的国际收支状况为转移。一般而言,国际收支顺差国的货币在外汇市场上往往供不应求,其价格就上升;逆差国的货币,在外汇市场上往往供过于求,其价格就下降。当然,外汇行市的上下波动是有一定限度的。从表面上看,似乎当一国货币的外汇行市上升到货币平价以上时,购买汇票支付,就不如输出黄金,直接用黄金支付合算。但是,黄金输出总还需要支付运费。因而,一当外汇行市上升到货币平价加上黄金运输费用以上时,黄金就会流出;反之,一当外汇行市下降到货币平价减去黄金运输费用以下时,黄金就会流入。货币平价加上黄金运输费用,就构成了外汇行市波动、黄金流出流入的界限。这个界限就是马克思所认为的汇率的波动区间,即汇率波动的上限——黄金输出点等于金平价加上运送费用之和,汇率波动的下限——黄金输入点等于金平价减去运送费用之差。汇率围绕铸币平价而上下波动的机制——黄金输出入点[①],"比如说,不能由德国在英国的超额购买来恢复平衡,向德国开出的马克汇票的英镑价格,就必然会上涨到这一点,那时不是由英国向德国开出汇票来支付,而是输出金属——金币或金块——来支付变得合算了"[②]。这就是恩格斯所说的汇率及其波动的"典型过程"。但是在金本位制下,汇率的波动总是以金平价为中心,在黄金输入点和黄金输出点之间波动。由于黄金输送点(黄金输入点和输出点的统称)限制了汇价的变动,因而汇率波动较小,且基本上是稳定的。这也是金本位制的显著优点所在。

4. 汇率波动的真正原因

恩格斯指出:"汇兑率是货币金属的国际运动的晴雨表。"[③]由于汇率是各国货币的比价,而各国货币的比价是由它们各自的含金量决定的。当货币金属在国际间流动时,会使得各国金贮藏发生变动,自然也就会反映到各国货币的比价上,也就是反映到货币平价上来。因此,汇兑率的变动,既反映各国货币的比价变化,也说明这种比价变动对国际货币流通所

---

① 《资本论》第 3 卷,人民出版社 1975 年版,第 650—651 页。
② 《资本论》第 3 卷,人民出版社 1975 年版,第 650 页。
③ 《资本论》第 3 卷,人民出版社 1975 年版,第 650 页。

具有的重要作用。在信用制度下,平衡国际收支的办法不是运送货币金属,而是由逆差一方向顺差一方开出汇票。这时,汇率就会发生变动。比如,英国对德国的支付多于德国对英国的支付,英国就出现了对德国的支付逆差,英国要向德国开出马克汇票。这时,马克的汇率,也就是以英镑表示的马克价格就会上升。马克的汇率一直要上升到还不如输出货币金属合算为止。如果货币金属的输出规模较大,持续的时间较长,英国的银行准备金就会被动用,这样就会动摇英镑银行券的信用。马克思以英国为例,通过分析"英国的贸易差额"①,阐明了国际收支差额同贸易差额的联系和区别,论述了汇兑率对一国经济的重要影响。马克思认为:一个国家,比如英国,在一定时期内,国际收支是顺差,而其贸易差额则可能是逆差,两者是不能等同的。具体表述为:

(1)如果英镑的汇率提高的话,它就会相应地有利于对别国欠债的英国人,或者有利于购买别国商品的英国人。

(2)对那些遥远的不易获得贵金属的国家(如印度)来说,如果汇票短缺,不够汇回英国的汇款,那么,通常向英国输出的各种产品的价格就会提高,因为对这些用来代替汇票并送往英国的产品产生了更大的需求。

(3)当英国的货币大量过剩,利息率降低,有价证券的价格提高时,这时不仅汇兑率会下降,而且金的外流也可能发生,因为这时用金直接支付比用外汇支付要合算一些。所以,汇兑率的变动,必然会对一国的贵金属的流出和流入产生影响。

按照李嘉图的理论,贵金属流向国外是国内通货过剩的结果,对一国汇兑率不利,其原因在于该国的通货量。如果同一批通货由于通货过剩使价值下降,这也不一定同汇兑理论发生矛盾。不过,汇兑率的变动不应仅仅归于通货的价值,英国自古以来就把根据通货价值的变动而形成的汇兑率称为名义汇兑率(Norminal Exchange),把由国际收支顺差或逆差引起的摇摆不定的汇兑率称为实际汇兑率(Real Exchange)。这一区别,斯密曾提倡过,桑顿、布莱克和福斯特等人在兑换停止时期(1797—

---

① 《资本论》第3卷,人民出版社1975年版,第667页。

1821）也考察过。马克思很关心这些人的汇兑理论，在《资本论》第3卷第35章中概括了近似布莱克观点的汇兑理论①，并把引起汇兑率发生变动的主要原因归结为以下几个方面：

（1）国际收支。一定时期的支付差额，不管造成这种差额的原因是什么（是纯粹商业、国外投资，还是像战时的国家支出等），只要由此而引起对外的现金支出，就会形成两国往来的支付差额，或者是顺差，或者是逆差。例如，当发达的资本主义国家的过剩资本输出到全世界时，如果这种输出是以贵金属的形式进行的，那就"会直接影响汇兑率"，因为向贵金属输入国开出的汇票的需求超过了供给，汇兑率会暂时对输出国不利，即汇率下降；但如果贵金属输出持续下去，就会使输入国增加对输出国商品的需求，因为这间接地增加了输入国对输出国商品的消费能力②，"如果资本是用铁轨等资本形式输出，就不会对汇兑率发生任何影响"，因为输入国不必对此付款，从而没有发生金属货币运动。同时，马克思还强调资本和金融账户对汇率的影响，"单是印度就要为'德政'，为英国资本的利息和股息，等等，向英国支付约500万英镑的贡赋……英国还拥有许多外国的国债券……所有这些项目的汇款，几乎完全是以超过英国输出额的产品的形式得到的"③。

（2）通货膨胀。一国货币的贬值，不论是金属货币贬值，还是纸币贬值，都是一样的。在这种情况下，汇率的变化纯粹是名义上的，实际上两国汇兑的贵金属的比例仍然是不变的。

（3）金银比价变动。如果一国用银、一国用金作"货币"，那么，这两国之间的汇兑率就取决于这两种金属价值的相对变动，因为这种变动必然会影响这两种金属的法定平价④。即汇率平价由两个因素决定：一是

---

①　冈本博之、宇佐美诚次郎、横山正彦、木直道：《马克思〈资本论〉研究》，刘焱、赵洪、陈家英译，山东人民出版社1993年版，第422页。

②　汤在新：《〈资本论〉续篇探索——关于马克思计划写的六册经济学著作》，中国金融出版社1995年版，第477页。

③　《资本论》第3卷，人民出版社1975年版，第667页。

④　《资本论》第3卷，人民出版社1975年版，第668—669页。

两国单位货币所包含的纯金量和纯银量；二是黄金白银在世界市场上的比价，如比价发生变动，则汇兑率平价也将随之发生变动。如在 1850 年，当时英国出口额大幅增加，也没有发生黄金外流，但是银价突然上升，使得汇率对英国不利。

（4）心理预期因素。心理预期对汇率波动具有放大作用。"只要银行在比较危险的情况下提高它的贴现率……那就会产生普遍的担心……输入或输出的贵金属量，不单纯是作为量发生影响……它的作用，像加到天平秤盘上的一根羽毛的作用一样，足以决定这个上下摆动的天秤最后向哪一方下坠。"①当然，如对发行某种货币的政府的信心下降也会引起该国货币贬值。

（5）利息率水平。在一国的汇率受到向下的压力时，中央银行会采取保护措施，"主要就是提高利息率"，通过利息率对汇率水平实施影响。"营业困难时……有价证券的价格会显著下跌……各国利息率的平衡和商业气压的平衡，通常要由银行家和证券商人这样一个富有的大阶级来实现。这个阶级……总是窥伺时机，购进那种价格看涨的有价证券……这足以减少金的流出"②。利息率对汇率的影响还表现在国际货币流通中。马克思认为提高利息率可以阻止货币金属的外流，促使货币金属输入，从而影响汇率发生有利于本国的变动。当货币金属大量外流时，货币市场通常会出现困难，也就是对借贷货币资本的需求超过供给，自然而然就会形成较高的利息率。英格兰银行所定的贴现率就适应这种情况，并在市场上通行。比如，在国际收支逆差、汇率对英国不利时，黄金大量流出，而且持续时间比较长时，英国银行的准备金就会被动用。以英格兰银行为首的英国货币市场就必然采取保护措施，阻止金的流出，其中主要的保护措施就是提高利息率。而且金的大量流出，银行准备金减少，货币市场上借贷资本的需求大大超过其供给，也会自然而然地形成较高的利息率。利息率高，既可以吸引外国资本的流入，金的流入，也可以减少本国

---

① 《资本论》第 3 卷，人民出版社 1975 年版，第 644 页。
② 《资本论》第 3 卷，人民出版社 1975 年版，第 651 页。

资本的流出,金的流出,这就会改善国际收支状况,改变外汇供求关系,改变汇率。马克思在此摘引了三段向 1857 年银行法下院委员会提供的证词,用以阐明利息率的提高是如何影响汇率的。

第一,从英国经济学家穆勒的第 2176 号证词可见,营业困难时,有价证券会显著跌价,于是外国人会来购买英国铁路股票,英国人也会把持有的外国铁路股票再卖给外国人。这样就可以相应地制止货币金属外流,影响汇率回升。

第二,从英格兰银行前总裁哈伯德的第 2545 号证词可见,有巨额有价证券在欧洲各国的货币市场上流通。只要有价证券在一个市场上跌价,它就会被买走,并转送到尚未跌价的市场上出卖。英国就利用这种方法结清了美、俄对英的债务,从而恢复了英镑的地位。

第三,从第 2572 号证词可见,1847 年彼得格勒对英国的汇率很高,英国政府就指令银行可以增发银行券超过 1400 万英镑的限额,但对这些汇票要以 8% 的贴现率才给予贴现,使之汇兑不如运金有利,以促使货币金属向英国输出。

(6)其他因素。除以上的主要原因外,影响汇率波动的原因还有外汇供求状况以及两国货币所包含的或代表的价值量的相对变动等。比如当英国货币大量过剩、利息率低落、有价证券价格上升的时候,对英国不利的汇率也会发生,甚至可能发生黄金外流。在 1848 年,因为可靠的汇票不多,普通汇票又在 1847 年危机中大失信用,印度有大量白银流到英国。又因为欧洲大陆发生了革命,掀起了贮藏货币的热潮,这批白银刚到英国就又回流到欧洲大陆。到 1850 年,这批白银的大部分又从欧洲大陆流回到印度。这都是当时的汇兑率变动的结果。如"图克的证词'1847 年 4 月,紧迫情况发生了……4 月间,汇兑率……使我们不得不输出大量的金以便对非常大量的进口进行支付……银行才制止了金的流出,并提高了汇兑率'"①。

(7)马克思认为天主教与基督教同出一源、本质一样,并高度阐明了

---

① 《资本论》第 3 卷,人民出版社 1975 年版,第 668 页。

货币主义与信用主义之间的关系。首先,他认为"货币主义本质上是天主教的"①,并以此代表资本主义发展之初,即资本原始积累时期。在这个时期,资本主义不惜一切手段掠夺金银等货币财富,从事货币资本的积累,形成了把金银看做是唯一财富的货币主义或拜金主义,如早期的重商主义。正像基督教是随着天主教的历史发展、经过所谓宗教改革才兴起并号称新教一样,信用主义则是在货币主义发展中出现的商品货币关系的新形式。"信用主义在本质上是基督教的",代表了资本主义的发达阶段,就好像资本主义在历史上用基督教反对天主教一样,信用主义代替了货币主义。众所周知,信用制度的发展在一定范围内排除了金属货币,用票据、纸制凭证、银行券等取而代之,纸币等只是货币的符号,它与货币本身一样,只是一种社会存在,"苏格兰人讨厌金子",就在于讨厌这种社会存在,而并非喜欢花花纸币。但这种取代并没有赋予信用制度以新的本质。信用主义,这种"对作为商品内在精神的货币价值的信仰,对生产方式及其预定秩序的信仰,对只是作为自行增殖的资本的人格化的生产当事人个人的信仰"。然而,由于信用制度存在着自身难以克服的局限性,尽管它的发展是以贵金属的流通为基础,也尽管它不像拜金主义那样拜倒在金、银等神秘物面前,但一旦面临货币危机,或者信用危机,那种所谓的信用万能、信用可以创造一切的信用主义观念就都不灵验了,人们依旧会去追逐金、银等现实货币,于是"在危机中,信用主义突然转变成货币主义"②。正如基督教没有从天主教的基础上解放出来一样,信用主义也没有从货币主义的基础上解放出来。

5. 金本位制的缺陷

马克思的所有论述都是在金本位制下论述的。在世界货币体系以黄金为基础的金本位制下,各国货币都规定有含金量,并且,在世界范围内,黄金可以自由输出与输入。马克思敏锐地指出了在这种汇率制度下国际信用体系的所有弊端,即在国与国之间的商品交换中,存在两种差额,即

---

① 《资本论》第 3 卷,人民出版社 1975 年版,第 669—670 页。
② 《资本论》第 3 卷,人民出版社 1975 年版,第 608 页。

贸易差额和支付差额,这两者的区别是:"虽然两国之间的贸易差额最后必须相抵,但支付差额对一国来说还可能是顺差或逆差……支付差额是一个必须在一定时间内结清的贸易差额。"①当世界市场上出现普遍危机时,支付差额对一切国家来说都是逆差。如当英国发生经济危机时,尽管总的贸易差额对它来说是顺差,但支付差额这里却是逆差,并且由于它一方面向国外提供了大量的信用,另一方面又大量输出资本,所以在出现贸易逆差又必须立即结清时(危机爆发时必然会产生对支付手段的强烈追求),英国不得不通过进口商破产和廉价抛售本国商品、出售外国有价证券的办法来使资金流入,以便结清支付差额。这时,别的国家堆积着大量的英国商品,出现了进口过剩,于是,英国的事情开始在这里重演,经济开始崩溃。因此,这个现象的普遍性证明:(1)金的流出只是危机的现象,而不是危机的原因;(2)金的流出现象在不同各国发生的顺序只是表明,什么时候轮到这些国家必须结清总账,什么时候轮到这些国家发生危机,并且什么时候危机的潜在要素轮到在这些国家内爆发。

这种现象集中体现了金本位制的弊端,因为金本位制的存在必须存在三个前提:第一,各国应以黄金表示其货币价值;第二,各国的黄金应能充分自由地流出和流入;第三,各国发行的纸币应受到黄金准备数量的限制。这就是金本位制下各国应遵守的"比赛规则"。这种规则虽然有利于国际收支的平衡和汇率的稳定,但却不利于国内经济的稳定,因为国际收支的状况会直接引起顺差国的通货膨胀和逆差国的通货紧缩,从而引起国内生产和就业水平的变化。因此,当发生资本主义经济危机时,金本位制下的各国都面临着两难选择:要么就遵守"比赛规则",从而使经济危机祸及本国;要么就是违反"比赛规则",从而尽量避免国际信用体系带来的冲击。历史经验证明,在经济危机时,由于金本位制的"比赛规则"遭到了破坏,致使金本位制失去了存在的条件。到20世纪30年代,金本位制终于全线崩溃。

---

① 《资本论》第3卷,人民出版社1975年版,第586页。

第二节　马克思汇率理论的分析框架

马克思汇率理论依据劳动价值论要求的基本假设前提是:存在一种同质的可以相互折算的价值量,而且,这种价值量随着劳动生产率的发展变化而变化。即汇率的基础是由各国货币所包含的或代表的价值量的多少决定的。按照价值规律的要求,两国货币的相互交换或兑换,必须以两国货币所包含的或代表的价值量相等为基础。汇率作为两国货币之间的汇兑比率,既要体现出两国货币之间的一种价值交换关系,即两国货币价值的比例关系,又要体现出两国货币对国际贸易商品购买力的比例水平。在金本位制条件下,两国货币之间的汇兑比率主要由两国货币所包含的或代表的价值量决定,而非金本位制特别是纸币条件下,两国货币之间的汇兑比率主要由两国货币对国际贸易商品购买力水平决定。但由于两国间社会经济条件有所不同,因此以两国货币对国际贸易商品的购买力之比来得出货币价值平价,则比较合适。

在金本位制条件下,马克思所分析的汇率是贵金属本位制下的汇率,正是由于纸币也代表了一定数量的黄金,不同的纸币根据它们所代表的黄金的价值便形成了相互之间的平价。正是由于货币本身具有价值,铸币平价就构成了不同货币兑换的客观标准,汇率的决定似乎无需更多的解释。这样,在马克思看来,所谓汇率就是两国货币间的兑换比率或比价,它取决于两国货币所具有的或代表的价值量之比。例如,假定某纸币 A 的含金量是 1/30 盎司黄金,某纸币 B 的含金量是 1/60 盎司黄金,那么 1 单位纸币 A 所代表的黄金的价值与 2 单位纸币 B 所代表的黄金的价值相等,即纸币 A 与纸币 B 的平价是 1:2。

如果把黄金从一个国家运送到另一个国家,那么不仅需要支付运输费和保险费,而且还要补偿运送期间的利息收益。这样,两国纸币的价值平价就要加上或减去这些费用,从而构成黄金的输入点和输出点,因而两国纸币价值平价(即汇率)就在这个范围内变化。例如,假定运输费用、保险费用和利息收益是 0.1 单位货币 B,当 1 单位纸币 A 兑换多于 2.1 (=2+0.1)纸币 B 时,B 国人不愿意用本国纸币兑换货币 A 以进口 A 国商品,而愿意用本国纸币兑换黄金,再用黄金进口 A 国商品,这对于 A 国来说,则意味着黄金输入。相反,当 1 单位纸币 A 兑换少于 1.9(=2—0.1)纸币 B 时,A 国人不愿意用本国纸币兑换货币 B 以进口 B 国商品,而愿意用本国纸币兑换黄金,再用黄金进口 B 国商品,这对于 A 国来说,则意味着黄金输出。这就是说,纸币 A 与纸币 B 的汇率在 1:(2±0.1)的范围内变化。

在非金本位制下,根据两国货币的国际价值,两国货币对国际贸易商品的购买力比例水平,可以通过以两国货币计值且进入世界市场的两国贸易商品的国际价格来计量。因此,从理论上说,马克思货币价值平价的数理计量与推导方法如下:

$$VP = \frac{\sum_{i=1}^{n} P_{Ai}}{\sum_{i=1}^{n} P_{Bi}} \tag{2.2.1}$$

这里,i 表示第 i 类商品,($i = 1,2,\cdots,n$)(n 代表商品的种类);VP 表示货币价值平价比例;$\sum_{i=1}^{n} P_{Ai}$ 表示 A 国贸易商品的国际价格(以 A 国货币来表示);$\sum_{i=1}^{n} P_{Bi}$ 表示 B 国同种同量的贸易商品的国际价格(以 B 国货币来表示)。

然而,(2.2.1)式只是货币价值平价的一般描述,若进一步涉及商品数量和价格,则有:

$$VP = \frac{\sum_{i=1}^{n} q^A P_{Ai}}{\sum_{i=1}^{n} q^B P_{Bi}} \tag{2.2.2}$$

这里,q^A 表示 A 国贸易商品数量(向量);q^B 表示 B 国贸易商品数量(向量);其他符号意义同(2.2.1)式。

在(2.2.2)式中,没有涉及商品的种类,若两国进入世界市场的商品只有一种,即 $n=1$,则不难求出(2.2.2)式中 VP 的值。当然,社会经济不会如此简单。因此,下面继续讨论在 $n \geqslant 2$ 时货币价值平价的数理计量与推导方法。

设在 m 个国家中,有 n 种商品和劳务进入国际市场($n \geqslant 2$)。第 i 种商品在 j 国中,按 j 国货币计值,并表示为 P_{ij} ($i=1,2,\cdots,n$; $j=1,2,\cdots,m$)。而该种商品的数量则表示为 q_{ij} ($i=1,2,\cdots,n$; $j=1,2,\cdots,m$)。假定各国汇率直接按 VP 的值确定,即各国的真实汇率等同于 VP 的值,则其商品的国际价格(π_i)为:

$$\pi_i = \frac{\sum_{j=1}^{m}(VP)_j P_{ij} q_{ij}}{\sum_{j=1}^{m} q_{ij}} \quad (i=1,2,\cdots,n) \tag{2.2.3}$$

从(2.2.3)式中,又可以推导得:

$$(VP)_j = \frac{\sum_{i=1}^{n}\pi_i q_{ij}}{\sum_{i=1}^{n} P_{ij} q_{ij}} \quad (j=1,2,\cdots,m) \tag{2.2.4}$$

(2.2.3)式和(2.2.4)式的经济学含义是直接可见的。(2.2.3)式定义了第 i 种商品的国际价格,按商品数量加权的。而(2.2.4)式则给出 j 国的货币的价值平价比例(VP),它等于该国"一篮子"贸易商品的国际价格和本国价格之比,并与我国及一些其他社会主义国家通常使用的换汇成本公式十分近似。

随着全球化的到来,国际金融与国际贸易迅速发展,而各国进入国际市场的贸易商品不可胜数。若按每种贸易商品的国际价格一一推算,不但计量极其繁杂,误差不可避免,而且事实上也难以做到。在这种情况下,一些学者便借用数量统计方法来进行合理且可行的推算(张志超,1987;陈彪如,1991)。

首先,将贸易商品按用途、性质和质地等分成若干类(国际上有若干种可供借鉴的分类标准,在此从略,恕不赘述)。然后,在推算出每一大类中各种组成商品的价格相对指数(即其商品的价值平价比例)之后,按

简单几何平均法或不加权几何平均法求出该大类商品的平均价值平价比例。即对第 i 类商品来说,有:

$$VP_i = \left(\frac{V_A}{V_B}\right)_i = \left(\sum_{a=1}^{n} \frac{P_{Aa}}{P_{Ba}}\right) \qquad (2.2.5)$$

这里,$\left(\dfrac{V_A}{V_B}\right)_i$ 表示按以第 i 类商品为基础而推算出的 A 国与 B 国货币之间的价值平价比例;VP_i 表示第 i 类商品的平均价值平价比例;P_{Aa} 表示 A 国的第 i 类商品中第 a 种商品的国际价格(以 A 国货币表示);P_{Ba} 表示 B 国第 i 类商品中第 a 种商品的国际价格(以 B 国货币表示);n 表示第 i 类商品中商品的种数($a = 1, 2, \cdots, n$)。

在(2.2.5)式中,之所以采用几何平均法而不采用算术平均法,是因为采用几何平均法能够满足"国家转换实验",而算术平均法则不能满足这项实验。

根据统计一致性原则,在进行两国比较时,选择任何一国作为分母,应当不影响结果。也就是说,如 $\dfrac{I_j}{I_k}$ 表示 j 国和 k 国之间的价格比例,则无论以其中任何一国为分母,在分别独立计量的条件下,当分母国互换以后,采用同一方法所计量出的前后两个相对数数值,都应当互成倒数,其乘积等于 1,即 $\dfrac{I_j}{I_k} \times \dfrac{I_k}{I_j} = 1$,这便是所谓满足"国家转换实验"的要求。而算术平均法则有"上偏型偏误",在分母国互换后,按同样的算术平均法计量出的前后两个相对数,其乘积不会等于 1(大于 1)。

采用简单几何平均法而不是采用加权几何平均法,主要是基于以下考虑:一是在贸易商品的大类内,按各种商品的计量得到的价值平价比例通常离中趋势较小。因此,采用简单几何平均法或者加权几何平均法,其计量结果相差不大。二是采用加权几何平均法,对具体某一种商品的权数资料,比较难以获得,或者有时难以获得与比较国相对应的具体商品的资料。

在按以上方法计量出各大类商品的价格相对指数或价值平价比例之后,再将各相应数值加总。在这一过程中,有必要也有可能对各大类商品的相对重要性,以权数乘之,使其影响力与重要性相平衡。其权重(或权数)的确定,大体上有以下两种基本方法:一是按进入世界市场的商品数量在样本总量中的份额或比重来确定;二是按相应商品的消费支出量在样本的社会消费支出总量中的份额或比重来确定。至于加总,根据数理统计的指数编制方法,可以有多种方法和途径。在这里,主要采用"费雪理想公式(The Fisher Ideal Fomula)"。

第一,若按进入世界市场的商品数量来确定权数,则有:

$$VP = \left(\frac{\sum P_A}{\sum P_B} \right) = \sqrt{\left[\sum_{i=1}^{m} \left(\frac{P_{Ai}}{P_{Bi}} \right) \times q_{iB} \right] \times \left[\frac{1}{\sum_{i=1}^{m} \left(\frac{P_{Bi}}{P_{Ai}} \right) \times q_{iA}} \right]} \qquad (2.2.6)$$

这里, $VP = \left(\dfrac{\sum P_A}{\sum P_B} \right)$,即 A、B 两国货币之间的价值平价比例; i 表示第 i 类商品; P_{Ai} 表示 A 国进入世界市场的第 i 类商品的国际价格(以 A 国货币来表示); P_{Bi} 表示 B 国进入世界市场的第 i 类商品的国际价格(以 B 国货币来表示)。

(2.2.6)式中, q_{iA} 和 q_{iB} 分别表示数量比重权数,可表示为:

$$q_{iA} = \frac{Q_{iA}}{\sum_{i=1}^{m} Q_{iA}} \qquad (2.2.7)$$

$$q_{iB} = \frac{Q_{iB}}{\sum_{i=1}^{m} Q_{iB}} \qquad (2.2.8)$$

这里, Q_{iA} 表示 A 国进入世界市场的第 i 类商品的数量; $\sum_{i=1}^{m} Q_{iA}$ 表示 A 国进入世界市场的第 i 类商品的总量($i=1,2,\cdots,m$); Q_{iB} 表示 B 国进入世界市场的第 i 类商品的数量; $\sum_{i=1}^{m} Q_{iB}$ 表示 B 国进入世界市场的第 i 类商品的总量($i=1,2,\cdots,m$); q_{iA} 表示 A 国进入世界市场的第 i 类商品的数量在其全部贸易商品总额中所占的份额; q_{iB} 表示 B 国进入世界市场的第 i 类商品的数量在其全部贸易商品总额中所占的份额。

第二,若按消费支出份额为权数来确定权数,则有:

$$W_{iA} = \frac{e_{iA}}{\sum\limits_{i=1}^{m} e_{iA}} \tag{2.2.9}$$

$$W_{iB} = \frac{e_{iB}}{\sum\limits_{i=1}^{m} e_{iB}} \tag{2.2.10}$$

这里,W_{iA} 表示 A 国对进入世界市场的第 i 类商品的支出比重权数;W_{iB} 表示 B 国对进入世界市场的第 i 类商品的支出比重权数;e_{iA} 表示 A 国对进入世界市场的第 i 类商品的人均消费支出额(以 A 国货币来表示);e_{iB} 表示 B 国对进入世界市场的第 i 类商品的人均消费支出额(以 B 国货币来表示)。

根据权数,采用"费雪理想公式"来对各大类商品的价值平价比例进行加权平均,则有:

$$VP = \frac{P_A}{P_B} = \sqrt{\left[\sum\limits_{i=1}^{m} \left(\frac{P_A}{P_B} \right)_i \times W_{iB} \right] \times \left[\frac{1}{\sum\limits_{i=1}^{m} \left(\frac{P_B}{P_A} \right)_i \times W_{iA}} \right]} \tag{2.2.11}$$

(2.2.11)式中,各项符号的经济意义同前。(2.2.6)式和(2.2.11)式构成价值平价比例加总的基本公式。这里,之所以采用"费雪理想公式",是因为在进行加权平均时,有可能产生权偏误,而"费雪理想公式"就能够很好地解决这个问题。从(2.2.6)式和(2.2.11)式中可以看出,等式右边的前半部分,描述的仅是 B 国各类贸易商品的相对重要性,它仅取决于 B 国对各类商品的销售结构或消费结构。而后半部分,则反映的是以 A 国对该类商品的销售结构或消费结构为基础的价格相对数。因而在这两部分中,可能分别存在着下权偏误和上权偏误。根据统计学原理,两者偏误方向一般相反,大小大体相等,因而采用"费雪理想公式",用几何平均数使两者交叉,可使纯偏误趋于零。这不仅是一种比较理想的方法,而且事实上也是统计学上常用的方法。

除采用"费雪理想公式"外,也还可以采用以下方法来进行加总。

(1)Drobish 指数法

其公式为:

$$VP = \cfrac{\sum\limits_{i=1}^{m}\left(\dfrac{P_A}{P_B}\right)_i \times q_{iB}(\text{或}\ W_{iB}) + \cfrac{1}{\sum\limits_{i=1}^{m}\left(\dfrac{P_A}{P_B}\right)_i \times q_{iA}(\text{或}\ W_{iA})}}{2} \tag{2.2.12}$$

(2) Cobb – Douglas 指数法

其公式为:

$$VP = \left(\frac{P_A^1}{P_B^1}\right)^{a_1} \times \left(\frac{P_A^2}{P_B^2}\right)^{a_2} \times \left(\frac{P_A^3}{P_B^3}\right)^{a_3} \cdots \left(\frac{P_A^n}{P_B^n}\right)^{a_n} \tag{2.2.13}$$

(其中,$a_1 > 0, a_2 > 0, \cdots, a_n > 0$ 为实常数,且 $\sum\limits_{i=1}^{n} aj = 1$)

这里,(2.2.12)式和(2.2.13)式中各项符号的经济意义同前。但(2.2.13)式中的幂指数 $a_1, a_2, \cdots, a_n$ 可根据数量比重权数并按下式来确定:

$$a_i = \frac{q_{iA} + q_{iB}}{2} \tag{2.2.14}$$

或按消费支出权数:

$$a_i = \frac{W_{iA} + W_{iB}}{2} \tag{2.2.15}$$

按以上方法计量货币价值平价,只适用于两个国家之间。其优点主要在于,可以在不考虑其他国家的情况下,单独地对两个国家货币之间的价值平价比例进行推算;同时,还具有比较高的统计特征。但问题在于,世界上的国家有 100 多个,如一一推算,计量起来十分复杂,同时要获得100 多个国家相应的价格、数量、支出等方面全部详尽的统计资料,也是十分艰巨的任务。而且,这种推算不能产生一个可递体系(Transitive System),也就是说,A 国货币对贸易商品的购买力,可能比 B 国货币高50%(即两国货币之比为:A∶B = 1∶1.5),而 C 国货币只比 B 国货币高25%,但 A 国货币若和 C 国货币直接相比较,其价值平价比例则可能同上述比例情况不尽相符。

要解决这种统计不一致性问题的一个最简单的方法,就是必须确定一个统一的商品大类及明细项目的目录,并对各大类商品规定统一的权数。然后,在推算一国与任何其他各国的价值平价比例时,都按这个统一目录和权数进行。

这种方法的主要不利因素在于,可能排斥一些对某两个配对国家来说十分重要的商品。例如,A国和B国的经济情况,可能适用按统一的商品目录进行推算,但A国和C国之间,由于历史的或现实原因,有许多共同的、比较重要的特殊贸易商品,但因其较为特殊,而未能列入统一目录内。所以,按统一目录来推算A国和C国之间的货币价值平价,就显得比较勉强。另外,在统一加总时,无论哪一配对国都采用统一的权数,那显然又不尽合适。而且这些情况,对不同社会经济结构、经济制度和社会经济发展阶段的国家来说,又会变得更为严重。

有鉴于此,一个比较可靠的方法就是利用"搭桥国"(bridge-country)进行套算。其方法是先选定一国为基础,随后再据此套算本国与其他国家货币之间的价值平价比例。其套算的一般式为:

$$\left(\frac{P_A}{P_C}\right) = \left(\frac{P_A}{P_B}\right) \div \left(\frac{P_C}{P_B}\right) \tag{2.2.16}$$

(2.2.16)式中,由于在 $\left(\frac{P_A}{P_B}\right)$ 和 $\left(\frac{P_C}{P_B}\right)$ 之间,存在着固定关系,因而可以获得可递性(transitivity),从而可以比较简便地套算出本国货币对其他国家货币的价值平价比例。但是,无论将何国当做"搭桥国",事实上都会在两国货币的比较过程中,插入第三国因素,从而使套算的结果可能失真,或者加剧权偏误。因此,在货币价值平价的套算中,有必要进行若干技术处理,其方法是:

第一,在商品大类的基础上分别推算A国和B国、B国和C国的货币价值平价。其初始推算公式为:

$$\left(\frac{P_A}{P_C}\right)_i = \left(\frac{P_A}{P_B}\right)_i \div \left(\frac{P_C}{P_B}\right)_i \tag{2.2.17}$$

$$(i = 1, 2, \cdots, m)$$

(2.2.17)式右边表示,在第 i 类商品的水平上,推算出A国和B国以及 B 国和 C 国货币之间的价值平价比例,并请参见(2.2.5)式。

第二,按 A 国商品的销售量比重权数(或消费支出权数)加总,并参见 q_{iA} ,然后按 C 国的相应权数加总。

第三,按"费雪理想公式"进行加权平均,求出 A、C 两国之间加权平均的套算货币价值平价。

以上分步推算的目的在于把"搭桥国"的影响限制在各商品大类的范围之内。因为在各商品大类内采用简单平均法推算 A 国、B 国和 B 国、C 国货币之间的价值平价时,不需要进行加权,这样可以避免"搭桥国"的影响。而且,在对商品大类水平上的价值平价比例进行加总时,所运用的"费雪理想公式"中只使用了 A、C 两国的权数,而没有使用"搭桥国"(B 国)的权数,所以对"搭桥国"不产生影响。尽管如此,这种处理方法仍不能完全消除"搭桥国"的影响。因为在 $\left(\dfrac{P_A}{P_B}\right)_i$ 、$\left(\dfrac{P_C}{P_B}\right)_i$ 的比较中,"搭桥国"(B 国)的贸易商品结构仍然存在较大的作用。不过总的来说,"搭桥国"的影响是受到了限制,当然也相应地提高了套算的难度。

第三节　马克思汇率理论的发展

随着虚拟经济的发展,以实体经济为标尺的汇率决定理论越来越受到质疑。特别是名义汇率背离实际汇率的走势,使人们越来越感到汇率的变幻莫测,各国的货币价值难以真正得到体现。为此,李翀教授以现实的国际货币制度为前提,从商品的价值或价格中导出货币的虚拟价值,并构建反映国际贸易、国际金融和国际投资三个方面货币虚拟价值的货币汇兑平价。

一、从贸易角度分析外汇的虚拟价值

在金本位制解体之后,黄金已不是货币,纸币不再代表一定数量的黄金的价值。但是,纸币作为国家强制流通的法币,它代表一定数量的商品

价值,而这种价值是通过它对一组商品所具有的购买力体现出来的。由于它代表的一定数量商品的价值是国家赋予的,这种价值实际上就是虚拟价值。从国际贸易的角度分析,两种货币的汇兑平价就是它们的虚拟价值之比。

假定商品贸易既不存在任何障碍,也不存在交易成本。设 P 表示商品的市场价格;a 和 b 表示 A、B 两国的商品;n 表示 A、B 两国的贸易商品的种类数;X 表示根据商品的重要性而确定的权重;m 种商品的权重之和等于1,那么 A、B 两国 m 种商品市场价格的加权平均值分别是:

$$\sum_{i=1}^{m} P_i^a X_i^a \text{ 和 } \sum_{i=1}^{m} P_i^b X_i^b。$$

A、B 两国 1 单位货币的购买力即虚拟价值分别为:

$$\frac{1}{\sum_{i=1}^{m} P_i^a X_i^a}, \frac{1}{\sum_{i=1}^{m} P_i^b X_i^b}。$$

而 1 单位 B 国货币可以兑换 A 国货币的平价是两种纸币的虚拟价值之比:

$$E_1 = \frac{\dfrac{1}{\sum_{i=1}^{m} P_i^a X_i^a}}{\dfrac{1}{\sum_{i=1}^{m} P_i^b X_i^b}} = \frac{\sum_{i=1}^{m} P_i^b X_i^b}{\sum_{i=1}^{m} P_i^a X_i^a} \tag{2.3.1}$$

从两国货币汇兑平价的计算公式可以得知,在 B 国贸易商品市场价格不变的前提下,如果 A 国贸易商品的价格水平上升了,A 国货币的虚拟价值下降,1 单位 B 国货币可以兑换的 A 国货币增加。在 A 国贸易商品市场价格不变的前提下,如果 B 国贸易商品的价格水平上升了,B 国货币的虚拟价值下降,1 单位 B 国货币兑换的 A 国货币减少。

既然货币的虚拟价值决定了货币的汇兑平价,那么货币虚拟价值的变化将影响到货币的汇兑平价。由于中央银行可以控制一个国家的货币数量,而货币的虚拟价值是法律赋予的,在货币流通速度不变的条件下,如果该国货币的增长快于物品、劳务和金融资产交易的增长,物品、劳务和金融资产的市场价格将会下降。另外,物品、劳务和金融资产的市场价格受市场需求和供给的影响。当它们的市场价格由于除了货币数量以外的因素的影响上升了,该国货币的虚拟价值也会下降。

二、从金融角度分析外汇的虚拟价值

在国与国之间不仅存在着商品的贸易,而且还存在着金融资产的投资。不但在国与国之间的商品贸易需要进行货币兑换,而且在国与国之间的金融资产的投资也需要进行货币兑换。从国际金融的角度分析,汇率形成的基础同样是两种货币的虚拟价值比率,但货币的虚拟价值取决于它投资国内金融资产的盈利能力。

假定国与国之间的金融资产的投资不受限制,国内金融资产和国际金融资产的交易成本相同。设可供跨国交易的金融资产标准收益率为 $\bar{R}$,a 和 b 分别表示 A、B 两国的可供跨国交易的金融资产,n 表示 A、B 两国可供跨国交易的金融资产种类数,Y 表示根据金融资产的重要性而确定的权重,n 种金融资产的权重之和等于 1,那么 A、B 两国 n 种可供跨国交易的金融资产收益率的加权平均值分别是:$\sum\limits_{i=1}^{n} \bar{R}_i^a Y_i^a$ 和 $\sum\limits_{i=1}^{n} \bar{R}_i^b Y_i^b$。

实际上,从货币盈利能力上来说,既然 1 单位 A 国货币在本国进行金融资产投资可以得到一个标准收益率 $\sum\limits_{i=1}^{n} \bar{R}_i^a Y_i^a$,1 单位 B 国货币在本国进行金融资产投资可以得到一个标准收益率 $\sum\limits_{i=1}^{n} \bar{R}_i^b Y_i^b$。从国际金融的角度来看,1 单位 B 国货币兑换 A 国货币的汇兑平价是:

$$E_2 = \frac{\sum\limits_{i=1}^{n} \bar{R}_i^b Y_i^b}{\sum\limits_{i=1}^{n} \bar{R}_i^a Y_i^a} \tag{2.3.2}$$

从两国货币汇兑平价的计算公式可以看到,在 B 国金融资产标准收益率不变的前提下,如果 A 国金融资产的标准收益率上升了,A 国货币的虚拟价值上升,1 单位 B 国货币可以兑换的 A 国货币减少。在 A 国金融资产标准收益率不变的前提下,如果 B 国金融资产的标准收益率上升了,B 国货币的虚拟价值上升,1 单位 B 国货币可兑换的 A 国货币增加。

在这里,几乎全部国际金融工具都可以看做是金融资产,如以存款或贷款方式存在的货币、债务工具、权益工具、金融衍生工具。跨国金融资产投资表现为国际借贷、债务工具、权益工具、金融衍生工具的投资等。由于货币具有高度的流动性,它可以以任何一种金融资产的形式存在。从金融的角度分析,投资本国金融资产可以得到的标准收益率,即货币的盈利能力,就是货币的虚拟价值。两种货币的虚拟价值比率,就是从国际金融角度分析的汇兑平价。

三、从投资角度分析外汇的虚拟价值

在国与国之间不仅存在着商品贸易和金融资产的投资,而且还存在实物资产的投资即直接投资。不但在国与国之间的商品贸易和金融资产需要进行货币的兑换,而且在国与国之间的实物资产的投资也要进行货币兑换。从国际投资的角度分析,汇率形成的基础也同样是两种货币的虚拟价值的比率,但货币的虚拟价值取决于它投资国内实物资产的盈利能力即利润率。

假定国与国之间的实物资产的投资即直接投资不受限制,设可供跨国投资的实物资产的平均利润率为 $\bar{r}$,a 和 b 表示 A、B 两国的可供跨国投资的实物资产,k 表示 A、B 两国可供跨国投资的实物资产种类数,Z 表示根据实物资产的重要性而确定的权重,其权重之和等于1,那么,A、B 两国 n 种可供跨国投资的实物资产利润率的加权平均值分别是 $\sum_{i=1}^{k} \bar{r}_i^a Z_i^a$ 和 $\sum_{i=1}^{k} \bar{r}_i^b Z_i^b$。

实际上,从货币盈利能力来说,既然 1 单位 A 国货币在本国进行实物资产投资可以得到一个平均利润率 $\sum_{i=1}^{k} \bar{r}_i^a Z_i^a$,1 单位 B 国货币在本国进行实物资产投资可以得到一个平均利润率 $\sum_{i=1}^{k} \bar{r}_i^b Z_i^b$,从直接投资的角

度来看,1 单位 B 国货币兑换 A 国货币的汇兑平价是:

$$E_3 = \frac{\sum\limits_{i=1}^{k} \bar{r}_i^b Z_i^b}{\sum\limits_{i=1}^{k} \bar{r}_i^a Z_i^a} \qquad (2.3.3)$$

从两种货币汇兑平价的计算公式可以看到,在 B 国实物资产投资的平均利润率不变的前提下,如果 A 国实物资产投资的平均利润率上升了, A 国货币的虚拟价值上升,1 单位 B 国货币可以兑换的 A 国货币减少。在 A 国实物资产投资的平均利润率不变的前提下,如果 B 国实物资产投资的平均利润率上升了,B 国货币的虚拟价值上升,1 单位 B 国货币可以兑换的 A 国货币增加。

与前面分析相似,由于货币具有高度的流动性,它既可以进行金融资产的投资,也可以进行实物资产的投资。从直接投资的角度分析,一种货币投资本国实物资产可以得到的平均利润率,即货币的赢利能力,就是货币的虚拟价值。两种货币的虚拟价值的比率,就是从直接投资角度分析的汇兑平价。

四、综合的货币汇兑平价

由于国与国之间的经济活动不同,货币兑换平价形成的特点也就不同。前面根据国际经济活动的类型,分别从商品贸易、金融资产投资和实物资产投资三个角度分析了货币的兑换平价。但是在现实经济活动中,这三种类型的经济活动是交错在一起的,两种货币之间的兑换平价只有一个,因而还需要把这三种汇兑平价构建成一种汇兑平价。

在一定的时期里,两个国家之间的经济活动的规模是一定的。这样,可以根据某两个国家之间商品贸易、金融资产投资和实物资产投资的规模来确定前面分析的三种汇兑平价(即分别用 E_1、E_2 和 E_3 表示)在统一的汇兑平价中的权重,然后构建统一的汇兑平价。

设 x、y 和 z 为商品贸易、金融资产投资和实物资产投资所决定的汇兑平价的权重,而且 $x + y + z = 1$,那么以 1 单位 B 国货币可以兑换的 A 国货币数量表示的统一的汇兑平价 E 为:

$$E = xE_1 + yE_2 + zE_3$$

$$= x\frac{\sum_{i=1}^{m} P_i^b X_i^b}{\sum_{i=1}^{m} P_i^a X_i^a} + y\frac{\sum_{i=1}^{n} \bar{R}_i^b Y_i^b}{\sum_{i=1}^{n} \bar{R}_i^a Y_i^a} + z\frac{\sum_{i=1}^{k} \bar{r}_i^b Z_i^b}{\sum_{i=1}^{k} \bar{r}_i^a Z_i^a} \text{ ①} \qquad (2.3.4)$$

从综合的汇兑平价的计算公式可以看到,综合的汇兑平价取决于每一种国际经济活动所导致的货币汇兑平价的变化。如果三种类型的国际经济活动都导致货币汇兑平价向一个方向变化,那么综合的汇兑平价将朝着相同的方向变化。如果三种类型的国际经济活动导致各自的货币汇兑平价的变化不一致,那么综合的汇兑平价的变化方向等于这三种货币汇兑平价的变化经过加权计算的代数和。最后通过计量表明,经济发展水平越高的国家,它们的货币对美元的市场汇率越接近购买力平价;而经济发展越低的国家,它们的货币对美元的市场汇率越高于购买力平价。并据此得出如下结论:一是在人均国民生产总值居前 20 位的国家或地区,即经济发展水平与美国接近的国家或地区,它们的货币对美元的市场汇率与购买力平价的比率在 0.75—1.26 之间变化,购买力平价构成这些国家和地区货币的市场汇率的基础;二是对于广大的发展中国家来说,它们的货币的市场汇率无一例外地高于购买力平价,甚至更高。尽管按上述方法测算的货币汇兑平价比较接近经济现实,但忽视了非贸易品价格对贸易品的影响,仍然值得商榷。

第四节 马克思汇率理论的启示

马克思汇率理论是宏观经济理论体系的重要组成部分。其核心论点是 19 世纪 50 年代后半期马克思"黄金时光"中的研究成果。随着"世界市场网"②的不断发展和完善,马克思汇率理论也与时俱进,特别是对当

---

① 李翀:《从价值的角度构建马克思主义的汇率理论》,《教学与研究》2005 年第 2 期。
② 《资本论》第 1 卷,人民出版社 1975 年版,第 831 页。

代甚至未来构建人民币汇率形成的长效机制,具有重要的指导和启示作用。

第一,马克思对汇率问题论述不是特别多,也不是非常系统,但他比较详尽地阐述了汇率的调节作用。不过,马克思所论述的世界货币是指黄金,而整个汇率的调节是以黄金本位为基础。因此,不能把马克思的汇率调节理论完全照搬到没有黄金准备的汇率制度上来。随着世界货币体系的变化,在不同时期、不同国家,汇率制度已经经历了固定汇率制、自由浮动汇率制、管理浮动汇率制、复汇率制和联合汇率制等变化,而且还由于世界经济多元化主体的出现,作为传统意义上的世界货币体系中的中心货币会呈现多元化的结构,世界经济会进入多种汇率制度并存的时期。因而在更理想的世界货币体系没有建立起来之前,目前世界上多种形式的汇率制度并存的局面仍将继续存在。

第二,马克思曾经认为,在使用金属货币的条件下不会产生通货膨胀。因此,他在整个《资本论》三卷中对金属货币流通情形下的通货膨胀没有进行深入的研究。尽管当时纸币流通不处于主导地位,但马克思对纸币流通的研究仍然可以用来解释当代的通货膨胀问题。研究纸币流通,必须注意四个问题。一是纸币的流通是一个无限分散的运动,纸币一旦离开它的原始点即政府,就会立即分散开来。二是纸币流通是国家强制占有社会财富的行为,它不像金属货币那样,因为纸币投入流通时没有一个出卖商品的过程。三是纸币一旦进入流通,就不可能再被抛出来,而且离开流通,纸币就会失去其价值。四是纸币流通具有通货膨胀的倾向。

第三,马克思在阐述汇率理论之前,通过对贵金属的详尽论述,说明了国际储备的重要性。马克思认为贵金属的需求量会随着经济发展而不断增加。"首先是对亚洲的银的输出大大增加了……其次,一部分新输入的金,为国内的货币流通所吸收……最后……用于奢侈品的贵金属的消费,由于财富的增加而增加了。"①而且作为货币的贵金属和作为商品的贵金属是有区别的,就"好像贵金属的输入过多和输出过多,只是商品

①　《资本论》第3卷,人民出版社1975年版,第641页。

输入和输出比例的表现"①。"所谓国家银行的金属准备的用途",主要体现在三个方面:(1)"作为国际支付的准备金",即现代意义上国际储备;(2)"作为时而扩大时而收缩的国内金属流通的准备金",这种职能在纸币情况下是不需要的;(3)"作为支付存款和兑换银行券的准备金",即现在的存款准备金②。

第四,马克思汇率理论与西方汇率理论的根本区别在于汇率价值是由活化劳动决定还是由物化劳动决定。马克思认为,劳动是一切价值的创造者,只有劳动才是赋予已发现的自然产物以一种经济学意义上的价值③。这个"价值",不是哲学意义上的价值概念,也不是实用主义的效用概念,它仅仅是经济学上的商品的价值。离开商品就不是马克思在《资本论》中所论述的价值概念。正如恩格斯所说:"经济学所知道的唯一的价值就是商品的价值"。商品的交换,实质是劳动的交换,而劳动的交换,则体现为商品价值的实现。商品的贸易,实质是劳动的贸易。或者说,成功的商品交换或劳动交换,不仅能够实现交易,而且还能实现价值。

第五节　社会主义国家汇率理论与实践

在传统的计划经济国家,汇率水平一般是根据金本位时期的汇率,或者是根据与贸易收支无关的某些标准确定,或者是根据比较成本学说确定,其汇率制度设计也具有多样化的特点。

苏联和东欧国家过去曾应用过贸易收支兑换率,即贸易外汇收支乘以官方商业交易汇率(e')。这一兑换率有时也作为官方对外公布的汇率。按照这一兑换率,个别商品价格的兑换值(P')等于该商品的外币价格(P'')乘以商业交易汇率,其关系式是:

---

① 《资本论》第 3 卷,人民出版社 1975 年版,第 642 页。
② 《资本论》第 3 卷,人民出版社 1975 年版,第 643 页。
③ 《马克思恩格斯选集》第 3 卷,人民出版社 1995 年版,第 544 页。

$$P' = P'' \times e'$$ 　　　　　　　　　　　　　　　　　　　(2.5.1)

如果外贸公司出口商品外汇收入兑换成本(B')大于等量同类商品的内销收入(B),则外贸公司便可获得利润(F),其关系式是:

$$F = B' - B$$ 　　　　　　　　　　　　　　　　　　　(2.5.2)

但是,外贸公司的利润是有名无实的,政府通过税收抽走了它们的利润。如果公司亏损,政府再给以财政补贴,所以, F 也可以看做是政府的税收或补贴。由于外贸数量及国内价格是计划预先确定的,而且商业交易汇率是独立的,与官方对外汇率没有任何联系,所以商业交易汇率的变动只会影响到外贸公司和有关企业的利润或亏损水平。

传统计划经济国家中贸易商品的国内价格与外币价格相背离的原因在于政府对外贸公司的每笔贸易交易征税(a),即:

$$P = P'' \times e' \times (1 + a)$$ 　　　　　　　　　　　　　(2.5.3)

汇率和国内价格是长期不变的,而税率可以根据贸易商品国际价格的变化情况经常调整。从这种意义上讲,中央计划经济国家的汇率可以任意规定,可以不与外贸比较成本相联系。只有在十分偶然的情况下,汇率才接近出口创汇成本。

为了使汇率能够真实反映出口换汇成本,经济学家和计划部门通过研究测算商品使用价值和国内生产成本的方法,建议调整官方汇率以及将官方汇率与内部影子汇率挂钩。20 世纪 50 年代末和 60 年代初,为弥合外贸商品国内平均价格和平均换汇价格(即外贸商品外币价格乘以官方对外汇率)之间的差距,一些计划经济国家曾采用"外贸效益指标体系",其中,一个指标是"官方内部汇率"(e'')。与官方汇率不同的是,内部汇率是本币对外币的内部比价,它可以适用于全部外贸商品,也可以适用于某些工业部门或者某些特殊商品。这样,出口商品的最终核算价格(P^*)就是:

$$P^* = P' \times e' \times e'' \times (1 + t)$$ 　　　　　　　　(2.5.4)

上式中, P' 表示出口商品的外币价格; e' 表示官方商业汇率; e'' 表示官方内部汇率; t 表示税率或补贴率。

(2.5.4)式的经济学意义在于:最终核算价格可以作为比较商品国

内批发价格的标准。如果某种商品的最终核算价格高于批发价格,则表示出口该种商品是有利可图的。

按照这种汇率理论,匈牙利和波兰的经济学家提出"影子汇率",民主德国的经济学家提出了"外贸最优化公式",苏联经济学家也发展了这些理论。

第六节　苏联及东欧国家汇率理论与实践的启示

在传统的计划经济国家,国内价格是脱离国际价格的。国内价格是通过行政手段确定的,经常是几年甚至更长的时间不变。汇率也是固定的。因而,苏联及东欧等国家的货币汇率制度与西方国家的汇率制度相比,具有很大的差异性。例如苏联比较重视汇率的作用,并常常结合外贸计划指标来发挥汇率的作用,但汇率在确定国内价格方面的作用仍然十分有限,即汇率的作用不会大于计划机制的作用。同匈牙利相类似,苏联是通过影子汇率来测算进出口商品的国内卢布价格。据资料显示,苏联国家计委曾运用20多种内部影子汇率来测算其与经互会国家、其他社会主义国家、发达资本主义国家和发展中国家的外贸效益。尽管苏联及东欧国家都曾规定过含金量,并以金平价为基准来确定本国货币的对外官方汇率,但它们的货币都是不可兑换的,因此,这些国家对西方的贸易主要是使用对方国家或其他国家的硬通货。它们对外国货币的官方汇率,只对西方旅游者和其他非贸易支付有用,而对于西方的进出口贸易不起作用。其对内则作为外贸单位的计价结算,其作用是相当有限的。

从20世纪60年代中期以来,苏联及东欧社会主义国家先后进行了经济改革。在这个过程中,它们的汇率政策都有较大的改变。如匈牙利从1968年开始采用商业汇率,罗马尼亚从1979年起也采用商业汇率。而其他东欧国家则采用换汇系数,如捷克将出口商品的外贸价格除以出口商品的国内价格,得出的系数就叫"再生产成本",也就是通常所说的换汇率。东欧国家一般允许出口企业的外汇收入按商业汇率或换汇系数折合成本国货币,按此进行利润留成,而进口企业须按换汇率支付本国货币,但进口成本不参与内销价格的形成。但苏联没有采用过商业汇率或换汇系数,盈亏由国家统包,与企业、集体、个人都不发生切身利益关系。进入20世纪80年代后,东欧国家在汇率政策方面又有一些新的变化,特别是匈牙利,它的汇率改革进展很快,并收到了明显的效果。但要继续深入进行经济体制改革和扩大对外经济关系,汇率还必须进行根本性的改革。封闭性的货币和开放性的经济是不可能长期共存的,所以苏联及东欧社会主义国家曾倾向于实行货币自由兑换。

在传统的计划经济国家,对外贸易具有极强计划性。国内价格是脱离国际价格的,外贸部门不能根据国际市场价格变化来主动调控对外贸易。当发现贸易条件恶化并引起贸易收支逆差时,就会拼命地扩大出口贸易,而这种情形恰好与西方国家相反。即在西方市场经济国家,一旦发现商品价格下跌就会导致出口减少,而在社会主义国家却会导致出口贸易的增加。归结起来,苏联及东欧国家的汇率理论与实践给我国当时人民币汇率的确定带来以下几点启示:

第一,汇率决定依据应该是贸易商品的国际市场价格,或者说是贸易商品的内外价格之比,这相当于20世纪年代以来的进出口换汇成本说。据此,在1959年人民币兑美元汇率应该下调到1美元兑4.87元人民币,由此可以解决出口亏损问题,减少财政对出口的补贴。如果人民币汇率下调,将会产生如下问题:一是内外价格的联系不利于国内物价的稳定;二是人民币贬值会使社会主义国家的信誉受到损失。实际上,第一个问题不能成立,因为人民币汇率当时已经丧失了经济调节作用,人民币适当下调并不会产生不良的影响。第二个问题在政治挂帅的时代的确具有现实意义,即人民币币值稳定体现了社会主义的优越性,而人民币适当高估又与其他社会主义国家货币的定价态势相一致。

第二,汇率应根据两种相关货币的含金量之比决定,这既符合马克思主义经济学,又与布雷顿森林体系下的金平价制度相吻合。虽然人民币未曾公布过含金量,但仍可能采用以下两种方法将其应用于实践:一是利用卢布的含金量,通过人民币和卢布的汇率套算出人民币的含金量;二是从我国的黄金收购价格间接地计算。但问题在于,无论是美元的含金量,还是卢布的含金量和我国的黄金收购价格,均是人为制定和调整的,由此得出的金平价既不能正确地反映两种货币各自所包含的价值量之比,又不能反映两国的经济状况如物价水平之比。所以,这种观点不具有实践意义。如按此观点定价,人民币兑美元汇率将被调整为 1 美元兑 2.7 元人民币,人民币将大幅升值(无疑,调高人民币汇率不符合中外基本经济条件之比)。

第三,汇率决定应与其他社会主义国家的货币汇率保持相关性。当时,为了与西方相抗衡,结成了社会主义阵营,因而这个观点具有政治意义。可是其前提条件是,社会主义阵营中的各国家之间对此必须进行充分的协商,采取一致的对策。但由此也会产生诸如汇率水平不符合购买力平价、出口损失增加和侨汇价值下降使侨汇收入减少等问题。如果不存在社会主义阵营的货币合作,仅靠我国单方面和其他国家保持同步的话,既没有政治意义,也没有经济意义。但从实践上看,仍然没有资料披露并证明社会主义阵营的货币合作是存在的。

第四,汇率决定应该根据购买力平价说,这虽然是西方学者提出的,但其理论确实包括了劳动价值论的思想,甚至在一定程度上还符合经济规律,而且简洁并具有很强的实践性。就此而言,制定人民币汇率,无论是兑美元还是兑卢布,均可利用该学说。但问题在于,应用该学说的前提之一是价格的市场性。当时,我国的物价有严格的管制,故难以将购买力平价学说应用于实践。据计算,人民币的购买力平价为 1 美元兑 1.520元人民币,人民币汇率应该提高。无疑,这会使人民币进一步偏离其国际价值,使出口亏损问题更加严重,并降低侨汇价值。

第五,从人民币汇率研究中可以看到,20 世纪 50 年代前期,我国经济工作者对于汇率问题已经有相当深的研究,这不仅体现在他们对马克思汇率理论的掌握,而且还体现在对西方汇率理论的理解。但是,那种以行政管理来替代经济管理、以政治规律来替代经济规律的经济运行方式,容易对现实经济造成人为性的偏离,而人民币汇率的决定也就无法依据一般汇率理论,一种非经济性的人民币汇率的长期稳定就成为政治长期稳定的附庸,与其说人民币汇率的长期稳定包含着许多不合理的成分,还不如说这是一种不得已而为之的选择。

虽然计划经济体制之下的人民币兑美元汇率的长期稳定有着坚实的基础,但这并不等于人民币汇率就是合理的,尽管当时我国的对外依存度很低,汇率在经济活动中的调节作用几乎可以忽视,但人民币汇率应该如何确定以及汇率水平是否合理,无论在当时还是在现在,仍然是一个很有理论和实践意义的课题。

第二章

西方汇率决定理论的形成和发展

汇率决定理论的演变和货币本位制度密切相关,并随着货币本位制度的发展而发展。从货币本位制度的角度分析,既有与金本位制的产生和发展相对应的汇率决定理论,如铸币平价理论,也有与纸币本位制的产生和发展相对应的汇率决定理论,如资产组合理论等。从历史的角度分析,既有萌芽时期产生的购买力平价理论、利率平价理论和汇兑心理理论,也有布雷顿森林体系时期的蒙代尔—弗莱明模型等。这些汇率决定理论都各有其独特的内容和形式,并形成了西方汇率决定理论的发展轨迹。

第一节　铸币平价理论

在金本位制下,黄金被用来规定货币能够代表的价值,各国均规定每一金铸币单位所包括的黄金重量和成色,即含金量(Gold Content)。两国货币的价值量之比或价值平价之比,直接地或简单地就是其含金量之比,这个比率就叫铸币平价(Mint Parity)。铸币平价就是金本位制下决定两国货币汇率的基础。铸币平价理论(Theory of Gold Parity)是 18 世纪英国货币数量论最重要的代表人物大卫·休谟(David Hume,1711—1776)在其著作《政治论丛》中提出的价格—现金流动机制理论。该理论认为只要各国遵守金本位制的游戏规则,汇率的变动能够通过商品价格机制的作用而具有自动调节国际收支的功能。当本国出现贸易逆差时,黄金外流导致本国的货币发行量减少,从而引起商品价格下跌。在国外商品价格不变的情况下,本国的出口增加,进口减少,从而自动调节本国的国际收支。

一、铸币平价的理论基础

铸币平价的理论基础是休谟的货币数量论,而休谟的货币数量论是对前人货币数量论的"优雅的表述"①和发展。马克思曾将其理论归结为三个原理:

(1)一国中商品的价格决定于国内存在的货币量(实在的货币或象征性的货币)。

(2)一国中流通着的货币代表国内现有的所有商品。按照代表即货币的数量增加的比例,每个代表所代表的被代表物就有多有少。

(3)如果商品增加,商品的价格就降低,或货币的价值提高。如果货币增加,那么,相反地,商品的价格就提高,货币的价值就降低②。

按照第一个原理,休谟认为,商品的价格总是同货币的数量成比例。按照第二个原理,休谟认为,如果货币数量增多,则要求所代表的货物量也相应增加;所以就一国范围来说,不会产生什么影响,无论好的或坏的。或者说,单位货币过去所代表的商品数量多,而现在所代表的商品数量少,其原因在于商品数量增加了。按照第三个原理,休谟认为,正是流通中的货币和市场上的商品之间的比例决定着物价的贵贱,一切东西的价格取决于商品和货币之间的比例,任何一方的重大变化都能引起同样的结果——价格的起伏。即商品增加,商品价格下降,货币增加,商品价格就上涨;反之,商品减少或货币减少就具有相反的倾向。针对休谟的三个原理,马克思对其进行了批判。马克思认为,休谟把16至17世纪欧洲商品价格随着美洲金银输入量增加而提高的现象归结于货币数量问题是错误的。这表明休谟没有研究价值理论,不懂得商品价值和货币价值,不懂得货币也是商品,更不懂得贵金属的价值尺度职能以及贵金属作为外在的价值尺度是商品内在的价值尺度的必然表现形式,而且,美洲矿山发现以后欧洲商品价格随着货币数量增加而上涨,并不是因为商品价格必须

---

① 马克思:《马克思恩格斯全集》第46卷(下),人民出版社1979年版,第304页。
② 马克思:《马克思恩格斯全集》第13卷,人民出版社1979年版,第152页。

同增加了的金属货币数量保持一定比例,而是等量的商品价值要用较多的价值下降了的金属货币来代表。因此,休谟让金银以非商品的资格进入商品流通领域,把以铸币形式出现的贵金属当成一般物物交换中的一种物品,然后集中注意力考察贵金属这种物品同其他物品——对应的比例关系,从而从表面的流通现象出发得出符合他那些错误货币数量论观点的三个原理。

二、铸币平价理论的基本思想

在金本位制下,货币的发行必须要有足量的黄金作为发行准备金,黄金与货币之间能够自由兑换,并不受任何限制,黄金能够自由输出和输入国境。在黄金自由输出与输入的情况下,两国货币之间的兑换率是由铸币的含金量来决定的。两国货币(即铸币)的含金量之比就称为金平价,可用公式表示:

$$S = \frac{G^*}{G} \tag{3.1.1}$$

其中,S 表示两国货币之间的兑换率,即铸币平价;G 表示本国货币的含金量;G^* 表示外国货币的含金量。

铸币平价通常是法定平价,一般不会轻易发生变动。它是两国货币汇率决定的基础,但并不是外汇市场上买卖外汇的实际汇率,而是外汇市场上买卖外汇的中心汇率。外汇市场上的汇率波动的幅度是由两国间运送黄金的各种费用决定的。这些费用主要包括运送黄金的保险费、运费和包装费等。运送黄金的各种费用构成了市场汇率围绕铸币平价中心波动的上限和下限。其中,上限是黄金输出点(Gold Export Point),即为汇价上涨的最高点;下限是黄金输入点(Gold Import Point),即为汇价下跌的最低点。在两国贸易结算中,当市场汇率波动超过黄金输出入点时,运送黄金比货币合算。当市场汇率变动超过黄金输出点时,将导致黄金外流,外汇市场上的本国货币供应就会减少,从而引起汇率下降,使汇率回落到黄金输出点;反之,当市场汇率变动低于黄金输入点时,将导致黄金内流,外汇市场上本国货币供应就会增加,从而引起汇率上升,使汇率回升到黄金输入点。因此,在金本位制下,市场汇率波动的幅度是黄金的输出点和输入点,汇率波动的中心是铸币平价。由于黄金输出点与输入点限制了市场汇率波动的幅度且波动的幅度十分有限,所以,市场汇率基本上是稳定的。

例如,在 1929 年大危机之前,英国规定 1 英镑金币的重量为123.27447 格令,成色 0.91667,即 1 英镑的纯含金量为 113.0016 格令(123.27447×0.91667);美国规定 1 美元的重量为 25.8 格令,成色0.9000,则其纯含金量为 23.22 格令(25.8×0.9000),则:

$$1\ \text{英镑} = \frac{1\ \text{英镑含金量}}{1\ \text{美元含金量}} = \frac{113.0016}{23.22} = 4.8665\ \text{美元} \qquad (3.1.2)$$

即 1 英镑等于 4.8665 美元,4.8665 为 1 英镑与美元的铸币平价。假定英、美两国之间运送 1 英镑黄金的费用平均为 0.03 美元,则 4.8965(4.8665+0.03)为黄金输出点,4.8365(4.8665−0.03)为黄金输入点。如果美国对英国有国际收支逆差,则对英镑的需求增加,英镑汇率就会上涨,当英镑与美元之间的市场汇率上涨而高于 4.8965(即 4.8665+0.03)时,美国债务人(美国进口商)就觉得购买外汇不合算,而宁愿直接向英国运送黄金而不愿意在市场上用美元兑换英镑进行贸易结算;反之,如果英国对美国有国际收支逆差,则对美元的需求增加,英镑汇率就会下跌,当英镑与美元之间的市场汇率下跌而低于 4.8365(4.8665−0.03)时,美国债权人(美国出口商)就不要外汇,而宁愿自己花钱从英国运回黄金而不愿意在市场上用英镑兑换美元进行贸易结算。因此,4.8665 为英镑与美元之间市场汇率的法定平价,即中心汇率;4.8965 与 4.8365 为英镑与美元之间市场汇率波动的上下限。

三、铸币平价理论的评价

铸币平价理论是金本位制度下的汇率决定理论,各国必须按照金本位制要求来进行货币兑换和贸易结算,尤其是各国不得以冲销的货币政策来抵消黄金的净流入或净流出对货币供应量的影响,否则价格的调整就不能自动恢复国际收支平衡。这种价格调整机制是建立在黄金数量与货币供应的数量上并使它们保持一定的关系,使得货币汇率基本稳定,各国基本上是固定汇率制。从现在的角度看,黄金数量与货币供应量这种关系已经不复存在。因为中央银行一旦采取扩张性或紧缩性的货币政策,就可以轻易地抵消黄金流入或流出对货币供应量产生的影响,而事实上,19世纪末和20世纪初,西方各国的中央银行都发生过类似的事件。

休谟的价格—现金流动机制是建立在货币数量论的基础上。早在休谟之前,西方就有学者把商品价格水平的高低与货币数量的多少联系起来,并以此来解释商品价格变动的原因。例如,法国学者让博丹就于1569年提出货币数量论的问题,并以此来解释当时欧洲各国商品价格的变动。休谟的价格—现金流动机制是古典学派经济理论中最有影响力的货币理论,直到20世纪30年代凯恩斯经济理论的兴起,才受到空前的挑战。但休谟的价格—现金流动机制仍然是经济界争论不休的话题。

铸币平价理论无法解释纸币本位制下两国货币之间的兑换率。因为中央银行发行的货币与黄金之间已经没有直接的关系,中央银行经常采用冲销的货币政策来影响货币供应量。

在第一次世界大战爆发后,金铸币制度陷于崩溃,各国相继实行了金块本位制和金汇兑本位制。这时,黄金已不再具有流通手段和支付手段的职能,其输出入受到很大限制。而货币汇率由纸币所代表的含金量之比来决定,被称为法定平价。实际汇率因供求关系围绕法定平价而上下波动,但黄金输送点却因黄金输出入受到限制而不复存在,汇率波动的幅度由政府规定和维护。政府通过设立外汇平准基金来维持汇率的稳定。

在1929—1933年世界经济危机期间,金本位制度崩溃,各国实行了纸币流通制度。一般纸币的金平价是由政府通过法令规定的,并以此作为确立汇率的基础。然而,由于纸币此时不能自由兑换黄金,货币的发行也不受黄金的限制,各国往往过量发行货币,使纸币的金平价同它表示的实际黄金量相背离,最终导致由法定金平价决定汇率这一体系变得毫无意义。

第二节　国际借贷理论

国际借贷理论（Theory Internation Indebtedness）是从国际贸易收支的角度来分析汇率决定的一种理论，其理论渊源可以追溯到 14 世纪。1861年，英国学者戈森（G. J. Goschen）在《外汇理论》（*Theory of Foreign Exchange*）中较为完整地阐述了汇率与国际收支的关系。他的理论是第一次世界大战前在金本位制盛行的基础上用以说明外汇汇率变动的最主要的理论，其立论的主要依据来源于古典经济学派特别是重商主义有关国际贸易及外汇方面的论述。戈森被认为是综合古典学派经济学家亚当·斯密、大卫·李嘉图、约翰·穆勒等的汇率理论并对汇率变动因素作出系统解释的创始者。在西方汇率理论史上，该理论又被称为国际收支差额理论或外汇供求学说。

一、国际借贷理论的基本思想

国际借贷理论认为，汇率的变动是由外汇的供求关系引起的，而外汇的供求关系又是国际借贷引起的，或者说是由一国对其他国家的债权、债务决定的。

（1）一国的经常项目和资本项目差额构成一国的国际借贷差额。如果在一定时期内，一国国际收支中债权大于债务，即构成国际借贷出超，所超出的数额为该国对其他国家的净债权。反之，如果一国国际收支中债务大于债权，则构成该国国际借贷入超，超过的数额即为该国对其他国家的净债务。

（2）国际借贷的出超和入超是决定一国资本流入或流出的最根本原因，而资本的流入或流出则直接影响该国货币汇率的涨落。因为货币以一种商品形式在国际市场上流通，则其价格涨落必然受到供求关系的制约，而一国货币在国际市场上的供求关系，与该国的国际借贷息息相关。如果其债权多于债务，形成国际借贷出超，在国际市场上对该国货币的需求量大于供给量,则该国货币汇率会趋于下跌(本币升值);反之,如果其债务大于债权,形成国际借贷入超,则国际市场上对该货币的需求量小于供给量,其货币汇率趋于上升(本币贬值)。

国际借贷理论认为,国际借贷不仅仅是由于商品的输入和输出而发生的,而且股票和债券的买卖、利润和捐赠的收付以及资本交易等也会导致国际借贷的产生。为此,戈森进一步将国际借贷分为固定借贷(Consolidating Indebtedness)和流动借贷(Floating Indebtedness)两种类型。前者是指借贷关系已经发生,但尚未进入实际收付阶段的借贷;而后者是指已经进入实际收付阶段的借贷。只有流动借贷才能影响一国货币汇率的变动,即流动借贷引起外汇供求关系的变动进而引起外汇汇率的变动。其原因在于固定借贷的变化并不立即产生现金收付。如果流动借贷不变,因固定借贷的变化而使国际借贷处于入超状态,入超的金额并不等于立即输送的现金,本国货币并不因此而增加现时外流量,则汇率也不至于立即上升(即贬值)。同理,如果由于固定借贷的变动而使国际借贷处于出超状态,出超的金额也不等于立即收进的现金,本国货币并不会因此而有所增加,则该国货币汇率也不至于下跌(即升值)。例如,在固定借贷增加使一国处于国际借贷入超状态时,一般仍可借入短期资本以平衡国际借贷差额,防止本国货币外流。因而,债务的增加反而阻止了本币的贬值;而当固定借贷减少导致国际借贷出超时,按理资本应该内流,但如果该国未及时收回其应得的债权金额,反而向债务国投资,则该国货币有可能会因此而贬值。一般而论,国际借贷理论中的流动借贷类似于现在的经常项目收支,其对汇率的影响有三种情况:

(1)本国流动借贷相等,外汇供求平衡,本币汇率保持不变;

(2)本国流动债权大于流动债务时,外汇供给大于外汇需求,外币汇率下跌,本币汇率上升;

(3)本国流动债权小于流动债务时,外汇供给小于外汇需求,外币汇率上升,本币汇率下跌。

二、国际借贷理论的发展

国际借贷理论的实质可以概括为:汇率是由外汇市场上的供求关系决定的,而外汇供求关系是由国际收支引起的。具体而言,商品的进出口、债券的买卖、利润、捐赠和旅游的收入以及资本交易,等等,都会引起国际收支。而只有已经进入支付阶段和收入阶段的国际收支,才会影响外汇的供求。当一国进入支出阶段的外汇支出大于进入收入阶段的外汇收入时,外汇需求大于供应,因而本国货币汇率下降;反之,则本国货币汇率上升。当进入收支阶段的外汇供求相等时,汇率便处于稳定状态。这种进入支出阶段的外汇支出又称为流动债务,进入收入阶段的外汇收入又称为流动债权。

戈森的理论实际上就是汇率的供求决定论,但他并没有阐明影响外汇供求关系的具体因素,这就大大地限制了其理论的应用价值。然而,这一理论在凯恩斯学派那里得到了最充分的发展。凯恩斯学派非常重视汇率对价格的反作用,认为货币对外贬值会引起进出口商品与劳务相对价格的变动,从而有利于改善国际收支。国际收支的改善又会形成新的均衡汇率,这就是调整的国际收支弹性论。凯恩斯学派不仅从外汇供求方面探讨汇率的变动,而且还从国民收入的综合平衡方面考察汇率的变动。该学派认为国民生产总值的增长会使国民收入和支出增加。而支出增加又会导致国际收支出现逆差,促使本币对外贬值,减少国内消费和投资,从而改善国际收支,导致本币对外升值。

假定汇率是完全自由浮动,政府不对外汇市场进行任何干预,汇率通过自身变动来实现外汇市场供求的平衡,从而使国际收支始终处于平衡状态。假定国际收支仅包括经常账户和资本与金融账户,并分别用 CA 和 K 表示,则有:

$$BP = CA + K = 0 \qquad\qquad (3.2.1)$$

如果将经常账户简单视为贸易账户,那么,它就主要由商品与劳务的进出口来决定。其中,进口主要由本国国民收入 Y 和实际汇率 $\dfrac{eP}{P^*}$ 决定,

出口主要由外国国民收入 Y^* 和实际汇率决定。这样,影响经常账户收支的主要因素可表示为:

$$CA = f(Y, Y^*, P, P^*, e) \qquad (3.2.2)$$

为简便起见,假定资本与金融账户的收支取决于本国利率 r、外国利率 r^* 以及对未来汇率水平变化的预期 $\dfrac{Ee_f - e}{e}$,将(3.2.1)式和(3.2.2)式整理,可得影响国际收支的主要因素为:

$$BP = f(Y, Y^*, P, P^*, r, r^*, e, Ee_f) = 0 \qquad (3.2.3)$$

如果将除汇率外的其他变量均视为已给定的外生变量,则汇率将在这些因素的共同作用下达到某一水平,从而起到平衡国际收支的作用,即:

$$e = g(Y, Y^*, P, P^*, r, r^*, Ee_f) \qquad (3.2.4)$$

当其他条件不变时,(3.2.4)式的经济学含义是:

(1)当其他条件不变时,本国国民收入的增加将通过边际进口倾向而带来进口的上升,这将导致对外汇需求的增加,本币贬值。外国国民收入的增加将带来本国出口的上升,本币升值。

(2)当其他条件不变时,本国价格水平的上升将带来实际汇率的升值,本国产品竞争力下降,经常账户恶化,从而本币贬值(实际汇率不变)。外国价格水平的上升将带来实际汇率的贬值,本国经常账户改善,本币升值。

(3)当其他条件不变时,本国利率的提高将吸引更多的资本流入,本币升值。外国利率的提高将造成本币的贬值。

(4)当其他条件不变时,如果预期本币在未来将贬值,资本将会流出以避免汇率损失,本币币值在即期就将贬值。如果预期本币在未来将升值,则本币币值在即期就将升值。

三、国际借贷理论的评价

在金本位制货币稳定的前提下,国际借贷理论说明汇率变动的情况,在当时的历史条件下通过外汇的供求解释汇率变动是可行的,并在19世纪下半叶一度广为流行。其主要贡献在于:(1)该理论将国际借贷划分为固定借贷和流动借贷,并指出只有立即清偿的各种到期的收付差额,才能引起汇率的变动,是比较符合实际的。(2)该理论从动态的角度分析了汇率的变动原因。(3)在第一次世界大战前金本位制盛行时期,各国货币间都有铸币平价,汇率仅仅在黄金输出入点上下限之间波动,其波动的原因主要就是受外汇供求关系影响。该理论用古典学派中的价格理论及供求法则来解释汇率的变动,易于为人们所理解和接受,也符合当时的现实情况。但该理论也存在着一定的局限性:

(1)国际借贷理论没有回答汇率决定基础这一本质问题。在国际借贷差额不平衡时,该理论认为汇率的变动受一国对外债权、债务关系的影响,但没有说明在国际借贷总额平衡时,汇率水平取决于什么,汇率是否会发生变动。特别是在金本位制崩溃后,汇率涨跌的原因就无法说清,也无法解释在纸币本位制下一国货币供应量的增减对汇率变动的影响。

(2)国际借贷理论假定国际收支为一个固定数额,国际收支本身完全独立于汇率,这是不符合实际情况的。事实上,各国汇率的变化对有关国家的国际收支起着有利或不利的影响。

(3)国际借贷理论注意到了实体经济因素与汇率之间的因果关系,说明了短期汇率波动的原因,但对于汇率与货币供求及国际资本流动之间的相互影响,没有作必要的论证,更难以解释长期汇率波动的原因。

(4)国际借贷理论比较适用于外汇市场发达的国家,而外汇市场不发达的国家,其外汇供求的真实性无法通过外汇市场体现出来。

(5)国际借贷理论实际上只是汇率的供求决定理论,它只能用来解释短期汇率的变动,而不能用来解释长期汇率的变动。而且,该理论也只是汇率变动的现象描述,而不是汇率形成的本质理论。

客观地讲,国际借贷理论说明了国际收支的失衡是导致汇率变动的主要原因之一,布雷顿森林体系的瓦解就是因为美国长期的国际收支逆差造成的。

第三节　汇兑心理理论

汇兑心理理论(Psychological Theory of Exchange)是从主观心理角度来说明汇率变动原因的一种学说,是 20 世纪 20 年代出现的一种西方汇率决定理论。其基本思想由法国经济学家杜尔(Dulles)在《1914—1918年的法国法郎》中首先提出。杜尔认为,在经济混乱的情况下,汇率并不遵守任何规则,而是取决于人们对货币心理的主观判断。1927 年,法国巴黎大学教授艾伯特·阿夫达利昂(Alfred Aftalion)在《货币、物价与汇兑,理论上的发展》中对汇兑心理理论作了进一步的阐述,并使其成为完整的理论体系。

一、汇兑心理理论的时代背景

在第一次世界大战前的金本位制下,汇率波动受铸币平价和黄金输送点的自动调节,基本处于稳定状态。第一次世界大战结束后,由于各国发行的纸币急剧增加,造成了严重的通货膨胀,各国货币也不断贬值。与此相对应的是,外汇市场上汇率剧烈波动,金本位制下汇率相对稳定的状况也一去不复返。特别是在 1924—1926 年,法国国际收支顺差,而法国法郎却出现下跌的反常现象。这一反常现象无法用国际借贷理论来阐明法国法郎下跌的原因。阿夫达利昂认为法国法郎出现反常的现象,除了人们对纸币的黄金可兑换性前景的预期之外,主要是由于预算赤字的增加以及对其增加的预期心理导致了外汇市场上外汇交易的投机性和短期法国资本外逃,从而引起法国法郎汇率下跌。至于大量资本外逃的原因,他认为完全是由投机心理所致,这是汇兑心理理论分析的主要依据。但随后法国物价上涨,是由于法国法郎汇率下跌造成的,而并非是汇率受物价的制约。汇率与物价关系恰好与购买力平价理论相反,所以购买力平价也无法解释法国法郎汇率下跌的原因。因此,阿夫达利昂的汇兑心理理论在一定程度上解释了当时法国法郎汇率变动的原因,并认为第一次世界大战后 20 年代法国法郎的汇率现状,除了人们对纸币的黄金可兑换性前景预期外,导致当时投机性外汇交易与资本外逃的主要原因是预算赤字的增加,以及对这种增加的预期心理导致的投机性外汇交易和资本外逃,这便引起了法国法郎的对外贬值和国内物价上涨。在阿夫达利昂看来,同样程度的逆差对汇率却有不同程度的影响,这完全取决于市场对未来前景的主观评价和心理预期。

早在阿夫达利昂之前,德国经济学家迪埃尔(1918)曾根据银行券恢复黄金可兑换性的前景大小来阐释汇率的变动。这一思想在某种程度上已经具有汇兑心理学说的观点。后来,德国经济学家安格尔也提出相似的观点,但真正将汇兑心理思想加以扩展和深化并形成比较系统的汇兑心理理论的,却是阿夫达利昂。

二、汇兑心理理论的基本思想

通过对 1914 年以来法国及其他欧洲国家的通货、物价和汇兑的变动进行统计分析,阿夫达利昂认为第一次世界大战时及第一次世界大战后货币量的增长、物价的上涨以及汇率的下跌并不如货币数量论者(包括戈森和卡塞尔)所断言的那样是平行发展的,货币数量论者的汇率理论无法解释第一次世界大战时及第一次世界大战后货币供给、物价上涨和汇率下跌不一致的异常现象。因此,阿夫达利昂认为,汇率变动及其决定依据是人们对外汇使用效用所作出的主观判断。人们需要外汇是为了满足某种欲望,这种欲望使外汇具有价值的基础。因此,外国货币的价值决定于使用双方对外国货币的主观评价。外国货币价值的高低,是以人们的主观评价中边际效用的大小为转移的。因为外国货币对每个人的边际效用不同,每个人对外国货币的主观评价各异,这就构成外汇市场上外国货币的供求关系,在供求相等的情况下所产生的价格就是汇率。可见,外国货币供给量和需求量的变化决定了汇率涨跌的表面因素,对汇率起决定性作用的是人们对外国货币的主观评价。这种主观评价取决于质和量两个方面的因素。前者包括外国货币的购买力、政治稳定、资本外逃和投机活动等;后者包括国际借贷和国际资本流动的数量。阿夫达利昂认为,在汇率决定的有关理论中,国际借贷理论仅仅是从量的因素说明汇率决定及其变动趋势,而忽略了质的因素对汇率变动的影响。购买力平价理论仅仅是根据质的因素说明汇率决定及其变动趋势,而忽略了量的因素对汇率变动的影响。阿夫达利昂的汇兑心理理论是两者的结合。因为决定人们对外国货币作出主观评价的质的因素是指外国货币的购买力对债务的支付能力以及进行外汇投机的收益和资本转移的可能性。外汇的量的因素是指国际借贷和国际资本转移的数量。

三、汇兑心理理论的评价

汇兑心理理论虽然没有购买力平价理论影响那样大,但并不能以此断定其理论价值不大,实际从心理因素角度来探讨汇率变动的原因是富有创见性的,至少它拓宽了考察汇率变动的视野。而在阿夫达利昂之前的学者,在分析汇率的决定和变动原因时,往往忽视人们的心理预期因素。事实上,人们的心理预期因素对汇率的变动,尤其是短期汇率的变动,有非常重要的影响。在固定汇率制下,因官方通常许诺保持汇率稳定,人们对汇率的预期也是较为稳定的。一旦人们预期官方汇率平价会发生某种变化,就有可能发生因资本外逃而使汇率急剧下跌的现象,这就是心理因素的作用。而在浮动汇率制下,心理预期对汇率的影响就更大。汇兑心理理论所具有的其他汇率理论无法替代的意义就在于它促使人们开始重视心理预期因素对汇率变动的影响。

尽管阿夫达利昂对汇兑心理理论研究的比较简略,但与现代汇率理论特别是货币主义汇率理论相比,心理预期因素作为一个被纳入汇率分析之中的重要变量,具有很大的不同。这主要表现为:汇兑心理理论虽然将质与量两方面的物质因素都统一于主观评价之中,但并没有切实地把人们的主观评价建立在实际可预测的物质因素基础之上。而现代汇率理论的预期因素分析,不管是一般的预期心理分析,如通货膨胀预期、经济前景预期或者汇率涨跌的预期等,还是有效市场中的所谓合理预期分析,都是以实际经济结构为背景,以实际的经济参数为变量。尽管由于预期反应往往渗有极其复杂的经济因素和非经济因素而对预期的计量造成极大的困难,但经济模型中出现的预期变量并不是完全无法计量的。所以,第二次世界大战以后的汇兑心理理论不再是以独立的汇率理论出现,而是以心理因素分析的形式出现并成为现代汇率理论的有机组成部分。

　　汇兑心理理论将心理预期因素引入汇率分析之中,是对汇率理论研究的一大贡献,对汇率变动的原因分析有一定的参考价值。比如,人们对战争、经济、政治和社会动荡的主观评价不同,都会引发资本外逃和汇率的不稳定。尽管如此,但汇兑心理理论往往忽视汇率决定的基本因素的重要性,过分强调人们心理主观评价的作用并将其作为汇率决定和变动的根本原因,尤其是认为汇率无需遵守特定的规则等。至于其他客观因素诸如国际借贷、货币供给等因素要通过心理预期因素才能对汇率产生影响,这虽然纠正了国际借贷理论和购买力平价理论的教条式的刻板解读,但又陷入了主观的片面性,由一个极端走向了另一个极端,这就在一定程度上表现了该理论的局限性与不足。虽然汇兑心理理论对解释汇率短期变动有一定的合理性,但对汇率的长期变动趋势没有说服力。该理论后来被演变成心理预期理论,即外汇市场上人们的心理预期对汇率决定产生重大影响作用。然而,从另一方面来看,汇兑心理理论用边际效用概念来解释汇率的变动,实际上有点勉为其难,因为边际效用的概念并不能完全适用于解释汇率的决定和变动。因此,严格而言,心理的主观评价或预期只是影响汇率的因素,而不是汇率特别是长期汇率的决定基础。

第四节　购买力平价理论

　　1914 年以后,第一次世界大战使得纸币与黄金自由兑换机制无法进行,金币本位制度终于崩溃。为了应付战争的需要,西方各国政府纷纷大量发行纸币,从而引起恶性的通货膨胀,造成铸币平价不再是汇率决定的基础,而汇率的波动也不再受制于黄金输送点的约束。于是,汇率决定问题便成为人们关注的焦点问题。此时,瑞典经济学家古斯塔夫·卡塞尔(Gustav Cassel)开始研究汇率决定问题,其目的在于:为解决战后的国际支付和通货膨胀等问题提供一个货币标准并以此作为官方汇率重组的基础。1916 年,他首先提出了在纸币本位制下的汇率决定问题,但"购买力平价(PPP)"一词最先却是 1918 年提出的。后来,卡塞尔在 1922 年出版的《1914 年以后的货币和外汇》一书中正式提出购买力平价理论并进行了详细论述。在经济学说史中,作为"购买力平价"概念①,可以追溯到 16 世纪,甚至于 15 世纪。例如,在 Salamanca 大学的学者(Officer,1982)论文(Domingo de Baňez,1594)中就有这样的表述:"从法律上说,一方同意向另一方偿还大笔资金,就相当于购买相同的一包商品而要求支付的金额一样——如果购买者在交易时没有支付货币的话"。当极少数经济学家认为 PPP 能够在真实世界持续成立时,而 Salamanca 大学的学者"却本能地认为购买力平价的某些变形可以作为长期实际汇率(Real Exchange)的锚"(Rogoff,1996)。然而,国际宏观经济学中的大量论证及假设表明,至少在长期联系中,"购买力平价"的一些形式能够成立(多恩布什,1980;奥布斯特费尔德和罗高夫,1995,1996;勒恩,Lane,2001;萨诺,2001)。

购买外国商品和劳务,就会产生对外币的需求,也会产生本币与外币的交易比率,即汇率。而两种货币汇率则又取决于它们各自的购买力,这种货币购买力的比率就是购买力平价。所谓购买力平价,就是比较各国货币购买力之间的关系,其基本假设是:同样数量的货币在不同国家应购买到同样多的商品组合。具体而言,购买力平价成立的假设条件是:(1)市场完全竞争,商品价格呈完全弹性,市场一切要素的变化均能及时反映到商品价格的变化之中;(2)本国和外国的价格体系完全相同;(3)不考虑运输成本、保险及关税等交易费用;(4)投资都是理性的,即在风险既定的条件下追求利润最大化。

购买力平价理论的基本思想是:货币的价值在于其具有购买力,货币数量决定物价水平和购买力,各国货币单位通过对国内的购买力大小及

---

① [英]露西沃·萨诺、马克·P. 泰勒:《汇率经济学》,何泽荣等译,西南财政大学出版社 2006 年版,第 54 页。

其升降的比较来决定各国货币之间的兑换率及其兑换率的变动,汇率取决于两国货币购买力的对比关系。或者说,对于外国货币的价值,人们愿意支付的价格基于该币值具有在国外购买同质商品或劳务的购买力。由于商品或劳务是以货币的购买力来衡量的,并互为倒数,即购买力是一般物价水平的倒数。所以,货币汇率取决于两国物价水平的对比,而物价水平又取决于两国的货币数量。或者说,购买力平价汇率是指能使两个相关国家的价格水平以同一货币表示时相等的汇率,即一种货币的单位购买力在两个国家应当相同。这仅是通常的"绝对购买力平价"概念。而当一种货币相对于另外一种货币的贬值率与相关的两个国家总物价的通胀率之差相一致时,则"相对购买力平价"成立。1921年,卡塞尔提出将购买力平价作为相对金平价,并用1914年以来的通胀率(用累积消费价格指数表示)来度量汇率变动,即相对购买力平价。在固定汇率制下,均衡汇率应该由两国的相对价格来决定,而在浮动汇率制下,汇率变动应该反映两国货币相对购买力的变化。

一、购买力平价的理论基础

购买力平价的理论基础是货币数量学说和一价定律(Law of One Price,LOOP),故购买力平价的推导来自于一价定律,而一价定律的基础就是商品市场套利原则。众所周知,商品被分为不可贸易商品(Nontradeable Goods)(其中包括不可移动的商品以及套利活动交易成本无限高的商品)和可贸易商品(Tradeable Goods),对于不可贸易商品而言,其区域间价格差异不能通过套利活动消除;对于可贸易商品而言,其区域间价格差异可通过套利活动来消除,这种套利活动将使商品的地区价格差异保持在较小的范围内。如果不考虑交易成本等因素,则同种可贸易商品在不同地区的价格会趋于一致,而可贸易商品在不同地区的价格存在趋于一致的关系就被称为一价定律。当区域间可贸易商品交易被扩展为不同国家间可贸易商品交易时,就要将同种商品以不同货币衡量的价格按一定的汇率折算成同一货币进行比较,于是,就将汇率与物价联系在一起,从而为购买力平价奠定了理论基础和前提。显然,这个被称为"极为简单的经验性原理"（Rogoff，1996）的一价定律的基本思想是：在自由贸易和不考虑关税、运输成本、配额等条件下，同一种商品在不同的国家应该有同样的价值，它在各国的价格（以同一种货币表示）按照货币比价换算后应该是相同的。一价定律隐含的假定是：国内外商品完全可以替代，而且市场是完全开放和自由竞争的。

但是，在现代经济学分析中，许多学者认为一国的不可贸易商品与可贸易商品之间及各国不可贸易商品之间仍然存在着种种联系，而这些联系又使得一价定律对于不可贸易商品也成立。因此，上述结论可以扩展到一国经济中的所有商品。

假定 $P_t(i)$ 表示 t 期商品 i 的本币价格，$P_t^*(i)$ 表示 t 期商品 i 的外币价格，S_t 表示汇率（直接标价法）。一价定律则可表示为：

$$P_t(i) = S_t P_t^*(i) \quad (i = 1,2,\cdots,N) \qquad (3.4.1)$$

（3.4.1）式表示商品 i 的本币价格等于外币价格乘以汇率。如果（3.4.1）式不成立，则存在套利机会。例如，在不考虑关税、运输成本和配额等条件下，当 $P_t(i) < S_t P_t^*(i)$ 时，本国经济人可以用本币购买商品 i，运至外国出售，再将外币兑换成本币。这样每单位商品 i 可获利（$S_t P_t^*(i) - P_t(i)$）。这种套利过程将一直持续到（3.4.1）式成立为止，而且在不同的汇率制度下，其套利过程对（3.4.1）式成立的作用是不同的。假定 $P_t(i) < S_t P_t^*(i)$，则：

在固定汇率制下，本国经济人将商品 i 运至外国出售，结果因为商品 i 在本国的需求增加，从而价格 $P_t(i)$ 上升，在外国的供给增加，从而价格 $P_t^*(i)$ 下降，这种套利过程将一直持续到（3.4.1）式成立为止。

而在浮动汇率制下，外国经济人为了获得便宜的商品 i，将外币兑换成本币，从而使 S_t 下降（本币升值），直至（3.4.1）式成立为止。在浮动汇率制下，汇率 S_t 的变动使得（3.4.1）式成立，而 $P_t(i)$、$P_t^*(i)$ 不变；在固定汇率制下，$P_t(i)$、$P_t^*(i)$ 的变动使得（3.4.1）式成立，而汇率 S_t 不变。

如果对于所有商品 i，一价定律都成立，那么，由商品 i（$i = 1,2,\cdots,N$）构成的一篮子商品的一价定律也成立。

二、购买力平价的基市模型

购买力平价有两种基本形式,即绝对购买力平价和相对购买力平价。前者说明在某一时点上汇率的决定,而后者说明在一段时间内汇率的变动规律。

1. 绝对购买力平价

绝对购买力平价是指两国货币的汇率等于两个国家价格水平的比率。根据一价定律,有:

$$S_t = \frac{P_t}{P_t^*} \qquad\qquad (3.4.2)$$

其中, P_t 表示本国在 t 期的商品价格水平, P_t^* 表示外国在 t 期的商品价格水平, S_t 表示汇率(直接标价法)。(3.4.2)式就是绝对购买力平价模型。

假定在两国存在同样的 N 种商品,如果国内外消费者在消费第 i 种商品上的开支占总开支的比例分别为 α_i 和 α_i^* ,则 α_i 和 α_i^* 分别表示商品 i 在两国总商品中的权重,且 $\sum_{i=1}^{N}\alpha_i = \sum_{i=1}^{N}\alpha_i^* = 1$ 。则国内外物价水平就分别由以下两式表示:

$$P = \prod_{i=1}^{N}\left[P(i)\right]^{\alpha_i} , \quad P^* = \prod_{i=1}^{N}\left[P^*(i)\right]^{\alpha_i^*} \qquad\qquad (3.4.3)$$

绝对购买力平价反映了两国物价水平之间的关系,但这种关系是不完善的,汇率仅仅只反映了贸易收支平衡的汇率,而不是国际收支平衡的汇率。绝对购买力平价理论的缺陷显而易见,其主要有:

(1)绝对购买力平价的严格假定条件使得一价定律难以成立,而且在实际经济贸易中,国际间的商品价格无法完全均衡。

(2)非贸易商品的存在,使得世界上所有商品的价格无法一致。因为非贸易商品的运输成本非常高昂,无法在各个市场上进行套利活动,其国际价格不可能一致。即使是有些可贸易商品,如容易腐蚀的蔬菜等可贸易商品,其套利所得的利润也难以抵消相关的交易成本。

(3)国际贸易中同一种商品完全同质是不存在的,即使质量相近,但仍有差异,更何况物价水平还无法体现出这种差异。

(4)两国物价水平计算的结构不同,权数的比重不同,而且计算出的物价水平的可比性比较差。

鉴于绝对购买力平价的先天不足,后人在绝对购买力平价的基础上,提出了相对购买力平价。而相对购买力平价不是为了说明物价水平与汇率水平的相互关系,而是为了说明汇率水平的变动是随着两国物价水平的变化而变动的。

2. 相对购买力平价

相对购买力平价是对绝对购买力平价假定条件的放松而得出的。它认为交易成本的存在使一价定律并不能完全成立,同时,在各国一般物价水平的计算中,商品及其相应权数都是存在差异的。因而各国的一般物价水平用同一种货币计算时并不完全相等,而是存在着一定的、较为稳定的偏离(只要影响因素不发生变动),即 $S = \delta \dfrac{P}{P^*}$(其中 δ 为汇率偏离系数,且假定为常数)。

假定下标"t"表示报告期,下标"0"表示基期,则有:

$$\frac{S_t}{S_0} = \frac{\delta \dfrac{P_t}{P_t^*}}{\delta \dfrac{P_0}{P_0^*}} \qquad (3.4.4)$$

将(3.4.4)式整理为:

$$S_t = S_0 \frac{P_t/P_0}{P_t^*/P_0^*} \qquad (3.4.5)$$

其中,$\dfrac{P_t}{P_0}$ 表示"0"期到"t"期的本国价格指数,$\dfrac{P_t^*}{P_0^*}$ 表示"0"期到"t"期的外国价格指数,或者说,其分别表示的是两国的通货膨胀率状况。这两个价格指数之比,再乘以基期的汇率,就是"t"期的汇率。又因为:

$$\pi_t = \frac{(P_{t+1} - P_t)}{P_t} = \frac{\mathrm{d}P_t}{P_t \mathrm{d}t} \text{,即} \frac{P_{t+1}}{P_t} = 1 + \pi_t ;$$

$$\pi_t^* = \frac{(P_{t+1}^* - P_t^*)}{P_t^*} = \frac{\mathrm{d}P_t^*}{P_t^* \mathrm{d}t}, \text{即} \frac{P_{t+1}^*}{P_t^*} = 1 + \pi_t^* \qquad (3.4.6)$$

(3.4.6)式中，π_t 和 π_t^* 分别表示从" t "期到" $t+1$ "期内本国和国外的通货膨胀率，因此，(3.4.6)式又可改写为：

$$\frac{S_{t+1}}{S_t} = \frac{P_{t+1}/P_t}{P_{t+1}^*/P_t^*} = \frac{1 + \pi_t}{1 + \pi_t^*} \qquad (3.4.7)$$

将(3.4.7)式两边同时减去 1，可得：

$$\frac{S_{t+1} - S_t}{S_t} = \frac{\pi_t - \pi_t^*}{1 + \pi_t^*} \qquad (3.4.8)$$

当 π_t^* 很少时，假定 $1 + \pi_t^*$ 近似等于 1，则(3.4.8)式可简化为：

$$\frac{S_{t+1} - S_t}{S_t} = \pi_t - \pi_t^* \qquad (3.4.9)$$

(3.4.9)式即为相对购买力平价的简化表达式，其经济学含义是：汇率的变动率等于两国的通货膨胀率之差，也就是说，汇率的变化率与两国物价水平的相对变化成比例。如果外国通货膨胀率 π_t^* 较大而不能忽略时，则应采用(3.4.8)式。

3. 绝对购买力平价与相对购买力平价的比较与联系

与绝对购买力平价相比，相对购买力平价更具有应用价值，这不仅是因为从理论层面上避开了绝对购买力平价过于脱离实际的苛刻假定，而且还是因为从操作层面上避免了对商品价格指数基期选择的困难，通货膨胀率的数据是比较容易得到的，其准确度也比较高，用通货膨胀率来说明汇率的变动更容易被人们所接受和运用。在现实经济中，相对购买力平价更加具有实用性，能够被人们所理解和采纳，能够作为预测汇率变动的计量工具，特别是对长期汇率变动的预测。绝对购买力平价所需要的两国物价水平的相对比率也是明确的，所以，它只能作为一般的理论模型，而无法在实践中得到检验和运用。如果绝对购买力平价成立，相对购买力平价一定成立；反过来，如果相对购买力平价成立，绝对购买力平价不一定成立。例如，如果基期绝对购买力平价成立，通过报告期相对购买力平价成立，那么，可以推知报告期绝对购买力平价也成立。其数理逻辑关系如下：

如果基期绝对购买力平价成立，则有：

$$S_0 = \frac{P_0}{P_0^*} \qquad (3.4.10)$$

假定用 I 和 I^* 分别表示国内外的通货膨胀指数，用下标"0"和"t"分别表示基期和报告期，那么，根据报告期的相对购买力平价公式可以推导出：

$$S_t = S_0 \frac{I}{I^*} = S_0 \frac{P_t/P_0}{P_t^*/P_0^*} = \frac{P_0}{P_0^*} \times \frac{P_t/P_0}{P_t^*/P_0^*} = \frac{P_t}{P_t^*} \qquad (3.4.11)$$

(3.4.11)式正好说明报告期的绝对购买力平价也成立。

但在相对购买力平价成立的情况下，绝对购买力平价却不一定成立。因此，在计算相对购买力平价时，基期的选择是至关重要的。然而，即使基期绝对购买力平价成立，报告期相对购买力平价也不一定成立，其原因是在报告期和基期这一段时间内可能有实际因素的变化。

三、购买力平价理论的修正和扩展

购买力平价理论认为汇率的变动是由两国价格水平的相对变动所决定的，而引起价格水平变动的因素很多，既有经济因素，也有货币因素，还有预期因素，等等。20 世纪 60 年代，巴拉萨（Balassa）和萨缪尔森（Samuelson）主要从经济效率和经济报酬等经济因素出发来分析两国相对价格水平的变化，建立了长期购买力平价偏离模型。20 世纪 70 年代，蒙代尔（Mundell）和约翰逊（Johnson）主要从开放经济下的货币因素出发分析两国相对价格水平的变化，建立了弹性价格的货币模型。到 20 世纪 80 年代以后，罗尔（1979）以及阿德勒和利曼（1983）等主要从国际金融市场中的预期因素出发，分析了两国价格水平的变化，建立了有效市场 PPP 模型。

1. 长期 PPP 偏离模型

20 世纪中期，西欧、日本等经济快速增长，美国经济国际竞争力相对下降，并在当时的固定汇率制下逐步形成美元高估压力。尽管美国学界对美元高估失衡形成了共识,但就如何测定美元高估的程度却存在争议。当时最有影响的方法就是利用购买力平价理论和劳动力成本指标来测算美元,进而引发有关购买力平价作为均衡汇率理论的争论。为揭示购买力平价作为均衡汇率解释理论而产生的系统性偏差,以巴拉萨(Balassa,1964)和萨缪尔森(Samuelson,1964)①为代表的经济学家对简单购买力平价假设进行了修正和扩展,并试图使购买力平价长期偏离的存在合理化,从而构建了最著名的哈罗德—巴拉萨—萨缪尔森模型[哈罗德(Harrod,1933)、巴拉萨(Balassa,1964)和萨缪尔森(Samuelson,1964)]。

该模型的基本观点是:假定一价定律在贸易品中成立,那么,在一个快速增长的经济中,劳动生产力的增长倾向于集中在贸易品部门,并且在贸易品部门劳动生产率增长得更高,这就必然引致贸易品部门工资上涨,而不必然引致物价的上涨。如果名义汇率不变,贸易品的价格也不变,则一价定律继续成立。但是,如果非贸易品部门的工人要求工资相应上涨,那么就会引致 CPI 上升。按照模型假定,名义汇率保持不变,这就是意味着国内 CPI 向上的变动与名义汇率的变动不相一致,如果购买力平价在开始时成立,那么,与用同一种货币表示的 CPI 相比较,国内货币相对于现行汇率将出现高估现象。但值得注意的是,即使在贸易品部门与非贸易品部门均衡增长的情况下,只要非贸易品部门相对于贸易品部门来说,其劳动是更加密集型的,那么,非贸易品的相对价格也可能上升。

2. 有效市场 PPP 模型

20 世纪 80 年代以后,尽管传统的经济理论假定受到质疑,但罗尔(1979)以及阿德勒和利曼(1983)都假定国际金融市场是有效的,且预期实际利率差是一个常数,并认为对 PPP 的偏离(实际汇率)应该服从随机游走(更确切地说是一个鞅)过程。对此,他们建立了一个被称为"有效市场 PPP"(简称 EMPPP)或"事前 PPP"模型,即阿德勒—利曼模型和罗尔模型。

---

① [英]露西沃·萨诺、马克·P.泰勒:《汇率经济学》,何泽荣等译,西南财政大学出版社 2006 年版,第 54 页。

四、购买力平价理论的评价

在汇率理论史上,购买力平价理论是汇率理论的核心,是汇率理论研究的基础。这不仅是因为它从货币的基本功能即货币的购买力的角度来分析货币的交换问题,而且还因为它对汇率决定这样比较复杂的问题给予了最为简练的描述。购买力平价理论的这一特色,既使其具有最大限度的影响力,又使其具有最为深远的现实意义。购买力平价理论符合逻辑,便于理解,易于接受,因而被广泛地运用于汇率水平的决定,并成为学者和政府计算均衡汇率的常用工具。

从理论意义上看,购买力平价理论开创了从货币数量角度分析和研究汇率的先河。购买力平价的理论基础是货币数量论,认为货币数量是决定货币购买力的重要变量和影响物价水平的唯一因素。一方面,单位货币的购买力是由货币发行数量决定的,货币发行数量越多,单位货币购买力就越低;另一方面,货币数量通过决定物价水平进而决定汇率水平。因此,汇率完全是一种货币现象,名义汇率在剔除货币因素之后所得到的实际汇率始终是不变的。汇率决定的研究角度是多维的,但购买力平价理论则是从货币层面来研究的,因而忽视了经济层面的探讨,那种以物价水平的变动来决定汇率水平的变动,就难免有脱离实际之嫌,比如一国的就业水平、生产成本、技术水平、供求关系、贸易条件以及资本流动等都会对一国汇率产生影响。尽管如此,但从货币数量的角度分析和研究汇率问题,仍然是汇率理论史上的一大进步。

购买力平价的理论意义还在于其分析和研究的问题都是汇率决定中的基本问题,因而它被普遍作为汇率的长期均衡标准而应用于其他汇率理论的分析与研究之中。从这个意义上说,购买力平价又是更为复杂的汇率决定理论的基础。如我国依据购买力平价理论并结合国情,创立了人民币的换汇成本学说,而西方汇率理论中的资产组合理论也基本上是以购买力平价的成立或长期内的成立为前提的。因此,购买力平价理论又具有广泛的适应性。

但是,从实证检验来看,购买力平价一般只有在高通货膨胀时期才能较好地成立,而在绝大多数情况下,尤其在短期内或在20世纪70年代以来的工业化国家并未得到实证检验的支持时,常常彰显出购买力平价理论存在的问题与缺陷。

1. 从技术层面上看存在的问题

(1)物价可比性问题。运用购买力平价计算,要求各国的价格体系大体相当,生产结构、消费结构大体相似,否则两国物价就缺乏可比性。但由于各国经济体制、经济结构和经济统计等方面存在着较大的差异,以至于各国的价格体系难以保持一致性,其操作性受到很大的限制。大量实证研究表明,欧盟内部各国之间的购买力平价的适应性比较理想,而发达国家与发展中国家之间的购买力平价的适应性则很差。

(2)物价指数选择问题。不同的物价指数,可以导致不同的购买力平价。这主要是因为各国物价指数的编制和范围因各国实际经济条件而无法统一。例如,国内生产总值消胀指数(GDP Deflator Index)是覆盖面最广的物价指数,批发物价指数(Wholesale Price Index)则是偏重于覆盖内外贸商品价格的指数,而消费物价指数(Consumer Price Index)仅仅是一种覆盖消费品价格的物价指数。究竟采用何种指数最为恰当,则仍是一个悬而未决的问题。

(3)基期选择问题。相对购买力平价理论实际隐含着基期汇率为均衡汇率的假定。如果基期汇率本身就是失衡的汇率,那么考察两国相对物价变动的购买力平价,则只是原来失衡汇率的延续而已。因此,选择一个汇率达到均衡或基本均衡的基期,是保证以后一系列计算结果准确的必要前提。因为影响基期汇率的条件与影响即期汇率的条件存在着很大的差异,特别是时间跨度越大,其存在的差异就越大。

2. 从理论层面上看存在的缺陷

(1)购买力平价理论无法解释汇率的变动与物价的变动之间的因果关系。该理论认为物价水平是影响汇率水平的重要因素,并假定市场是完全竞争的,价格可以灵活调整。但如果存在着价格黏性,那么,汇率就会在短期内偏离购买力平价。显然,这就忽视了其他经济因素或非经济因素对汇率水平的影响。比如20世纪60年代发达国家国际货币汇率的变化普遍脱离了货币在国内购买力的变化,从而暴露出该理论以偏概全的局限性。特别是在汇率与物价同时变动时,是物价水平的变动导致汇率水平的变动,还是汇率水平的变动导致物价水平的变动,这是购买力平价理论无法阐明的问题,其争论更多,也没有一致定论。一般而言,对于贸易比重较低的国家,物价水平的变动主要来自国内的实际经济因素的影响,如美国;反之,对于贸易比重较重的国家,物价水平的变动主要来自于外部的干扰。

(2)购买力平价理论假定货币数量是影响货币购买力和物价水平的唯一因素,把汇率的变动完全看成是一种货币现象,认为名义汇率完全是由通货膨胀引起,实际汇率不会发生变动,这些假定在现实经济中就显得特别苛刻。事实上,在现实经济生活中,不仅货币因素对名义汇率有影响,一系列经济因素(比如生产率、消费偏好、自然资源、本国对外国资产的积累以及外汇外贸管制等)也会引起实际汇率以及相应的名义汇率的调整。

(3)购买力平价理论可以说明汇率的长期变动趋势,但无法说明汇率短期和中期的变动趋势。其原因在于各国国际收支、利率水平的差异以及重大新闻事件等因素,都有可能引起国际间的资本流动,导致外汇市场上外汇供求关系发生变化,从而引起汇率的变动。

(4)购买力平价理论的前提条件与现实经济情况不符,即一价定律不成立。一价定律成立要求商品价格完全弹性,市场一切要素的变化均能及时反映到商品价格的变化中;本国与外国的价格体系完全一致以及交易成本为零。这些前提条件十分苛刻。

(5)购买力平价理论决定的均衡汇率是贸易商品市场均衡的汇率,而不是国际收支平衡下的实际均衡汇率。因为在国际资本流动的情况下,资本市场上资金的供需状况对汇率的影响越来越大。在商品市场与资本市场都均衡的情况下,汇率如何决定和变动对实际经济意义更大。

(6)购买力平价理论只考虑到经常账户交易。在存在着资本与金融账户尤其是资本与金融账户交易在短期内主导汇率变动时,现实中汇率也就很难通过商品套购与套利机制来满足购买力平价。

　　总之,无论是购买力平价的理论,还是检验购买力平价的方法,都有待改进,以便于充分体现其科学价值和实践价值。同时,在购买力平价的基础上,要注重研究国际资本流动条件下购买力平价成立的机制以及市场汇率与购买力平价偏离的原因和对经济的影响。从这一点上来说,购买力平价理论仍然是当代研究汇率水平及其波动的理论基础。

第五节　利率平价理论

　　购买力平价理论曾一度成为解释汇率的主流理论,但它只考虑商品和劳务而忽略资本流动的缺陷也逐渐为人们所认识。实际上早在金本位时期,人们就意识到利率的调整能够在一定程度上影响汇率的行为,利率上升,本币升值;利率下降,本币贬值。1889 年,德国经济学家洛兹(Lotz)依据本国利率与外国利率之差解释远期汇率与即期汇率之差,并给出了远期外汇理论的清晰思路。但第一次对利率和汇率之间的关系进行论述的则是英国经济学家凯恩斯(J. Keynes)。1923 年,凯恩斯在《论货币改革》中提出了利率平价假说(Interest Rate Parity Hypothesis)。1931年,英国学者爱因齐格(P. Einzig)在《远期外汇理论》中则进一步阐述了汇率与利率之间的相互关系。随着远期外汇市场的迅速发展,人们对汇率与利率之间关系的认识也进一步加深,于是就形成了利率平价理论(Theory of Interest Rate Parity)。利率平价理论认为,汇率的变动为两国的利率之差所决定,即两国货币的即期汇率与远期汇率之差(升水或贴水)近似等于本国利率与外国利率之差。投资者可根据两国利率差的大小和对未来汇率的预期选择投资策略,以期获取收益或规避金融风险。到20 世纪 80 年代以后,利维(Levich)、弗兰克尔(Frenkl)、阿利伯(Aliber)、杜利(Dooley)和伊萨德(Isard)等分别从交易成本、政治风险等方面对利率平价理论进行了发展和修正,而且认为开放经济中的汇率是由商品市场、货币市场和资产市场共同决定的,利率在汇率的决定中有重要的影响。

　　利率平价主要包括抵补利率平价(Covered Interest Rate Parity,

CIRP)、非抵补利率平价(Uncovered Interest Rate Parity, UIRP)①两种形式。所谓抵补,就是指投资者在现货市场买进(或卖出)外汇进行套利时,为防止未来的汇率风险,同时要在远期市场上进行相反操作,即在远期市场卖出(或买进)外汇的一种投资方式。而所谓非抵补就是在现货市场买进(或卖出)外汇时,已经对未来的汇率走势进行了预测,认为外汇将会升值(或贬值),从而就不会在现在抛出(或买进)远期外汇的投资方式。

一、利率平价的理论基础

1. 抵补利率平价

抵补利率平价是建立在现货和远期两个市场反向操作的过程之上,这就要求市场比较发达,金融工具完备,并且没有交易成本和资本管制,本国和外国证券可以相互替代。

假定国与国之间资本能够完全自由流动,没有任何资本控制,且存在着有效的外汇市场,交易成本为零以及本国与外国的金融资产可根据到期的时间和风险完全替代。假设 S_t 表示 t 期外汇市场直接标价下(即用本币表示单位外币)的即期汇率(即现在将本币兑换成外币的汇率),F_t 表示 $t+1$ 期的远期汇率(即将来将外币兑换成本币的汇率),r_t 表示 t 期到 $t+1$ 期的本国利率,r_t^* 表示 t 期到 $t+1$ 期的外国利率。

令 $s_t = \ln(S_t)$,$f_t = \ln(F_t)$。且假定存在两种投资方式:

(1)一单位外币在 t 期兑换为 S_t 单位的本币投资于本国,在 $t+1$ 期可获得 $S_t(1+r_t)$ 单位本币;

(2)一单位外币投资于外国,在 $t+1$ 期可得 $(1+r_t^*)$ 外币,并在 t 期卖出 $(1+r_t^*)$ 单位外币的远期合约,在 $t+1$ 期可得 $F_t(1+r_t^*)$ 单位本币。

这两种投资方式在 $t+1$ 期所得的结果必然一样,否则就会发生套利行为。假如 $1+r_t < \dfrac{F_t}{S_t}(1+r_t^*)$ 时,则意味着投资者应投资于外国金融市

---

① 王伟光:《货币、利率与汇率经济学》,清华大学出版社 2003 年版,第 203 页。

场。本国资本就会流向外国进行套利,则投资者纷纷购买即期外汇而卖出远期外汇,从而引起即期汇率(S_t)上升,远期汇率(F_t)下跌。这样不断地进行套利,就会使得外国金融资产价格上升,其收益率下降;本国金融资产价格下降,其收益率上升。只有当本国与外国金融市场上的金融资产收益率相等时,套利活动才会停止。因此,在信用风险一致、流动性和期限相同时,投资者在两个金融市场上进行套利的获利是相等的。所以,则有:

$$F_t(1 + r_t^*) = S_t(1 + r_t) \tag{3.5.1}$$

由(3.5.1)式可得:

$$\frac{F_t}{S_t} = \frac{(1 + r_t)}{(1 + r_t^*)} = 1 + \frac{(r_t - r_t^*)}{(1 + r_t^*)} \tag{3.5.2}$$

当 r_t^* 较少时,假定 $1 + r_t^* \approx 1$,则可得:

$$\frac{F_t}{S_t} = 1 + (r_t - r_t^*) \tag{3.5.3}$$

变换整理得:

$$\frac{F_t - S_t}{S_t} = r_t - r_t^* \tag{3.5.4}$$

又因为

$$\frac{F_t - S_t}{S_t} \approx \ln\left(\frac{F_t - S_t}{S_t} + 1\right) = \ln\frac{F_t}{S_t} = f_t - s_t \tag{3.5.5}$$

所以有:

$$f_t - s_t = r_t - r_t^* \tag{3.5.6}$$

(3.5.6)式就是抵补利率平价均衡条件的一般表达式。其经济学含义是:远期汇率的变动率等于两国利率的差额。$f_t - s_t$ 称为远期升水或贴水,是进出口商品或投资者在 t 期支付的用于抵补与 $t + 1$ 期收到或交割合约有关的汇率风险。

(1)当 $r_t > r_t^*$ 时,即当本国利率高于外国利率时,表明外币远期汇率上升,有远期升水(the Forward Premium);

(2)当 $r_t < r_t^*$ 时,即当本国利率低于外国利率时,表明外币远期汇率下跌,有远期贴水(the Forward Discount)。

假定当 $r_t > r_t^*$ 时,若以两国利差($r_t - r_t^*$)为横坐标,以汇率远期升水($f_t - s_t$)为纵坐标,则利率平价就是一条通过原点且与横坐标成 45°角的直线。如图 3-5-1 所示:

(1)在利率平价线上,当 $f_t - s_t = r_t - r_t^*$ 时,则远期升水等于两国利差,任何套利活动都不可能获利,两国之间没有资本流动;

(2)在利率平价线上方,当 $f_t - s_t > r_t - r_t^*$ 时,远期升水小于利差,即远期贴水,资本外流的套利能获得利益。即买进即期外币,在外国投资生息,卖出远期外币;

(3)在利率平价线下方,当 $f_t - s_t < r_t - r_t^*$ 时,远期升水大于利差,即远期升水,资本回流的套利能获得利益。即买进即期本币,在本国投资生息,卖出远期本币。

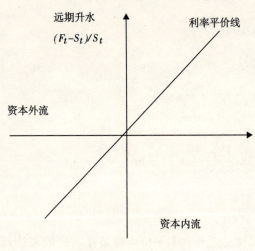

图 3-5-1　利率平价

2. 非抵补利率平价

非抵补利率平价是指投资者在进行没有抵补的外汇投资时所获得的收益等于没有风险所获得的收益,即等于预期获得的收益。或者说,投资者具有理性预期和风险中性的特征,对于未来汇率的预期是正确的。与抵补利率平价一样,非抵补利率平价同样假定没有交易成本和资本管制,套利资本是充分的,债券是完全替代的。

如果说抵补利率平价是基于比较第一种投资方式和第二种投资方式而得出的,那么,可以说非抵补利率平价则是假定还存在第三种投资方式,即假定一单位外币投资于外国,但在 t 期不卖出远期外汇合约,而在 $t+1$ 期依据 S_{t+1}（表示 $t+1$ 期的即期汇率）兑换为本币,故在 $t+1$ 期可得 $S_{t+1}(1+r_t^*)$ 单位本币。值得注意的是,在将外币兑换成本币之前,投资者是不知道 S_{t+1} , t 期到 $t+1$ 期的汇率风险是非抵补的。

非抵补利率平价理论假定市场使得投资者非抵补投资的报酬与最初将外币兑换成本币的投资方式所获得的报酬相等。假定在 t 期依据所有相关信息对 $t+1$ 期汇率的预期记为 $E_t S_{t+1} = S_{t+1}^e$,非抵补利率平价可表示为:

$$E_t S_{t+1}(1+r_t^*) = S_{t+1}^e(1+r_t^*) = S_t(1+r_t) \tag{3.5.7}$$

变换得:

$$\frac{S_{t+1}^e}{S_t} = \frac{(1+r_t)}{(1+r_t^*)} = 1 + \frac{(r_t - r_t^*)}{(1+r_t^*)} \tag{3.5.8}$$

当 r_t^* 较少时,假定 $1+r_t^* \approx 1$,则可得:

$$\frac{S_{t+1}^e}{S_t} = 1 + (r_t - r_t^*) \tag{3.5.9}$$

变换整理得:

$$\frac{S_{t+1}^e - S_t}{S_t} = r_t - r_t^* \tag{3.5.10}$$

又因为, $\dfrac{S_{t+1}^e - S_t}{S_t} \approx \ln(\dfrac{S_{t+1}^e - S_t}{S_t} + 1) = \ln\dfrac{S_{t+1}^e}{S_t} = s_{t+1}^e - s_t$ (3.5.11)

所以有:

$$s_{t+1}^e - s_t = r_t - r_t^* \tag{3.5.12}$$

即有:

$$\frac{S_{t+1}^e - S_t}{S_t} = s_{t+1}^e - s_t = r_t - r_t^* \tag{3.5.13}$$

(3.5.12)式就是非抵补利率平价均衡条件的一般表达式。其经济学含义是:预期的汇率远期变动率等于两国货币利率之差。也就是说,当一国货币升值率或贬值率(即 $\dfrac{S^e_{t+1} - S_t}{S_t}$)等于两国利差时,则两国间将不会有非抵补的利率套利的活动产生。注意抵补利率平价(3.5.1)式和非抵补利率平价(3.5.7)式都隐含着:

$$s^e_{t+1} = f_t \qquad\qquad (3.5.14)$$

这样,抵补利率平价和非抵补利率平价在 t 期到 $t+1$ 期之间的任何存续期均成立。因此,如果在所有期间非抵补利率平价成立,即(3.5.14)式成立,根据远期汇率期限结构[(3.5.6)式]、即期汇率及本国、外国利率的期限结构,可推断出即期汇率预期未来的时间途径(波特,Porter,1971)。

令 $\dfrac{S^e_{t+1} - S_t}{S_t} = E^*$,变换(3.5.13)式,则有:

$$r_t = r^*_t + E^* \qquad\qquad (3.5.15)$$

(3.5.15)式表明本币利率等于外币利率与本币的预期贬值率之和。其中 E^* 表示汇率的预期贬值率。

如果投资者不是风险中性的而是风险厌恶的,即对投资外汇要求一定的风险补贴,那么,非抵补利率平价均衡条件将变为:

$$P_r = r^*_t + E^* - r_t \qquad\qquad (3.5.16)$$

其中, P_r 表示(风险厌恶投资者)风险溢价(Risk Premium)。

二、抵补利率平价与非抵补利率平价的关系

利率平价理论清晰地展示了利率在汇率决定中的作用,其中抵补利率平价描述了套利者和保值者的行为,而非抵补利率平价则描述了投机者的行为。前者被认为是风险回避者,而后者被认为至少是风险中性者,并要求风险溢价为零。当投机者不是风险中性的时候,国内外资本就不是完全替代的,非抵补利率平价也就不成立,这里,就必须对反映其风险偏好的风险溢价进行调整。从前面的推导中可以看出,如果以远期汇率的变动率($\dfrac{F_t - S_t}{S_t}$)来代替预期的货币升值率或贬值率($\dfrac{E_t S_{t+1} - S_t}{S_t}$),

即当 $\dfrac{E_tS_{t+1} - S_t}{S_t} = \dfrac{F_t - S_t}{S_t} = r_t - r_t^*$ 时,则非抵补的利率平价条件等同于抵补的利率平价条件。但是,抵补的利率套利没有风险,而非抵补的利率套利存在着风险。只有当金融市场达到均衡时,非抵补的利率套利的预期获利或损失与抵补的利率套利的获利与损失之间存在风险升水(Risk Premium)或风险贴水(Risk Discoun)的差距,即它们之间存在着下列关系:

$$\frac{E_tS_{t+1} - S_t}{S_t} = \frac{F_t - S_t}{S_t} + \eta \tag{3.5.17}$$

其中, η 表示(风险中性投资者)非抵补的利率套利可能遭受的风险升水或风险贴水。

(1)若进行非抵补的利率套利使投资者的投资组合的风险提高,则 $\eta > 0$,或有风险升水;

(2)若进行非抵补的利率套利使投资者的投资组合的风险降低,则 $\eta < 0$,或有风险贴水;

(3)只有当非抵补的利率套利使得投资者的投资组合的风险维持不变时,则 $\eta = 0$,或 $\dfrac{E_tS_{t+1} - S_t}{S_t} = \dfrac{F_t - S_t}{S_t}$。

事实上,抵补与非抵补两种平价的成立分别是由两种类型的套利活动实现的,特别是在外汇市场上的另一种交易者——投机者的投机活动使两种利率平价统一了起来,对远期汇率的形成起了决定性的作用,而投机者总是根据自己的预期试图在汇率的变动中谋利。

当预期未来某一时点的即期汇率与远期汇率不一致时,远期外汇市场上就会有大量的投机活动。例如,当 $E_tS_{t+1} > F_t$ 时,投机者就会认为远期汇率 F_t 对未来的本币价值高估了,从而购买远期外汇,卖出远期本币,当期满交割时,如果市场汇率等于预期汇率(E_tS_{t+1}),则可获得差价收益($E_tS_{t+1} - F_t$)。当然,如果投资者预期失效,则会带来损失。而且投机者的交易行为会使 F_t 值增大,直至与预期的未来汇率相等时为止,即 $E_tS_{t+1} = F_t$。可见,投机者的投机行为对远期汇率的形成起到决定性的作用,并最终使抵补和非抵补两种利率平价趋于一致。

三、利率平价与购买力平价的关系

由于利率平价和购买力平价与汇率都存在着密切的关系,所以利率平价与购买力平价在国际市场上应用还需要另外一个重要的条件,那就是费雪开放条件(Fisher-Open Condition)。

令 $\dfrac{S_{t+1}^e - S_t}{S_t} = E^*$,$\dfrac{F_t - S_t}{S_t} = \rho$,根据利率平价条件可知:

$$\rho = r_t - r_t^*,\ E^* = r_t - r_t^* \tag{3.5.18}$$

根据相对购买力平价条件可知:

$$E^* = s_t = p_t - p_t^* \tag{3.5.19}$$

上式中 p_t 和 p_t^* 分别表示本国和外国的物价变动率。

将(3.5.18)式代入(3.5.19)式得:

$$r_t - r_t^* = p_t - p_t^* \ \Rightarrow\ r_t - p_t = r_t^* - p_t^* \tag{3.5.20}$$

(3.5.20)式就是费雪开放条件(即实际利率平价,Real Interest Parity)一般表达式。其经济学含义是:两国的实际利率等于名义利率减去预期的物价变动率。因此,人们习惯于把实际利率与名义利率之间的关系式称为费雪方程式。其计量公式是:

$$i_t = r_t - p_t$$
$$i_t^* = r_t^* - p_t^* \tag{3.5.21}$$

其中,i_t 和 i_t^* 分别表示本国和外国的实际利率。

实际汇率也就是指持有一国资产而以该国货币表示的报酬率。费雪认为实际利率与预期的物价变动率的大小有关,并把通货膨胀对名义利率的预期效应称为费雪效应。根据费雪假定,当购买力平价与利率平价同时成立并且各国不存在资本管制时,国际资本的完全自由流动最终必然导致两国的实际利率相等,即 $i_t = i_t^*$。

在现实经济中,非抵补的利率平价条件与购买力平价条件均无法成立。因此,费雪开放条件也会不成立,即两国的实际利率是不同的。

现将(3.5.18)式和(3.5.20)式整理就可以得到汇率、利率和通货膨

胀率三者之间的逻辑关系,即:

$$\rho = E^* = \frac{F_t - S_t}{S_t} = \frac{S_{t+1}^e - S_t}{S_t} = r_t - r_t^* = p_t - p_t^* \qquad (3.5.22)$$

令 $p_t = \pi$, $p_t^* = \pi^*$, 则(3.5.22)式可变换为:

$$\rho = E^* = \frac{F_t - S_t}{S_t} = \frac{S_{t+1}^e - S_t}{S_t} = r_t - r_t^* = p_t - p_t^* = \pi - \pi^* \quad (3.5.23)$$

其中, π 和 π^* 分别表示本国与外国的通货膨胀率。(3.5.23)式即为费雪开放条件、购买力平价和利率平价三者之间的逻辑关系式。其经济学含义是:在完全竞争和没有资本管制的条件下,即期汇率和远期汇率之间的关系由两国预期的通货膨胀率来确定,而两国的预期通货膨胀率之差又等于两国名义利率的差额。假定从利率平价开始,当某国的经济政策突然发生变化,并可能引起较高的通胀预期时,汇率就会立即进行调整,同时通胀预期将导致名义利率上升,并促使汇率、利率及通货膨胀率三者相互调整以达到新的均衡水平。如果放贷者需要一个较高利率来补偿预期通货膨胀率带来的影响,那么,通胀预期的增加将导致利率升高;而借贷者出于对更高通胀预期的担心,将会减少这种货币需求,从而导致汇率下跌。

假定非抵补利率平价成立,则有:

$$E_t(s_{t+1} - s_t) = r_t - r_t^* \qquad (3.5.24)$$

(3.5.24)式两边减去预期通货膨胀率之差,得:

$$E_t(s_{t+1} - s_t) - E_t[(p_{t+1} - p_t) - (p_{t+1}^* - p_t^*)]$$
$$= r_t - r_t^* - E_t[(p_{t+1} - p_t) - (p_{t+1}^* - p_t^*)] \qquad (3.5.25)$$

由(3.5.25)式变换可得:

$$E_t(s_{t+1} - p_{t+1} + p_{t+1}^*) - E_t[(s_t - p_t + p_t^*)]$$
$$= [r_t - E_t(p_{t+1} - p_t)] - [r_t^* - E_t(p_{t+1}^* - p_t^*)] \qquad (3.5.26)$$

由(3.5.26)式简化可得:

$$E_t(q_{t+1} - q_t) = i_t - i_t^* \qquad (3.5.27)$$

(3.5.27)式就是实际利率平价。其中, q_t 和 q_{t+1} 分别表示 t 期和 $t+1$ 期的实际汇率,即 $q_t = s_t - p_t + p_t^*$, $q_{t+1} = s_{t+1} - p_{t+1} + p_{t+1}^*$; i_t 和 i_t^* 分

别表示本国和外国的实际利率,即 $i_t = r_t - E_t(p_{t+1} - p_t)$, $i_t^* = r_t^* - E_t(p_{t+1}^* - p_t^*)$ 。(3.5.27)式表明预期实际汇率变动率等于两国的实际利率之差。

假定实际汇率预期回归到长期均衡实际汇率 $\bar{q}_t$,则有:

$$E_t(q_{t+1} - q_t) = -\theta(q_t - \bar{q}_t) \tag{3.5.28}$$

上式中 θ 表示实际汇率变动对长期均衡实际汇率变动的敏感度。

将(3.5.28)式代入(3.5.27)式中,得:

$$q_t - \bar{q}_t = -\theta^{-1}(i_t - i_t^*) \tag{3.5.29}$$

(3.5.29)式表示实际汇率水平与实际利率差之间存在着比例关系。

如果外汇市场投资者是风险规避者,将风险报酬 ρ_t 引入到非抵补利率平价关系式中,就可以得到实际汇率水平与实际利率差之间的另一种关系式:

$$q_t - \bar{q}_t = -\theta^{-1}(i_t - i_t^*) + \rho_t \tag{3.5.30}$$

由(3.5.27)式,人们还可获知,如果购买力平价成立,在均衡时,实际汇率的预期变动率为零,则两国的实际利率相等;在非均衡时,实际汇率的预期变动率不为零,则两国的实际利率不同,其差额等于实际汇率的变动率。预期实际汇率上升,表明预期外国通胀率相对于本国通胀率高,这意味着拥有一定数量的外国货币的购买力以本国货币表示将具有更高的价值。换言之,货币被预期升值的国家的实际利率将低于货币被预期贬值的国家的实际利率。这也可以用来解释日元为什么长期以来对美元升值,日本的实际利率长期低于美国的实际利率。

四、利率平价理论的政策含义

抵补与非抵补利率平价的核心假定就是:当用两种货币投资时,其收益将趋向于相同,即两种货币可以相互替代。其政策含义主要体现在政府对外汇市场干预的有效性上,即如果非抵补利率平价关系是有效的,则货币当局除非改变利率,否则冲销干预不可能改变即期汇率和远期汇率的关系。如在20世纪70年代,人们普遍认为货币当局对外汇市场的冲销干预是无效的,其基础就是认同非抵补利率平价关系的存在。但也有人认为,即便非抵补利率平价关系是有效的,如果冲销干预能够传播调整利率的新信息,则冲销干预也是有效的。

利率平价理论的政策含义主要表现为对政府干预政策的思考与启发,其焦点主要集中在两个方面:

一是表现为对政策冲销式干预的货币政策效果的思考。非抵补平价理论表明,在该平价成立的条件下,如果冲销式干预不能改变利率,就不会产生效果。

二是表现为对隔绝机制(Insulation Mechanism)效果的思考。所谓隔绝机制就是指利率平价机制对外国货币政策,以及对本国利率和货币供给影响的自动隔绝作用。例如,当外国利率上升时,原有的利率平价不再成立,套利者在即期市场上卖出本国货币、买进外国货币投资套利,在远期市场上卖出外国货币、买进本国货币进行保值,结果本国货币在现货市场上贬值,在远期市场上升值,利率平价恢复,而本国利率可以保持不变。这表明外国利率上升对本国的冲击,可以通过远期汇率的变化而被吸收,本国利率也就可以不必随着外国利率水平而变动。显然,隔绝机制如果效果显著,就可以保证本国货币政策的独立性。

五、利率平价理论的修正与发展

1. 利率平价理论的修正

在现实经济中,实际的远期汇率常常与利率平价决定的远期汇率发生偏离,从而引起人们对产生偏离原因的分析。沃费克尔(Officer)、威利特(Willett)和斯托尔(Stoll)等人认为,产生偏离的两个主要原因在于交易成本与部分市场参与者的风险转移。弗兰克尔和莱维奇(Frenkel and Levich,1975,1977)的研究表明,在多数情况下,交易成本是实际远期汇率与利率平价决定的远期汇率产生偏离的主要原因。交易成本的存在,暗示着在利率平价线周围存在着一条中性带(Neutral Band),国际间的任何额外的套利活动在利率平价未达到均衡之前就会停止,而且不可能获利。

假定交易成本为交易价值的一部分,这样就能得到一个远期升水的上限和下限。在这个下限以上,抵补的资本外流能够获利;在这个上限以下,抵补的资本内流也能够获利;而在这个上限与下限之间,即利率平价带抵补的资本外流和抵补的资本内流都无利可图。

为便于理解,现从数理的角度来确定利率平价中性带的上下界限。假定一笔抵补的套利资本从本国市场流向外国市场,其资本量为 K ,资本使用成本为 r_t ,则持有这笔本国有价证券的远期收益(即资本外流的成本)为

$$C = K(1 + r_t) \qquad\qquad (3.5.31)$$

这笔资本在国外的投资收益为

$$R = K\theta(1 + r_t^*) \frac{F_t}{S_t} \qquad\qquad (3.5.32)$$

其中, $\theta = (1 - T)(1 - T_s)(1 - T^*)(1 - T_f)$ 表示交易成本, T 和 T^* 分别表示本国和外国有价证券的交易成本百分数, T_s 和 T_f 分别表示即期和远期外汇的交易成本百分数。一笔完整的套利活动必须完成一个交易圈,即经过连续的 4 次交易:

(1)卖出本国有价证券,其交易成本为 T ;

(2)购买即期外汇,其交易成本为 T_s ;

(3)购买外国有价证券,其交易成本为 T^* ;

(4)卖出远期外汇,其交易成本为 T_f 。

由(3.5.31)式可得,资本外流的边际成本为

$$\frac{\partial C}{\partial K} = 1 + r_t \qquad\qquad (3.5.33)$$

由(3.5.32)式可得,国外投资的边际收益为

$$\frac{\partial R}{\partial K} = \theta(1 + r_t^*) \frac{F_t}{S_t} \qquad\qquad (3.5.34)$$

在均衡条件下,边际成本等于边际收益,因此

$$1 + r_t = \theta(1 + r_t^*) \frac{F_t}{S_t} \qquad\qquad (3.5.35)$$

整理(3.5.35)式可得

$$\frac{F_t}{S_t} = \frac{1 + r_t}{\theta(1 + r_t^*)} \qquad\qquad (3.5.36)$$

令远期汇率升水的下限为 ρ_1，则根据(3.5.36)式可得

$$\rho_1 = \frac{F_t - S_t}{S_t} = \frac{(1 + r_t) - \theta(1 + r_t^*)}{\theta(1 + r_t^*)} \qquad (3.5.37)$$

同理可得远期汇率升水的上限 ρ_2 为

$$\rho_2 = \frac{\theta(1 + r_t) - (1 + r_t^*)}{(1 + r_t^*)} \qquad (3.5.38)$$

由(3.5.37)式和(3.5.38)式可得利率平价中性带的区间为

$$\frac{\theta(1 + r_t) - (1 + r_t^*)}{(1 + r_t^*)} \leqslant \rho \leqslant \frac{(1 + r_t) - \theta(1 + r_t^*)}{\theta(1 + r_t^*)} \qquad (3.5.39)$$

如果外币的远期升水在此区间,那么套利者将无法获利。交易成本越大,利率平价带越宽;交易成本越小,利率平价带越窄;交易成本为零,利率平价带消失。

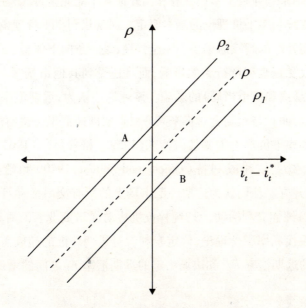

图 3-5-2　交易成本与利率平价带

如图 3-5-2 所示,在交易成本存在的情况下,只有外币的远期升水大幅度上升时,即 $\rho \geqslant \rho_2$ 或在利率平价带的左上方(A 区域),则资本流向外国套取汇差,即资本流出本国,买进即期外币,在外国投资生息,卖出远

期外币换回本币。只有外币的远期升水幅度很小时,即 $\rho \leq \rho_1$ 或在利率平价带的右下方(B 区域),资本流向本国套取利差,即资本流入本国,买进即期本币,在国内投资生息,卖出远期本币兑换外币。

交易成本的引入,尽管在某种程度上修正了抵补利率平价,但交易成本为零的抵补利率平价决定远期汇率变动的基本观点仍然是正确的。当然,随着信息技术和资本市场的发展,外汇市场的交易成本也越来越低,但除了外汇市场动荡时期导致名义汇率剧烈波动之外,大量的实证检验表明,利率平价基本上是成立的。

2. 利率平价理论的发展

传统利率平价理论假定是非常严格的,它假定套利者对远期外汇的超额需求呈完全弹性。虽然从交易的角度对其加以局部修正可以增强其适应性,但结果却导致了本国证券和国外证券不能完全替代,在一定程度上背离了传统利率平价理论的基本假定。而现代利率平价理论则假定套利者对远期外汇的超额需求呈不完全弹性,是一条向下倾斜的曲线,即远期汇率不仅受到套利者行为的影响,而且还受到其他市场参与者(包括投机者、贸易商和货币当局)的影响。该理论还认为,远期汇率不仅由套利行为决定,而且与套利者对将来某一时点的即期汇率的预期密切相关。

现代利率平价理论主要是由特森(1959)、格鲁贝尔(1963)、斯托尔(1968)、沃费克尔和威利特(Officer and Willett, 1970)和哈斯(Hass, 1974)等人建立。他们认为远期外汇市场上的所有交易活动可归结为三种情况:(1)纯粹套利活动;(2)纯粹投机活动;(3)商业套汇活动。

根据现代利率平价理论,假定套利者对远期外汇的超额需求是利率平价决定的远期汇率 F_t^* 和市场决定的远期汇率 F_t 之间的增函数,其数理表达式为:

$$Y_a = a_1(F_t^* - F_t) \ (a_1 > 0) \tag{3.5.40}$$

其中,Y_a 表示套利者对远期外汇的超额需求;F_t^* 表示均衡条件下利率平价决定的远期汇率;a_1 为系数。因此

$$F_t^* = \frac{1 + r_t}{1 + r_t^*} S_t \tag{3.5.41}$$

纯粹的套利者总是通过远期外汇市场进行抵补来规避汇率风险,而投机者自愿承担并利用未来汇率变动的风险来获取利益,其是否获利取决于对未来即期汇率的预期。因此,投机者对远期外汇的超额需求 Y_s 是预期的即期汇率 S_{t+1}^e 和与之相对应的远期市场汇率 F_t 之差的函数,即

$$Y_s = a_2(S_{t+1}^e - F_t) \quad (a_2 > 0) \tag{3.5.42}$$

其中, a_2 为系数。为规避汇率风险,交易商用自己的收支凭证买进卖出远期外汇(不套利的贸易商可作为投机者来处理),这就是影响远期外汇供求的商业套汇活动。根据定义,商业套汇对远期外汇的超额需求 Y_h 将是远期汇率 F_t 的减函数,即

$$Y_h = a_0 - a_3 F_t \quad (a_0 > 0, a_3 > 0) \tag{3.5.43}$$

其中, a_0 表示常数, a_3 为系数。在均衡条件下,套利、投机和套汇三者对远期外汇的超额需求之和必须等于零。因此

$$Y_a + Y_s + Y_h = 0 \tag{3.5.44}$$

将(3.5.40)式、(3.5.42)式和(3.5.43)式代入(3.5.44)式中,可得

$$F_t = \alpha + \beta_1 F_t^* + \beta_2 S_{t+1}^e \tag{3.5.45}$$

再将均衡条件下的利率平价(3.5.41)式代入(3.5.45)式,得

$$F_t = \alpha + \beta_1 \frac{1 + r_t}{1 + r_t^*} S_t + \beta_2 S_{t+1}^e \tag{3.5.46}$$

其中, $\alpha = \dfrac{a_0}{a_1 + a_2 + a_3}$

$\beta_1 = \dfrac{a_1}{a_1 + a_2 + a_3}$

$\beta_2 = \dfrac{a_2}{a_1 + a_2 + a_3}$

$a_i = (1, 2, 3) \, S_{t+1}^e$

(3.5.46)式即为现代利率平价理论的远期汇率方程。该方程由利率平价决定的 F_t^* 和市场对即期汇率的预期 S_{t+1}^e 组成,这不仅体现了套利在远期汇率决定中的作用,而且也体现了投机者和商业套利在远期汇率决定中的作用。与传统利率平价理论相比,尽管现代利率平价理论的观

点更加全面,但在实证检验中仍然没有得到令人信服的结果。其原因主要是:(1)系数 $a_i(i=1,2,3)$ 无法确定,而只能近似估计;(2)即期汇率的预期值 S_{t+1}^e 的准确程度直接影响远期汇率的决定。

六、利率平价理论的评价

第一,利率平价理论首次系统地从国际间资本流动的角度提出了汇率与利率之间的密切关系,明确提出了远期汇率的变动主要取决于两国利率之差,并将汇率决定因素由商品市场扩展到资本市场,这有助于认识汇率的形成机制。特别是在当今国际间资本流动迅速的情况下,套利保值和投机活动频繁使得利率平价理论的成立有了坚实的基础。利率平价理论的应用,已经凸显其实践价值:一是可以被作为外汇银行对远期汇率确定的指导工具;二是可以被作为中央银行对外汇市场进行灵活调节的有效途径,即培育一个发达的、有效率的货币市场,在货币市场上利用利率特别是短期利率的变动来调节汇率的变动;三是可以被借用于对国际间大量资本的流动现象进行合理的解释。

第二,与购买力平价理论一样,利率平价理论也不是一个完整的、独立的汇率决定理论。购买力平价理论描述的是汇率与商品价格水平之间的关系,但究竟是相对价格水平决定汇率,还是汇率决定相对价格水平,或者是两者同时被其他变量所决定,购买力平价理论并没有阐述清楚,至今仍有很大争议。而利率平价理论也只是描述汇率与利率之间的相互影响和相互作用的关系,即:不仅利差会影响汇率的变动,汇率的变动也会通过资本流动而影响利率的变动。然而,在现实经济中,利率与汇率还可能同时受到更为基本的其他经济因素的影响,如一国货币政策的紧缩与扩张,如不同市场上的货币供求等。因而利率平价通常被作为一种基本的关系式运用到更为复杂的汇率决定理论分析之中。

第三,利率平价具有较高的使用价值。造市银行在外汇市场上运用其确定远期掉期率;投机者运用其来观察预期汇率变动的趋势,以期在汇率变动中套利获利;货币当局运用利差与汇率之间的相互关系,利用利率政策干预预期汇率的变化。例如,当市场上本币有贬值预期时,通过公开市场操作提高短期利率来冲销这一贬值预期对外汇市场的压力,并维护本币汇率的稳定。

第四,利率平价成立的条件比较苛刻,在一定程度上影响了它的实践性。尽管人们对其进行了不断的修正与改善,但仍以市场的高度发达以及套利资本供给完全弹性为前提条件,而没有考虑交易成本对汇率的影响。市场的远期汇率并不能完全由利差来决定,一国的通货膨胀和外汇储备水平等因素也会对远期汇率产生一定的影响。同时,某些国家的特别金融政策或者不同的汇率制度会使利率平价失去效用。例如,从1974—1981 年澳大利亚储备银行连续干预外汇市场,并由银行确定远期升水;1980—1986 年的美元大幅升值以及随后的大幅贬值等。因此,实际的远期汇率往往是偏离利率平价的。

第六节　资产组合理论及数理分析

资产组合理论(the Portfolio Balance Model)由麦金农(Mckinnon,1969)和奥茨(Oaets, 1966)最早提及,到 20 世纪 70 年代中,布兰森(Branson,1975)在托宾(Tobin)货币模型的基础上建立了资产组合分析模型。以后又经过艾伦(Allen,1973)、弗兰克尔(Frenkel,1975)、罗德里斯(Rodriguez,1975)、凯南(Kennen,1976)、博耶(Boyer,1977)、多恩布什(Dornbusch,1980)、费希尔(Fischer,1980)和克鲁格曼(Krugman,1991)等人的修正和发展,形成了与货币主义汇率理论既相联系又相区别的汇率决定理论。如果说货币主义汇率理论主要是关注于货币资产,那么,资产组合理论则主要是关注于金融资产。

一、资产组合理论的产生

从汇率理论史上看,传统的汇率往往强调实体经济因素(比如国际借贷、国际贸易和国民收入等)对汇率决定和变动的影响,而货币主义汇率理论则强调货币因素对汇率决定和变动的影响,但研究表明,两者各有所得而又各有所失,这样就导致了资产组合理论的产生,从而将传统的汇率理论与货币主义汇率理论的两种分析方法综合起来,并兼具其长而各去其短,把汇率看成是由货币因素和经济因素所诱发的资产调节和资产评估过程共同决定,进而在解释和分析汇率短期波动的原因时,不仅注重货币因素,而且还注重金融资产状况。从另一个角度来看,有价证券已经成为当今投资者比较乐意投资的品种,有价证券不仅与货币之间的替代性较好,而且对货币的供求影响极大。资产组合理论就是把这些金融资产,如本国货币、有价证券、外国货币和外国金融资产等,都归结为财富,并试图揭示资产组合和财富积累两个过程对汇率的影响,从而形成汇率决定的资产组合理论。

二、资产组合理论的基本内容

资产组合理论认为,由于金融市场具有风险收益(Risk Premium)特征,而外汇市场风险不可能通过资本转移而完全消除,风险是投资者确定投资本国有价证券还是投资外国有价证券时需要考虑的首要问题。因此,非抵补利率平价不可能成立。按照资产组合理论的观点,那种包含风险收益的理论就是其显著的特征。因为汇率是由所有金融资产(包括货币资产)存量结构平衡所决定的,风险的存在就意味着两国的利差等于汇率的预期变动和随时间变动的风险收益之和。

资产组合理论从各种金融资产之间的差异出发,认为各种金融资产之间并不是可以完全替代的,至少存在着资产收益率上的差异。由于风险的存在,投资者都倾向于组合投资,即把自己的资本分散投资于不同种类的资产(如本国债券、外国债券等)上,并使其持有的资产多样化。当影响种类资产的因素发生变化时,就会促使资产持有人对其原有的资产组合进行调整。对于投资收益较大的资产,将会提高其在资产组合中的比例,同时,由于财富既定,而投资者必然会减少另一种资产的持有比例。在重建和调整资产组合的过程中,由于会发生大量的本币和外币的买卖活动,因而会引起货币汇率的短期波动。这就是资产组合理论的中心观点。

资产组合理论还认为,由于汇率受经常项目收支状况的影响,外国资产的增减经常通过资本项目以累积的方式出现,因而国际收支在汇率的决定和变动中所起的作用至关重要。

三、资产组合理论的动态调节过程

假定金融市场拥有三种资产:本国货币 M ,本国有价证券 B 和外国金融资产 F ,则投资者的总财富 W 为:

$$W = M + B + SF \tag{3.6.1}$$

其中, S 表示汇率(直接标价法),投资者持有的资产组合比例为

$$m = \frac{M}{W} , b = \frac{B}{W} , f = \frac{F}{W}$$

则

$$m + b + f = 1 \tag{3.6.2}$$

其中, m 、 b 和 f 分别表示投资者持有的本国货币、本国有价证券和外国金融资产与总财富比例。

投资者在财富既定的条件下,持有各种金融资产的比例,取决于各种资产相对收益率的大小和预期汇率的变化,因此

$$M = M(r - r^* , \Delta S^e) \tag{3.6.3}$$

$$B = B(r - r^* , \Delta S^e) \tag{3.6.4}$$

$$F = F(r - r^* , \Delta S^e) \tag{3.6.5}$$

其中, r 和 r^* 分别表示本国和外国的金融资产收益率——利率, ΔS^e 表示预期汇率变化,通常假定:

(1)对本国货币的需求随相对利率的上升而增加,随汇率的下跌而减少,即

$$\frac{\partial M}{\partial(r - r^*)} > 0, \frac{\partial M}{\partial S} < 0$$

(2)对本国有价证券的需求随相对利率的上升而下降,随汇率的下跌而增加,即

$$\frac{\partial B}{\partial(r - r^*)} < 0, \frac{\partial B}{\partial S} > 0$$

(3)对外国金融资产的需求随相对利率的上升而下降,随汇率的下跌而增加,即

$$\frac{\partial F}{\partial (r - r^*)} < 0, \frac{\partial F}{\partial S} > 0$$

所以,M 线的斜率为正,B 线和 F 线的斜率则为负。短期金融市场均衡表示投资者按照对预期收益和汇率的偏好来配置自己的所有财富。如图 3-6-1 中 E_0 点所示,这时 $m_0 + b_0 + f_0 = 1$。

相对利率($\Delta i = i - i *$)

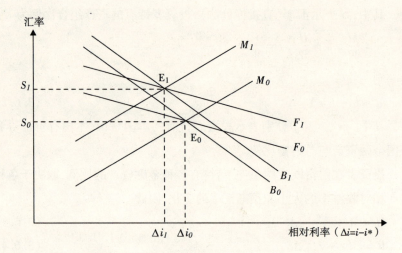

图 3-6-1 资产组合理论的汇率动态调节过程

当遇到外部冲击时,比如货币供应量增加(即从 M_0 上升到 M_1),在价格黏性和实际产出不变的情况下,投资者立即作出反应,迅速减少其本国货币的持有比例 m_0,同时导致本国利率相对下降,造成对外国金融资产和本国有价证券的超额需求,因此,投资者持有的外国资产和有价证券的比例 b_0 和 f_0 增加,从而导致汇率下跌。

当相对利率和汇率分别达到新的均衡状态(即 E_1 点)时,整个金融市场处于新的均衡之中,这时,相对利率为 Δr_1,汇率为 S_1,投资者持有的财富及其比例为 $m_1 + b_1 + f_1 = 1$,从而完成了对外部冲击的调节过程。

就短期而言,货币扩张,外国资产增加,会引起资本项目盈余和外汇

储备的增加,从而改善国际收支。如果保持国际收支平衡,则对经常项目收支平衡的要求会降低,这就是货币扩张的最初效应。

就长期而言:

(1)如果货币供给增加引起利率降低,并没有导致物价上涨,而是促进了产出的增加,则实际汇率上升,使本国出口商品的国际竞争力增强,出口增加,外汇供给增加和经常项目收支改善,这将使汇率上升,从而可能使整个系统重新返回到冲击前的均衡状态。

(2)如果货币供给增加最终导致物价上涨,且物价上涨率与货币贬值率相同,则实际汇率保持不变,对本国出口商品的国际竞争力没有影响,因此系统所有变量在新的条件下取得均衡。

(3)如果本币贬值幅度超过物价上涨率,导致实际汇率下跌和出口竞争力下降,从而引起对国外商品的超额需求,最终导致经常项目乃至国际收支逆差,这种情况说明名义汇率对长期均衡汇率作出了过度调整。

以上所述就是资产组合理论解释汇率变动以及强调汇率与国际收支之间相互关系的基本原理。

四、资产组合汇率模型

资产组合汇率模型的许多假定与货币模型相同,比如国际资本完全自由流动、没有资本控制、市场完全竞争等。唯一的不同在于其货币风险是由汇率预期的不确定性所引起。为了转移外汇风险,投资者按照预期收益和给定的风险收益在本国和外国资产之间配置所有的财富。

资产组合汇率模型由以下一些基本方程组成

$$\bar{s}_t = \bar{p}_t - \bar{p}_t^* \tag{3.6.6}$$

$$m_t - p_t = k + \varphi y_t - \lambda r_t \tag{3.6.7}$$

$$m_t^* - p_t^* = k^* + \varphi^* y_t^* - \lambda^* r_t^* \tag{3.6.8}$$

$$d_t - d_t^* = \gamma(y_t - y_t^*) - \sigma(r_t - r_t^*) + \omega(s_t - p_t + p_t^*) \tag{3.6.9}$$

$$(p_t - p_t^*) - (p_{t-1} - p_{t-1}^*) = \delta[(d_t - d_t^*) - (y_t - y_t^*)] \tag{3.6.10}$$

$$E_t s_{t+1} - s_t = r_t - r_t^* = \alpha(\bar{s}_t - s_t) \tag{3.6.11}$$

其中，s_t 表示 t 时期的即期汇率，p_t 表示 t 时期的价格水平，m_t 表示 t 时期的货币供应量，d_t 表示 t 时期的社会总需求，y_t 表示 t 时期的实际产出，p_{t-1} 表示 $t-1$ 时期的价格水平，w_t 表示 t 时期的财富，ρ 表示风险收益，带星号的表示外国变量，小写字母表示其变量的自然对数形式（但除利率在外，利率为其自身形态），k、φ、λ、γ、σ、ω、δ、α 和 β 均为系数。

假定风险收益分别是本国和外国财富的函数，则非抵补的利率平价为

$$\frac{W_t}{S_t W_t^*} = \exp\left\{\rho + \beta\left[(r_t - r_t^*) - (E_t s_{t+1} - s_t)\right]\right\} \tag{3.6.12}$$

(3.6.12)式两边取自然对数后得

$$(r_t - r_t^*) - (E_t s_{t+1} - s_t) = \frac{(-\rho + w_t - w_t^* - s_t)}{\beta}\ (\beta > 0)$$

$$\tag{3.6.13}$$

其中，w_t 和 w_t^* 分别为 t 时期本国和外国的财富，其他变量的经济学含义与前面的相同。在实际经济中，财富被近似地看做是所有金融资产的总和。除此之外，资产组合理论还包括以下假定：

（1）本国和外国投资者具有相同的资产选择，因此，w_t 和 w_t^* 分别表示本国和外国现行市场金融资产的全部供给。

（2）本国货币和本国的有价证券由本国人购买，外国货币和外国的有价证券由外国人购买，这种假定实际上只适用于一个小国。然而，这一假定却被广泛地运用于资产组合模型中，并暗示资本流动可以通过在本国货币市场上增加或减少外国货币或有价证券进行干预。

（3）由于本国人和外国人仅仅需要各自本国的货币和有价证券，因此，经常项目差额导致世界财富的再分配。如果本国人和外国人都希望持有更高比例的各自本国贬值的有价证券，那么，必然导致本国货币的升值。

以上假定大大地简化了资产组合模型的分析过程，其中假定（3）最具有现实意义。考虑到从(3.6.6)式到(3.6.11)式完全是多恩布什货币

模型中的内容,其经济学含义也完全相同,现将(3.6.13)式与多恩布什黏性价格模型结合起来对资产组合模型进行求解。

将(3.6.7)式和(3.6.8)式相减后得

$$s_t = p_t - p_t^* = -(k - k^*) + (m_t - m_t^*) - \varphi(y_t - y_t^*) + \lambda(r_t - r_t^*)$$

$$(3.6.14)$$

将(3.6.11)式代入(3.6.13)式后得

$$r_t - r_t^* = \alpha(\bar{s}_t - s_t) + \frac{(-\rho + w_t - w_t^* - s_t)}{\beta} \qquad (3.6.15)$$

将(3.6.15)式代入(3.6.14)式后得

$$p_t - p_t^* = -(k - k^*) + (m_t - m_t^*) - \varphi(y_t - y_t^*) + \lambda\alpha(\bar{s}_t - s_t) + \frac{\lambda(-\rho + w_t - w_t^* - s_t)}{\beta}$$

$$(3.6.16)$$

当取得长期均衡时,购买力平价成立,因此

$$\bar{s}_t = \bar{p}_t - \bar{p}_t^* = -(k - k^*) + (m_t - m_t^*) - \varphi(y_t - y_t^*) \qquad (3.6.17)$$

重写货币主义汇率理论的内容:

$$p_t - p_t^* = \beta_0 + \beta_1(p_{t-1} - p_{t-1}^*) + \beta_2 s_t + \beta_3(m_t - m_t^*) - \beta_4(y_t - y_t^*)$$

$$(3.6.18)$$

其中,假定 $\beta_0 = -\dfrac{\beta_1(k - k^*)\delta\sigma}{\lambda}$

$$\beta_1 = \left[1 + \delta(\omega + \frac{\sigma}{\lambda})\right]^{-1}$$

$$\beta_2 = \beta_1\delta\omega$$

$$\beta_3 = \frac{\beta_1\delta\sigma}{\lambda}$$

$$\beta_4 = -\beta_1\delta(1 - \gamma + \frac{\sigma\varphi}{\lambda})$$

然后,再将(3.6.17)式中的 $\bar{s}_t$ 和(3.6.18)式中的 $(\bar{p}_t - \bar{p}_t^*)$ 代入(3.6.16)式中,经移项合并整理后得

$$s_t = c_0 + c_1(m_t - m_t^*) + c_2(y_t - y_t^*) + c_3(p_{t-1} - p_{t-1}^*) + c_4(w_t -$$

w_t^*) + $c_4\rho$ (3.6.19)

其中, $c_i(i=1,2,3,4)$ 表示系数, 并根据(3.6.18)式中的 $\beta_i(i=1,2,3,4)$ 来确定。

从(3.6.19)式可得知, 与多恩布什模型相比, 公式增加了两国相对财富和风险两个重要因素。除此之外, 相对货币供应量、相对实际产出和前期相对价格对汇率的影响程度也发生了变化(即系数 c_i 的值不同)。

五、资产组合理论的评价

资产组合理论作为货币主义汇率理论的进一步扩充和发展, 其分析汇率决定以及资产市场对外部冲击的动态调节过程所产生的影响是极其深刻的。该理论曾一度成为西方国家企业、银行等金融机构和个人进行投资决策的重要参考理论。其主要理论贡献体现在以下几个方面:

第一, 资产组合理论比以前各种汇率理论所考虑的问题都要全面和完整, 相比之下, 大多数汇率理论都可以被看做是资产组合理论的特例, 比如各种货币模型等。资产组合理论既强调货币因素以及资本项目交易的变动对汇率的影响, 又强调实体因素对汇率的影响, 从而纠正了过去传统汇率理论只重视经常项目收支对汇率的影响而忽视其他因素作用的缺陷。

第二, 资产组合理论引入了风险收益、经常项目差额和财富等重要因素, 这是直接感觉得到的, 但在理论上却无法表达, 这也是人们往往对其他汇率决定理论产生怀疑的原因所在。虽然实证结果对现实的解释力还不强, 但除取得准确数据存在困难外, 这并非完全是由于理论本身的错误。因为模型中引入的经济变量太多, 而某些变量因粗略估计而有可能扭曲其他变量对汇率决定所起的真正作用, 而且变量之间的自相关也会影响实证检验的结果。

第三, 资产组合理论的某些假定比传统的汇率理论的假定更为合理, 也更为现实。比如, 货币主义汇率理论对汇率决定的分析是建立在资产市场一体化、资本之间可以完全替代的前提条件上, 而资产组合理论则认为各种资产之间具有高度的可替代性, 但由于资产的流动性、风险性和盈利性存在着差异,它们之间又是不可完全替代的,因而形成了千差万别的资产组合。

第四,资产组合理论明确认为汇率是资产的价格,它的决定取决于资产存量市场的变动和均衡。而以前的汇率理论往往把汇率作为一种产出价格,认为汇率取决于商品流量的调整和均衡,从而拓宽并加深了对汇率本质及汇率决定过程的认识。因此,以金融资产的存量调整来说明汇率的短期变动和"超浮"现象,具有较大的合理性,这也与 20 世纪 70 年代以来实行的汇率浮动制下的汇率状况有着某种程度上的契合。

资产组合理论的贡献是显而易见的,但也存在着一些缺陷,其主要表现在以下几方面:

第一,资产组合理论假定资本可以自由流动,这意味着国家之间既无外汇管制,也无任何资本流动的障碍。但在现实中,世界上绝大多数的国家都对资本流动实行不同程度的干预,即使是少数金融体系高度发达的西方国家,一旦大量的资本流动危及本国利益时,就会采取相应的限制措施。

第二,资产组合理论虽然包含了预期因素,但却假定人们的预期一致,并且作出一致的选择。而实际上,投资者对未来收益率和风险程度的预期是各不相同的,因而会作出不同的选择。而且,其资产组合模型也没有让预期发挥应有的作用。

第三,资产组合模型没有考虑到实物资产和商品的流动,没有解释实际产出和财富是由什么决定的以及它们之间的相互关系,因而不可能从整体上说明汇率运动的全貌。一些假定甚至于与现实是相矛盾的,比如本国人不持有外国资产,外国人不持有本国资产等。这些都不同程度地限制了模型的适用范围。

第四,由于资产市场、汇率变化因素的复杂性,资产组合模型中的参数不易确定,这也使该理论在实证研究中遇到了很大的困难。

第七节 均衡汇率理论

从汇率理论发展史上看,西方经济学关于汇率的研究主要是围绕汇率的决定这一中心问题来展开的。17 世纪前半期,在古典的经济学著作中就蕴涵着均衡汇率的思想;到 20 世纪 30 年代,经济学家就开始正式表述自己关于均衡汇率的观点;到 20 世纪 70 年代,经济学家就更进一步地尝试建立汇率与各种不同经济因素之间的均衡关系,以期实现新理论的突破和对汇率政策价值的认识。因此,均衡汇率(Equilibrium Exchange Rate)问题一直就是汇率理论的核心问题之一,并被界定为能够使宏观经济处于理想状态运行的汇率水平。对均衡汇率的定义主要有两种,其简单的定义是指长期内不随时间变化的购买力平价水平,其广义的定义是指使内外均衡同时实现的实际汇率。长期以来,购买力平价被视为衡量货币间相对价值的最终尺度,如果实际汇率发生变化,即从一个均衡点移动到另一个均衡点,那么就意味着汇率开始偏离均衡汇率水平。因此,在购买力平价理论的分析框架内,两国货币间的名义汇率会因通货膨胀的差异而发生变化。但实际的情况表明,购买力平价理论所包含的均衡汇率分析方法往往是不够科学的,其得出的"均衡汇率"有可能是不均衡的,而其认为"不均衡"的汇率水平事实上可能是均衡的。随着均衡汇率研究的不断发展,经济学家越来越深刻地认识到基本经济要素的变动也会影响实际汇率的均衡状况,而且均衡汇率在经济学理论和经济政策中的影响也越来越大。于是,汇率的宏观均衡分析方法应运而生。虽然确定均衡汇率本身并不困难,但确认均衡汇率的合理依据仍然较为复杂。到 20 世纪 80 年代以后,有关均衡汇率理论研究从总体上可以分为两类:一类是针对发达国家的理论模型研究,另一类是针对发展中国家的理论模型研究。这两类理论模型研究都将均衡实际汇率定义为内部均衡(主要是指商品市场与劳动力市场)与外部均衡(可持续的经常项目)相一致的实际汇率。

一、均衡汇率理论的基本内容

纳克斯(Nurkse,1945)最早提出均衡汇率并把它定义为能够使国际收支实现均衡的汇率,但其前提是:(1)贸易不应该受到过分限制;(2)对资本的流入、流出无任何特别的鼓励措施;(3)无过度失业。也就是说,国际收支是在适当的政策和内在经济条件下实现的,而不是通过扭曲政策或滥用资源来实现的。根据这一定义,以需求长期过旺和高通货膨胀为特点的国际收支状况则被认为是不适宜的。因此,在这一分析框架下,纳克斯仍然认为国际收支是决定均衡汇率的基本经济要素,但与传统汇率决定理论不同的,只是这一决定过程的实现必须在国际收支状况已经对暂时性影响、特殊因素等进行调整之后。因而,实际观测结果与内在均衡水平之间的区别、内在均衡水平与基本经济要素之间的关系就构成了均衡汇率理论的核心。1963 年,在纳克斯的理论基础上,国际货币基金组织的汇率专家斯旺(Swan)又提出了汇率的宏观均衡分析方法,后经修正和完善并成为研究均衡汇率的重要理论依据。

从宏观经济层面分析,均衡汇率是中长期内与宏观经济内、外部均衡相一致的实际汇率水平。所谓内部均衡通常是指实现了经济潜在生产能力,或者说是经济的产出水平同充分就业(特别是失业水平与非加速通货膨胀相适应)和可持续的低通货膨胀率相一致;而所谓外部均衡则通常是指经常项目和资本项目实现了均衡,或者说是实现了内部均衡的国家之间可持续的和所需要的资源的净流动。从一国的经济福利层面看,均衡汇率是中长期内与经济福利最大化相一致的实际汇率水平。从一国的经济政策层面看,均衡汇率是宏观经济管理者努力追求的实际汇率水平。因此,将实际汇率调整到与均衡汇率变动趋势相一致的水平,是开放宏观经济决策的一项重要任务。目前,均衡汇率理论大致包含两类理论模型,第一类理论模型是指威廉姆森(John. Williamson,1994)的基本要素均衡汇率模型(Fundamental Equilibrium Exchange Rate,简称 FEER 模型)、克拉克和麦克唐纳德(Clark and MacDonald,1998)的行为均衡汇率模型(Behavioral Equilibrium Exchange Rate,简称 BEER 模型),以及斯坦因(Stein,1994,1995)的自然均衡汇率模型(Natural Real Exchange Rate,简称 NATREX 模型)。这些理论模型通常都假定一个自然的产出值或失业水平,当某种货币或财政政策导致失业率短期偏离其自然水平时,相应的实际汇率就偏离其均衡值。第二类理论模型是指爱德华兹(Edwards,1989,1994)、埃尔巴达威(Elbadawi,1994)和蒙蒂(Montie,1999)的均衡实际汇率理论模型(Equilibrium Exchange Rate,简称 ERER 模型)。均衡实际汇率被定义为贸易品相对于非贸易品的价格,并在此相对价格上内、外部同时达到均衡。

二、均衡汇率理论模型

1. 基本要素均衡汇率模型

基于国际收支的分析方法,1985 年,威廉姆森(John. Williamson)最早提出了基本要素均衡汇率的理论模型,并测算出了美元、日元、德国马克、法国法郎和英镑等西方主要货币的均衡汇率。该模型的核心内容是:除各种短期的经济条件和其他临时的周期性因素外,集中分析基本经济要素对均衡汇率的影响。其基本经济要素主要是指那些有可能在中期持续起作用的经济条件和经济变量。均衡汇率就是在充分就业的假定前提下(内部均衡)实现国际收支平衡(外部均衡)的实际汇率水平,或者说是与中期宏观经济均衡相适应的汇率水平。

要实施汇率的宏观经济均衡分析方法,最重要的就是要测算与经济内、外均衡相适应的汇率水平。而宏观经济均衡分析方法的核心就是使经常项目收支差额和正常的、可持续的资本项目收支差额(的负数)保持恒等关系。

$$CA \equiv -KA \qquad (3.7.1)$$

(3.7.1)式中, CA 表示经常项目收支差额; KA 表示资本项目收支差额。现将(3.7.1)式转换为反映经常项目和资本项目均衡关系的方程式,并把经常项目表示为上述决定因素在充分就业水平下的线性函数,得

$$CA = b_0 + b_1 q + b_2 \overline{y_d} + b_3 \overline{y_f} = \overline{KA} \qquad (3.7.2)$$

(3.7.2)式中, y_d 表示经常项目中的国内总产出(或总需求); y_f 表

示经常项目中的国外总产出(或总需求);q表示实际有效汇率,即威廉姆森所提出的基本要素均衡汇率,它使经常项目收支差额和正常的、可持续的资本项目收支差额相等;b_i($i=1,2,3$)表示各个实际因素对经常项目变动的影响系数;$\overline{KA}$表示通过相关经济要素变量确定的资本项目均衡值,可根据相关经济要素进行计量取得。

解方程(3.7.2)式,求解q,得

$$FEER = \frac{(\overline{KA} - b_0 - b_2\,\overline{y_d} - b_3\,\overline{y_f})}{b_1} \tag{3.7.3}$$

(3.7.3)式表明,FEER是一种与中期宏观经济均衡相适应时的汇率,或者说,在给定经常项目模型的各种参数,尤其是经常项目流动对实际有效汇率的敏感性前提下,利用外生的可持续资本流动净额就可以计算出FEER。值得注意的是,FEER只是一种计算均衡汇率的方法,而不是汇率决定理论。而且,在计算FEER时,就有一个隐含的假定,即实际有效汇率的真实发生值q会逐渐收敛于均衡值FEER,而体现在FEER模型中的汇率决定理论是汇率的经常项目决定理论。

在具体估算FEER时,还需要对相关参数进行估计和判别,其中包括本国和主要贸易伙伴国的潜在产出(即y_d和y_f)、资本项目的均衡值($\overline{KA}$,或经常项目均衡值的负数)等。目前理论界对本国和主要贸易伙伴国的潜在产出估算方法比较成熟,但对资本项目均衡的含义和估算方法的研究还不够深入。这主要是因为对资本项目均衡值估算方法没有形成共识,其影响较大的有两种:一是用经常项目余额占国内生产总值的一个固定百分比来衡量,如威廉姆森(John. Williamson, 1994)和贝约米(Bayoumi, 1994)的估算方法;二是用充分就业条件下的储蓄和投资之差作为代理变量来衡量,如Faruqee(1996)的估算方法。

总之,FEER测度方法摆脱了短期周期性条件和临时因素,把注意力集中到基本经济要素上,而基本经济要素主要是指那些可能在中期持续起作用的经济条件和经济变量,但在实际经济运行中,这些均衡的条件可能是永远不能实现的理想结果。因此,把FEER描述为同"理想经济条件"相一致的均衡汇率,把 FEER 测度的汇率称作是标准化的汇率,这充分反映了威廉姆森确认的在理想经济条件下汇率政策的目标,但这种理想的目标与标准化的理念在现实经济中是不存在的。而且,FEER 理论模型没有考虑长期的存量均衡,在确定经常项目目标时的随意性较大,最后所测算出的是标准化的汇率或规范化的汇率,与实际有效汇率值相差也较大。

2. 自然均衡汇率模型

购买力平价(PPP)方法和货币方法都认为均衡实际汇率是由购买力平价理论决定的一个常数,并独立于货币政策或生产率的增长。而斯坦因(Stein,1994)提出的自然均衡汇率理论则将 PPP 推广到一系列实际的、可客观衡量的经济变量。在斯坦因(Stein,1994)看来,自然均衡汇率是指在不考虑周期性因素、投机资本流动和国际储备变动的情况下,由实际基本经济因素决定的并使国际收支实现均衡的中期和周期间的实际汇率。这与纳克斯所定义的均衡汇率是基本一致的。斯坦因认为,自然均衡汇率是一个动态的均衡,它会随着各种内生、外生基本经济要素的持续变动而变动。在资本高速流动的情况下,储蓄率、劳动生产率、资本密集度和国外的净负债等经济要素会影响所需的长期资本流入,并改变均衡实际汇率。自然均衡汇率模型(NATREX)的突出特点是用一系列方程组来描述一般均衡分析框架下的均衡汇率模型,在一系列方程组中很容易为经验数据找到它们之间的经济逻辑关系,具有很强的实证性。

自然均衡汇率模型的基本思想可简要描述如下:假定一国处于充分就业和物价稳定之中,则其宏观经济的内外均衡可表达为:

$$I - S + CA(R_t^*) = 0 \quad (\frac{\mathrm{d}CA}{\mathrm{d}R_t^*} > 0) \qquad (3.7.4)$$

(3.7.4)式表示自然均衡汇率实际汇率 R_t^* 能够同时使商品市场出清和使国际收支保持均衡,其中,I 表示内外均衡时的投资,S 表示内外均衡时的储蓄,CA 表示内外均衡时的经常项目余额,$CA(R_t^*)$ 表示自然均衡实际汇率,R_t^* 是经常项目余额的函数。在市场出清的过程中,经常项目随着自然均衡实际汇率 R_t^* 的变化而变化,而所需的储蓄和投资则假定要么与实际汇率相独立,要么相对变化较小,这充分显示了自然均衡实际汇率 R_t^* 的动态均衡过程。当 $\dfrac{dCA}{dR_t^*} > 0$ 时,则表示自然均衡实际汇率 R_t^* 升值会引起经常项目余额下降。

(3.7.4)式中,($I - S$)用以描述金融资产的超额供给,这里所指的金融资产包括非贸易证券(X_N)、可贸易长期证券(X_L)、可贸易短期投机证券(X_S)和国内货币(X_M)。假定在中期内:

(1)国内证券市场结清,即 $X_N = 0$;

(2)不考虑短期投机资本,即 $X_S = 0$;

(3)官方对外汇市场不予干预,货币供给均衡,即 $X_M = 0$ 。

这样,投资和储蓄之差就是可贸易长期证券的超额供给,即

$$I - S = X_L \qquad\qquad (3.7.5)$$

(3.7.5)式中,($I - S$)表示内外均衡时的净资本流动额。

当 $I > S$ 时,投资大于储蓄,国内实际需求过度,为实现新的均衡,自然均衡实际汇率 R_t^* 升值将导致经常项目余额 CA 下降。

当 $I < S$ 时,投资小于储蓄,国内实际需求不足,为实现新的均衡,自然均衡实际汇率 R_t^* 贬值将导致经常项目余额 CA 上升。

一国所需的投资和净资本的流动会引起本国资产存量、财富存量和对外净负债的变化。当这些存量指标发生变动时,自然均衡实际汇率 R_t^* 就变成了移动均衡。自然均衡实际汇率模型主要反映了投资、储蓄和净资本流动的结果,投资(I)、储蓄(S)、净资本流动($I - S$)会分别引起实物资产(K)、财富($W = K - F$)、对国外净负债(F)的变化。这些存量指标的变化反过来又改变了内外均衡所需的投资、储蓄和经常项目余额,自然均衡汇率就要发生相应的变动。只有当经济达到长期均衡状态,即储蓄、投资、经常项目余额、资本和财富存量以及对国外净负债都保持不变时,自然均衡汇率才会维持在稳定状态。除此之外,储蓄、劳动生产率等外生基本经济要素(对小国而言,还包括贸易条件和国际实际利率)还会通过两条途径对自然均衡实际汇率产生影响:一是通过改变所需的投资、储蓄或经常项目等经济基本因素变量来影响中期自然均衡实际汇

率;二是通过改变实物资产、财富和对国外净负债的积累率来影响自然均衡实际汇率到达新的长期均衡水平的运动轨迹。

一个完整的自然均衡实际汇率模型可以决定中期自然均衡实际汇率 R_t^*、自然均衡实际汇率 R_t^* 的变动轨迹和长期均衡汇率 R^*。在现实经济中,基本经济要素会不断发生变化,其结果是自然均衡实际汇率被不断推向新的长期均衡点,但永远也不能达到稳定状态。实证的结果支持有关自然均衡实际汇率不断变动的假定:由于外生的基本经济要素是非平稳的,因此,自然均衡实际汇率也是非平稳的(即没有固定的均值或趋势)。

自然均衡实际汇率模型是根据经济发展的趋势而人为设计的,在现实经济中,人们只能观测到价格指数体系计算出来的实际汇率 R_t 而无法观测到自然均衡实际汇率 R_t^* 本身,人们也只能观测到朝着移动实际均衡水平 R_t^* 调整的现实的实际汇率。实际汇率向稳态均衡实际汇率的调整轨迹为:

$$R_t(Z,A,C) \Rightarrow R_t^*(Z,C) \Rightarrow R^*(Z) \qquad (3.7.6)$$

(3.7.6)式中,R_t 表示可观测到的实际汇率,R_t^* 表示不可观测到的自然均衡实际汇率,R^* 表示稳定状态下的均衡实际汇率,Z 表示外生的实际经济要素,A 表示净实际资产存量,C 表示短期或投机性因素,$R_t(Z,A,C)$ 表示现实经济中的实际汇率与各种经济要素的函数关系,$R_t^*(Z,C)$ 表示中期的自然均衡实际汇率与实际经济要素的函数关系,$R^*(Z)$ 表示只有外生实际基本经济要素能够影响到长期稳态的均衡实际汇率。在实证分析中,先要检验现实中的实际汇率 R_t 收敛于自然均衡实际汇率 R_t^*,然后再根据外生实际经济基本要素 Z,测算从 R_t^* 到 R^* 的稳态均衡汇率。

自然均衡汇率理论是 PPP 和宏观均衡模型的推广,它将资本和债务的内生变化引致的存量—流量动态关系考虑在内,并建立了一组适合实际情况包括实际汇率、经常账户、债务和资本等基本经济要素的一般均衡模型,通过理性测算和最优化行为来决定均衡实际汇率和分析现实的实际汇率的升值和贬值原因,为一国货币政策的制定提供理论依据。

3. 行为均衡汇率模型

由于 FEER 模型要求内外均衡过于完美而 NATREX 模型多方程组计量又过于复杂,克拉克和麦克唐纳德(Clark and MacDonald,1998)在研究现实经济时提出了实证色彩非常浓厚的行为均衡汇率模型,即用简约(Reduced-form)的方法来代替 FEER 方法,并对日元、美元和德国马克等汇率变动进行了实证分析。所谓"行为(Behavioral)",主要是指 BEER 理论模型并不存在着具体而明确的结构方程,相反,只能通过寻找实际汇率与其他经济要素之间的协整关系来确定均衡的实际汇率,即通过运用计量方法估计模型的最终简约形式来量化基本经济因素对汇率的影响,求出实际汇率的长期均衡路径,最后得出均衡的实际汇率。

对此,为克服 FEER 模型理想化和 NATREX 模型复杂化所遭遇的难题,1998 年,克拉克和麦克唐纳德运用简约一般均衡单方程代替 FEER 模型和 NATREX 模型来估计均衡汇率,其描述现实经济中的实际汇率与基本经济因素关系的表达式为:

$$q_t = \beta_1 Z_{1t} + \beta_2 Z_{2t} + \beta_3 T_t + \varepsilon_t \qquad (3.7.7)$$

(3.7.7)式表示现实的实际汇率是由中长期基本经济因素、短期因素和随机误差来决定。其中,q_t 表示均衡汇率,Z_{1t} 表示长期内影响汇率的基本经济因素向量,Z_{2t} 表示中期内影响汇率的基本经济因素向量,T_t 表示影响汇率的短期、临时因素组成的向量,ε_t 表示随机干扰项,β_1、β_2 和 β_3 分别表示不同的系数。

定义现实均衡汇率 q_t' 为:

$$q_t' = \beta_1 Z_{1t} + \beta_2 Z_{2t} \qquad (3.7.8)$$

(3.7.8)式中,q_t' 表示由中长期基本经济要素的现实值确定的汇率水平。

相应地,再定义现实汇率失调(Current Misalignment) cm_t 为实际观测到的汇率与现实均衡汇率之差,即:

$$cm_t = q_t - q_t' = q_t - \beta_1 Z_{1t} - \beta_2 Z_{2t} = \beta_3 T_t + \varepsilon_t \qquad (3.7.9)$$

正如 FEER 方法中那样,基本经济要素本身也会偏离可持续的、预期水平,因此有必要进一步定义总的汇率失调水平 tm_t,tm_t 表示实际观测到的汇率与基本经济要素可持续的长期均衡值确定的汇率之差:

$$tm_t = q_t - \beta_1 \overline{Z_{1t}} - \beta_2 \overline{Z_{2t}} \qquad (3.7.10)$$

(3.7.10)式中,$\overline{Z_{1t}}$ 和 $\overline{Z_{2t}}$ 分别表示基本经济要素可持续的长期均衡值。对(3.7.10)式等式右边进行变换,即同时减去和加上 q_t',并整理,则总的失调水平可以分解为两个部分:

$$tm_t = (q_t - q_t') + [\beta_1(Z_{1t} - \overline{Z_{1t}}) + \beta_2(Z_{2t} - \overline{Z_{2t}})] \qquad (3.7.11)$$

然后将(3.7.7)式与(3.7.8)式相减,可得

$$q_t - q_t' = \beta_3 T_t + \varepsilon_t \qquad (3.7.12)$$

将(3.7.12)式代入(3.7.11)式,可得

$$tm_t = [\beta_1(Z_{1t} - \overline{Z_{1t}}) + \beta_2(Z_{2t} - \overline{Z_{2t}})] + \beta_3 T_t + \varepsilon_t \qquad (3.7.13)$$

在(3.7.13)式中,总的汇率失调被分解为三个方面因素:短期临时因素、随机干扰因素和基本经济要素偏离其可持续水平的程度。

BEER 模型的突出优点在于,在求解均衡实际汇率后可以更深入地从这三个方面因素分析导致实际汇率错位的原因,具有较强的可操作性。

BEER 模型的主要难点在于,方程式(3.7.13)不能直接估计,模型本身无法确定应采用何种解释变量作为中长期基本经济要素变量,即使通过其他方法找到相关的要素变量,也不能直接使用,需要先求出其可持续的长期均衡值,但事实上,在有关 BEER 模型的研究文献中,具体测算均衡实际汇率通常是根据基本经济变量的现实值(Z_{1t},Z_{2t})估计出均衡实际汇率的决定方程,然后再将长期均衡值($\overline{Z_{1t}}$,$\overline{Z_{2t}}$)代入方程中求出均衡实际汇率。同时,还经常出现根据汇率理论所选择的变量可能并不是现实的实际汇率的决定因素,或者在估计出来的实证方程中,解释变量的系数与理论分析中的基本经济因素变量的作用方向完全相反。从这一点上看,BEER 模型的意义主要是体现在方法论上,而不是体现在理论上。

4. 均衡实际汇率模型

在汇率理论史上,均衡实际汇率的研究主要还是针对发达国家,而最先开始针对发展中国家来研究均衡实际汇率的是智利经济学家爱德华兹

（Edwards,1989,1994）。与发达国家相比,研究发展中国家的均衡实际汇率更加重要,一方面,发展中国家大多采用固定汇率制度或有管理的浮动汇率制度,真实的实际汇率与均衡的实际汇率之间出现偏离的可能性和偏离的程度远远大于发达国家;另一方面,发展中国家所受外部经济的冲击往往大于发达国家。从目前的国际研究文献看,有关发展中国家均衡实际汇率的代表性理论模型主要是 Edwards 模型、Elbadawi 模型和Montie 模型。

（1）Edwards 模型

Edwards 模型[①]充分考虑了发展中国家宏观经济中最显著的特征,比如实行外汇管制、存在贸易壁垒和存在平行汇率（通常指黑市汇率）等。其假定如下:①一个小型开放国家;②市场上存在出口品（ X ）、进口品（ M ）和非贸易品（ N ）三类商品,本国生产出口品和非贸易品,消费进口品和非贸易品;③存在双重汇率,固定的名义汇率（ E ）适用于商品交易,自由浮动的名义汇率（ δ ）适用于金融交易;④本国国民既持有本币（ M ）,又持有外币（ F ）,私人部门积累着一定数量的外币;⑤政府的收入来源于（无扭曲的）税收和国内信贷创造,不存在公共债务,政府消费进口品和非贸易品;⑥政府和私人不能对外借债;⑦对进口品征收关税,税率为 τ,关税收入被扭曲地用于公众,出口品的外币价格固定不变,且等于 1;⑧起初假定资本管制完全有效,不存在国际资本流动,最后该假定被逐渐放松,且假定政府不受资本管制的影响,这里资本的流出入就会发生;⑨存在完全预期。基于上述假定,Edwards 模型的表述如下:

Ⅰ.资产组合决策

$$A = M + \delta F \tag{3.7.14}$$

$$a = m + \rho F \tag{3.7.15}$$

$$a = \frac{A}{E}, m = \frac{M}{E}, \rho = \frac{\delta}{E} \tag{3.7.16}$$

---

① Edwards,S.,1989,"Real Exchange Rates in the Developing Countries : Concepts and Measurement ",National Bureau of Conomic Research Working Paper,No. 2950,April.

$$m = \sigma(\frac{\dot{\delta}}{\delta})\rho F \quad (\sigma' < 0) \tag{3.7.17}$$

$$\dot{F} = 0 \tag{3.7.18}$$

(3.7.14)式到(3.7.15)式把本币表示的总资产分解为国内货币和国外资产的本币价值两部分,其中,(3.7.17)式说明了实际国内货币（m）和实际国外货币（ρF）之间的函数关系,二者的比值是自由汇率（δ）预期贬值率的减函数,由于假定完全预期,(3.7.17)式中直接使用了实际贬值率。

Ⅱ. 需求方面

$$P_M = EP_M^* + \tau, \ e_X = \frac{E}{P_N} \tag{3.7.19}$$

$$e_M = \frac{P_M}{P_N}, \ e_M^* = \frac{EP_M^*}{P_N} \tag{3.7.20}$$

$$C_M = C_M(e_M, a), \ (\frac{\partial C_M}{\partial e_M} < 0, \frac{\partial C_M}{\partial a} > 0) \tag{3.7.21}$$

$$C_N = C_N(e_M, a), \ (\frac{\partial C_N}{\partial e_M} > 0, \frac{\partial C_N}{\partial a} < 0) \tag{3.7.22}$$

Ⅲ. 供给方面

$$Q_X = Q_X(e_X), \ (\frac{\partial Q_X}{\partial e_X} > 0) \tag{3.7.23}$$

$$Q_N = Q_N(e_X), \ (\frac{\partial Q_N}{\partial e_X} < 0) \tag{3.7.24}$$

(3.7.19)式到(3.7.24)式概括了需求和供给函数,e_M 和 e_X 分别表示进口品和出口品相对于非贸易品的价格,e_M 包含了进口关税,而 e_M^* 则是剔除关税后的进口品和与非贸易品的相对价格,当然,e_M 是消费和生产的决策依据。

Ⅳ. 政府部门

$$G = P_N G_N + EP_M^* G_M \tag{3.7.25}$$

$$\lambda = \frac{EP_M^* G_M}{G} \tag{3.7.26}$$

$$\dot{G} = t + \dot{D} \tag{3.7.27}$$

（3.7.25）式和（3.7.26）式对政府部门的消费行为进行了概括，其中，G_M 和 G_N 分别表示政府部门对 M 和 N 的消费；（3.7.27）式是政府支出的约束函数，政府的花费要么来自无扭曲的税收收入（t），要么来自国内信贷创造（$\dot{D}$）。

Ⅴ. 涉外经济部门

$$CA = Q_X(e_X) - P_M^* C_M(e_M, a) - P_M^* G_M \tag{3.7.28}$$

$$\dot{R} = CA \tag{3.7.29}$$

$$\dot{M} = \dot{D} + E\dot{R} \tag{3.7.30}$$

$$e = \alpha e_M^* + (1 - \alpha)e_X = \frac{E[\alpha P_M^* + (1 - \alpha)P_X^*]}{P_N} \tag{3.7.31}$$

（3.7.28）式到（3.7.31）式是针对涉外经济部门的，其中，（3.7.28）式对经常项目进行了定义，即出口品产出减进口品总消费（私人部门加公共部门的消费）。由于假定没有资本流动，因此，国际收支的差额就等于经常项目差额［即（3.7.29）式中的内容］，（3.7.29）式中的 R 表示中央银行持有的国际储备。（3.7.30）式建立了国际储备变动、国内信贷变动和国内货币存量之间的联动关系。（3.7.31）式中，实际汇率被定义为贸易品与非贸易品的相对价格，由于在实证测算实际汇率时，一般都不包括关税，因此，该模型在定义实际汇率时也同样把关税排除在外。

当非贸易品市场和外部经济同时实现均衡时，也就意味着汇率达到了长期可持续均衡状态。即当如下四个条件同时成立时，经济就会处于稳定状态：①非贸易品市场结清；②外部经济实现均衡，即国际储备变动＝经常项目差额＝货币存量变动＝0；③财政政策可持续，即 $G = t$；④资产组合实现均衡。

非贸易品市场结清意味着：

$$C_N(e_M, a) + G_N = Q_N(e_X) \tag{3.7.32}$$

（3.7.32）式中，$G_N = e_X g_N$，其中，g_N 是以出口品相对价格表示的政府对非贸易品的消费额。根据（3.7.32）式，可以把非贸易品的均衡价格

表示为关于 a、g_N、P_M^* 和 τ 的函数：

$$P_N = v(a, g_N, P_M^*, \tau) \tag{3.7.33}$$

其中，$\frac{\partial v}{\partial a} > 0$，$\frac{\partial v}{\partial g_N} > 0$，$\frac{\partial v}{\partial P_M^*} > 0$，$\frac{\partial v}{\partial \tau} > 0$。由于实际总资产 a 在模型中表示内生变量，因此，在求解 P_N 之前，应先明确 g_N、P_M^* 和 τ 对 a 的影响。

将(3.7.17)式中的 $\frac{\dot{\delta}}{\delta}$ 替换为 $\frac{\dot{\rho}}{\rho}$，并对方程进行变换可得：

$$\dot{\rho} = \rho L\left(\frac{m}{\rho F}\right), \ L' < 0 \tag{3.7.34}$$

根据（3.7.25）式、（3.7.27）式、（3.7.28）式、（3.7.29）式和（3.7.30）式可得：

$$\dot{m} = Q_X(e_X) - C_M(e_M, a) + g_N - \frac{t}{e} \tag{3.7.35}$$

涉外经济的均衡要求 $\dot{m} = 0$，同时在稳定状态下，政府的支出只能来自税收收入，因此，就有 $\dot{R} = 0 = \dot{m}$，这样，当 $\dot{\rho} = 0$ 同样成立时，ρ 和 m 的稳定状态值 ρ_0 和 m_0 也将随之确定。如图 3-7-1 所示。

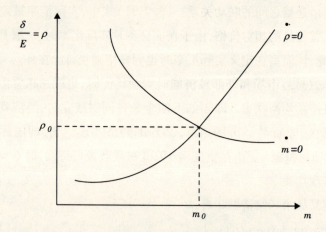

图3-7-1 均衡的实际汇率与黑市汇率升贴水

当 g_N、P_M^* 和 τ 的值给定时,利用(3.7.33)式就可以得出非贸易品的长期均衡价格。根据(3.7.31)式和(3.7.33)式就可以求出长期均衡汇率:

$$\bar{e}_{LR} = v(m_0 + \rho_0 F, g_{N0}, \tau_0, P_{M0}^*) \tag{3.7.36}$$

从(3.7.36)式中可以看出,影响长期均衡汇率的仅仅是那些实际变量,货币性指标如 D、$\dot{D}$ 和 E 只在短期内影响实际汇率。

(2)Elbadawi 模型

如果说 Edwards 模型在研究发展中国家的均衡实际汇率问题时奠定了基础,那么可以说,与 Edwards 模型相比,Elbadawi 模型[①]则很好地解决了理论分析与实证分析相结合的难题。

Elbadawi 模型的最大特点在于实证分析方面。该模型在构建非贸易品需求和非贸易品供给函数的基础上,根据发展中国家的特点假定外生变量和政策变量,然后通过非贸易品市场出清的条件方程,求解非贸易品市场均衡时的实际汇率水平。其具体表述如下:

非贸易品总需求函数可表达为:

$$D_n = d_n^p(P_X, P_M, P_N)(A - Y^g) + Y_n^g \tag{3.7.37}$$

(3.7.37)式中,D_n 表示非贸易品总需求,d_n^p 表示私人部门非贸易品支出占私人部门总支出的比例,$d_n^p(P_X, P_M, P_N)$ 表示 d_n^p 由出口品国内价格 P_X、进口品国内价格 P_M 和非贸易品国内价格 P_N 内生决定,A 表示国内总吸收,Y^g 表示政府总支出,$(A - Y^g)$ 表示私人部门总支出,Y_n^g 表示政府非贸易品支出。

非贸易品总供给函数可表达为:

$$S_n = s_n(P_X, P_M, P_N) \times Y \tag{3.7.38}$$

(3.7.38)式中,S_n 表示非贸易品总供给,s_n 表示非贸易品产出占总产出的比例,s_n 是 P_X、P_M 和 P_N 三个变量的函数,Y 表示国内总产出。

---

① Elbadawi, I. A., 1994," Estimating Long Rate Equilibrium Exchange Rate", In John Williamson, Ed., *Estimating*, *Equilibrium Exchange Rates*, pp. 93–133, Washington, DC: Institute for International Economics.

假定本国为一个小型开放的发展中国家,国内贸易品价格 P_X 和 P_M 分别由国际市场以外币表示的出口品价格 P_X^* 和进口品价格 P_M^* 决定,则有:

$$P_X = E \times (1 - t_X) P_X^* \tag{3.7.39}$$

$$P_M = E \times (1 - t_M) P_M^* \tag{3.7.40}$$

(3.7.39)式(3.7.40)式中,E 表示直接标价法下的名义汇率,t_X 表示出口净税率,t_M 表示进口净税率。

如将实际汇率定义为内部实际汇率,则有:

$$R = \frac{E \times P_X^{*\ a} \times P_M^{*\ (1-a)}}{P_N} \tag{3.7.41}$$

(3.7.41)式表示内部实际汇率等于本国贸易品价格与非贸易品价格之比,其中,R 表示内部实际汇率,a 表示进口品价格的几何平均加权系数。

非贸易品市场出清的条件是:

$$S_n = D_n \tag{3.7.42}$$

即

$$s_n(P_X, P_M, P_N) \times Y = d_n^p(P_X, P_M, P_N)(A - Y^g) + Y_n^g \tag{3.7.43}$$

在给定外生变量和政策变量的条件下,通过(3.7.37)式到(3.7.43)式,可以求解非贸易品市场均衡时的实际汇率水平:

$$R = R(\frac{A}{Y}, TOT, t_X, t_M, \frac{Y_n^g}{Y^g}, \frac{Y^g}{Y}) \tag{3.7.44}$$

(3.7.44)式中,TOT 表示贸易条件,即表示出口品价格与进口品价格之比。若将(3.7.41)式中的 t_X 和 t_M 以及配额和外汇管制等因素统一定义为贸易开放度 $OPEN$,并将该方程式取自然对数形式得:

$$\ln R = b_0 + b_1 \ln \frac{A}{Y} + b_2 \ln(TOT) + b_3 \ln(OPEN) + b_4 \ln \frac{Y_n^g}{Y^g} + b_5 \ln \frac{Y^g}{Y} \tag{3.7.45}$$

(3.7.45)式中,$b_i(i = 0,1,2,3,4,5)$ 表示系数,而方程式虽然描述了非贸易品市场上某一时点上的均衡,但没有体现出基本经济要素的可持续性,还不完全符合均衡实际汇率的定义。由于国内总吸收 A 是内生变量,而且(3.7.45)式本身也还不足以说明实际汇率 R 是如何围绕均衡汇率 R^* 的变化而变化的动态行为,因此,需要在国内总吸收 A、可持续的资本净流入 K 和实际汇率的预期变动 R_{t+1} 等变量之间建立联系,其对数线性关系可表述为:

$$\ln\left(\frac{A}{Y}\right)_t = c_0 + c_1\ln\left(\frac{K}{Y}\right)_t - c_2(\ln R_{t+1} - \ln R_t) \quad [\ c_i(i=0,1,2)\ ]$$

$$(3.7.46)$$

(3.7.46)式表示:当可持续的资本净流入 K(或者说是可持续的经常项目余额)增加时,可持续的国内吸收将上升,则 $c_1 > 0$;当在时间 t 预期 $t+1$ 的汇率贬值(即 $\ln R_{t+1}$ 下降)时,则 $\ln R_{t+1} - \ln R_t < 0$,并导致实际利率上升,而储蓄需求也随之上升,国内吸收相对于收入将减少。因此, c_2 的系数取负号。

将(3.7.46)式代入(3.7.45)式,则可以得出实际汇率动态方程(参数经过转换):

$$\ln R_t - \lambda_t \ln R_t + 1 = \sigma_0 + \sigma_1\ln(TOT)_t + \sigma_2\ln(OPEN)_t + \sigma_3\ln$$

$$\left(\frac{K}{Y}\right)_t + \sigma_4\ln\left(\frac{Y^g}{Y}\right)_t + \sigma_5\ln\left(\frac{Y^g_n}{Y^g}\right)_t \qquad (3.7.47)$$

(3.7.47)式中, $\sigma_i(i=0,1,2,3,4,5)$ 表示系数。当(3.7.47)式右边的变量具有可持续性时,对应的实际汇率就是均衡实际汇率 R^*。定义参数向量和基本经济要素向量:

令 $\sigma = (\sigma_0,\sigma_1,\sigma_2,\sigma_3,\sigma_4,\sigma_5)'$,则

$$F = \left[1,\ln(TOT),\ln(OPEN),\ln\left(\frac{K}{Y}\right),\ln\left(\frac{Y^g}{Y}\right),\ln\left(\frac{Y^g_n}{Y^g}\right)\right]' \quad (3.7.48)$$

根据(3.7.47)式,当基本经济要素向量 F 值具有可持续性(记为 F^L)时,利用递推方法,则可以求出均衡实际汇率,其均衡实际汇率 R^* 的表达式如下:

$$\ln R_t^* = \sum_{j=1}^{\infty} \frac{\lambda^j \delta_t}{F^L_{t+j}} \qquad (3.7.49)$$

（3）Montiel 模型

与 Edwards 模型一样，Elbadawi 模型由于较多地考虑发展中国家的特点，因而在选择决定均衡实际汇率的基本经济要素变量时就不可避免地存在一定的局限性，一些最基本的决定均衡实际汇率的经济要素变量如劳动生产率并没有在模型中得到体现。1999 年，Montiel（1999a，1999b）模型[①]在综合以前的均衡实际汇率理论的基础上建立了具有微观经济基础的长期均衡汇率决定模型。

均衡实际汇率一般可分为短期均衡实际汇率和长期均衡实际汇率，假定短期均衡实际汇率由下列三类因素决定：①前定变量，如国外净债权/债务存量、资本存量等；②政策变量，如汇率政策、资本管制政策、货币政策、财政政策等；③外生变量，即通过预期因素作用于短期均衡实际汇率的泡沫变量和通过相对劳动生产率、贸易条件、消费者对于贸易品和非贸易品的偏好差异等因素作用于长期均衡实际汇率的长期基本经济要素变量，而且长期基本经济要素变量独立于预期因素并对均衡实际汇率起着长期作用。短期均衡实际汇率的决定可以表述为：

$$R_S^* = f\left[B(t), X_1(t), X_2(t), X_3(t)\right] \tag{3.7.50}$$

（3.7.50）式中，$X_1(t)$ 表示一系列前定变量的当期价值，$X_2(t)$ 表示一系列政策变量的当期和预期价值，$X_3(t)$ 表示一系列长期基本经济要素变量的当期和预期价值，$B(t)$ 表示只通过预期影响短期均衡实际汇率的泡沫因素变量。

假定长期均衡实际汇率的决定因素变量是由以下四个变量组成：①国内供给因素，特别是贸易品部门相对非贸易品部门较快的生产率增长

---

① Montiel, P. J. , "The Long Run Equilibrium Exchange Rate : Conceptual Issues and Empirical Reasearch ", In Lawance E. Hinkle and Peter J. Montiel, Eds. , *Exchange Rate Misalignment : Concepts and Measurement for Developing Countries*, pp. 219–263, New York : The World Bank, 1999a. ——Montiel, P. J. , "Determinants of The Long Run Equilibrium Exchange Rate : An Analytical Model ", In Lawance E. Hinkle and Peter J. Montiel, Eds. , *Exchange Rate Misalignment : Concepts and Measurement for Developing Countries*, pp. 264–290, New York : The World Bank, 1999b.

所引起的巴拉萨—萨缪尔森效应;②财政政策因素,如政府在贸易品和非贸易品支出上的永久性变化;③国际经济因素,如贸易条件、对外经济流量、国际通货膨胀率和世界实际利率等;④经济政策自由化政策,如削减出口补贴和降低贸易壁垒等。

Montiel 模型中长期均衡实际汇率的调整过程是:在经济由短期向长期的调整过程中,长期基本经济要素 X_3 逐渐向它的永久均衡值 X_3^* 靠拢,而 X_3^* 的调整则要求政策变量 X_2 向政策变量的永久均衡值 X_2^* 靠拢,前定变量 X_1 则与永久均衡值 X_2^* 和 X_3^* 保持一致,并调整到永久均衡值 X_1^* 水平上。从 Montiel 模型的调整过程中可得:

$$X_1^* = X_1^*(X_2^*, X_3^*) \tag{3.7.51}$$

$$X_2^* = X_2^*(X_3^*) \tag{3.7.52}$$

从短期均衡实际汇率决定方程中剔除泡沫因素,并考虑 X_1、X_2 和 X_3 向永久均衡值的调整,可以得到长期均衡实际汇率 R_L^* 方程:

$$R_L^* = f(0, X_1^*, X_2^*, X_3^*)$$
$$= g\{X_1^*[X_2^*(X_3^*), X_2^*], X_2^*(X_3^*), X_3^*\}$$
$$= h(X_3^*) \tag{3.7.53}$$

长期均衡实际汇率方程说明,如果政策变量随着长期基本经济要素变量向永久均衡值进行调整,那么,长期内决定均衡实际汇率的仅仅只是长期基本经济要素变量。

三、均衡汇率理论的评价

从总体来看,均衡汇率理论具有四个方面的特征,一是均衡汇率的定义和概念基本趋于一致,都认为实际汇率是内、外部同时达到均衡的均衡值;二是均衡汇率是一个动态的汇率,而不像购买力平价理论所描述的是一个隐含的"静态"的"常数值";三是当外国资本持续而大规模地流入、本国贸易改善、劳动生产率提高以及国外资产增加时,均衡汇率会出现升值;四是均衡汇率的实证度量是可行的,并且是有用的。

从不同的均衡汇率理论来看,所介绍的四种主要均衡汇率理论既存在差异,又相互联系。其差异主要表现在基本面归类的不同,但这种差异只是表明不同的目标而并非是分析上存在着冲突。所有的均衡汇率模型都认为相应的基本面应该包括贸易条件、税率、贸易限制(或用开放度替代)和外生的资本流动等基本经济要素变量。而绝大多数经济学家在研究和分析汇率时都将利率纳入"基本面"考察。但威廉姆森(Williamson)与国际货币基金组织(IMF)研究小组却不将利率纳入"基本面",而是将其看做为当局可以用来阻止汇率过高偏离其 FEER 模型的政策工具。斯坦因(Stein)的 NATREX 模型则将利率的增加区分为由于社会时间偏好(Social Time Prefrence)的增加而造成(基本面)与由于周期性的上升而导致的暂时性的增加(非基本面)。具体来说,可简评如下:

(1)FEER 模型分析方法。该方法的突出特点在于它强调外部均衡不是指国际收支的数量平衡或没有逆差,而是指经常项目具有可持续性,这就排除了通过提高利率来吸引大量外资流入以利于弥补大规模经常项目逆差的情况。威廉姆森(Williamson)认为,经常项目的巨大逆差在短期内或许可以凭借外资对本国的信心而得以维持,但是在长期内信心迟早会受到侵蚀,这种经济策略最终会被瓦解。同时,经常项目顺差过大要么隐含着本国的消费被不合理地推迟,要么意味着将招致别国的贸易报复,因此,选择贸易顺差也是不可取的方法。所以,威廉姆森(Williamson,1994)在研究七国集团的汇率失调情况时给七国指定了不同的经常项目目标。例如,他认为当美国的经常项目逆差占 GDP 的比重小于1%时,就可以认为其经常项目是可持续和均衡的;由于加拿大的对外开放度高和经济前景看好,其经常项目逆差允许维持在 1.5% 以内;英国、法国和意大利的经常项目目标是维持平衡,而日本和德国由于储蓄率较高,其经常项目目标是维持一定的顺差,而顺差的大小要取决于其他五个国家的承受能力。

FEER 模型分析方法的缺陷在于它确定经常项目目标时的随意性较大,同时,在运用计量模型测算和分析时,其结果相差较大。为了模拟测算 FEER,威廉姆森(Williamson)选用了六种全球宏观经济的计量模型,包括克莱因的 EAG 模型(External Adjustment with Growth)、OECD 的

Interlink 模型以及稳态的 GEM 模型、Intermod 模型、Mimosa 模型（Multinational Integrated Model for Simulation and Analysis）和 MSG2 模型（the Mckibbin-Sachs Global model）。这六种模型模拟出的结果是不一样的，如以法国法郎为例，EAG 模型测算出 1989 年第四季度低估11%，而 Mimosa 模型测算出的结果是高估2%，正负比较相差13%；美元的测算结果最多相差20%；日元和德国马克最多相差25%；意大利里拉最多相差46%，EAG 模型测算出低估15%，而 Mimosa 模型测算出高估31%。虽然威廉姆森（Williamson）通过比较最终选择 GEM 模型，但仍然无法消除因测算方法而导致测算结果的不确定性。而且，FEER 模型分析出来的均衡是一种流量均衡，并且没有考虑长期的存量均衡，因而在理论意义上仍然是一种中期的均衡。然而，事实上，像债务余额等存量指标即使在中期研究均衡汇率时也应该被包含在内，因为不管是发达国家还是发展中国家，债务余额都会持续地影响风险报酬。

（2）NATREX 模型是一个实证（Positive）的而不是规范的均衡汇率概念，它是由实际经济要素和现行经济政策决定的。在 NATREX 理论中，这些经济政策不一定是社会最优的或福利最大化的，NATREX 也不是最优的实际汇率。正如纳克斯在 1945 年所提出的一样，NATREX 理论假定现行的贸易政策是给定的，但不允许通过加强贸易保护来取得均衡汇率，同样，在 NATREX 理论中，财政政策也被认为是给定的。例如，假定美国的公共储蓄或私人储蓄（外生变量）出现下降，这显然会影响 NATREX，同时，这种下降可能与经济增长和劳动生产率的长期社会目标不相一致，而 NATREX 模型只是预测这种变化会怎样影响均衡实际汇率，并没有考虑干扰或后果是否是所需要的，也没有判断基本经济要素本身是否与福利相一致。这就是 NATREX 模型所要简明的确定性问题，而且也是 NATREX 模型与 FEER 模型所不同的方面。如前所述，威廉姆森所要试图寻找的是一种测算实际汇率的方法，并用以指引政府政策，FEER 模型是使经常项目和适当资本流入相吻合的汇率水平，威廉姆森的适当资本流入等于不被政府政策扭曲的投资和储蓄之差。这种规范性的特点是 FEER 模型和 NATREX 模型之间的主要差异，或者说，NATREX 模型适用于最优的政府政策,但它并不要求政策最优,而且还可以计算出最优政策下的均衡实际汇率。

(3)Edwards 模型和 Elbadawi 模型则充分地注意到了发展中国家的经济特征。在这些模型中,均衡汇率不但要受到贸易条件、关税税率和技术进步等基本经济要素的影响,而且还要受到国内信贷等宏观经济政策的影响。由于发展中国家对世界经济的影响一般较小,因而在测算这些国家的均衡汇率时不需要使用较为复杂的多国模型。

由于均衡汇率理论存在着这样或那样的缺陷,因此,测算均衡汇率方法及其测算的准确性已经为西方经济学家所质疑,这正如迪克斯特(Dixit,1990)所言:"我们永远都无法知道正确的汇率"。这也许就是均衡汇率理论的最好注解。

第八节　汇率决定的混沌理论

1990 年,比利时经济学家保罗·德格劳威(Paul De Grauwe)和汉斯·杜瓦赫特(Hans Dewachter)一起,开创了利用混沌理论研究汇率的先河,建立了简单的汇率混沌决定模型,并在此基础上,提出了一个扩展的汇率决定的混沌货币模型。1993 年,他们又与马克·埃布雷茨(Mark Embrechts)合作,对混沌分析方法中的理论性和实证性的问题进行了较为系统和全面的简述,从而把汇率决定的混沌分析方法提升到了一个较高的研究水平①。

据实证检验,汇率的变动和股价的变动具有相似性,都能显示出高频的持续性特征,即在高频的汇率时间序列的变动中都存在显著的非线性时间依赖关系(Hsein,1989)。一般而言,大量的市场经济主体不一定都必须考虑所有的相关信息来预测汇率变动趋势。混沌理论假定市场具有两类经济主体,即"技术分析者"(Technology Approach)和"基础分析者"

---

① 崔孟修:《现代西方汇率决定理论研究》,中国金融出版社 2002 年版,第 118 页。

（Fundamental Approach），他们的相对重要性由当时的市场条件来决定。"技术分析者"是基于短期变动的平均水平对长期变动水平的关系，着重于即期汇率和远期汇率在内的一系列历史数据，并对汇率变量过去观察值进行回归，或是根据汇率由过去到现在的波动情况，在图表上有条理地记录下来，借助各种图形和曲线来预测汇率发展趋势。"基础分析者"是基于客观因素，基于基本经济变量，用数理经济学方法对影响外汇供求的因素进行分析，从而判定未来汇率的发展趋势，这些经济变量可根据选择数理经济学方法的不同而不同，通常包括：消费、投资、储蓄、贸易、货币、供给、价格水平、国际收支、国民生产总值、通胀率、利率和生产率等，甚至还可以包括民意调查、股票价格和政治局势等。

保罗·德格劳威（Paul De Grauwe）等建立的汇率决定的混沌模型的基本思想就是假定经济代理人是异质的"技术分析者"和"基础分析者"，他们使用不同的有限的信息集合，相互影响，相互作用，并在汇率的形成过程中引入充分的非线性，从而使得外汇市场上的汇率混沌运动成为可能。也就是说，"基础分析者"根据他们获得的基本经济变量信息计算出汇率均衡值，如果外汇市场的实际汇率超过了他们计算的均衡值，"基础分析者"将预期汇率在不远的将来要返回这一均衡值，即"基础分析者"对汇率的波动施加了一个负反馈，促使汇率在波动中趋于稳定，并收敛于均衡值。而"技术分析者"则使用他们获得的历史数据，采用定性、定量或图表的方法，利用这些汇率来预期未来汇率的形式，并将外汇市场汇率的过去移动作为市场敏感性指标，以此来预期未来的汇率，即"技术分析者"对汇率的波动施加了一个正反馈，从而加剧了汇率对均衡值的偏离。因而，"技术分析者"和"基础分析者"因为拥有不同的信息及对信息处理的不同方式而构成了汇率的非均衡波动的源泉。

虽然模型的结构是确定的，但汇率的变动却似乎是随机的，扩展的汇率决定的混沌货币模型也没有完全依赖于外生变量的变动来描述汇率的复杂运动。本章拟在保罗·德格劳威（Paul De Grauwe）等构建的理论基础上渐次扩展并建立适应人民币非均衡汇率决定的混沌货币模型的一般形式。

一、简单的汇率混沌模型

在理性预期的汇率模型中,是假定市场经济主体能够合理地处理信息。而在有限理性预期的混沌模型中,是假定市场经济主体的信息是有限的,"技术分析者"和"基础分析者"所掌握的信息是不同的。实证研究表明,混沌的汇率模型既能够模拟一些重要的事实,比如远期外汇汇率水平的偏差,又能够通过考虑汇率的过去变化来预测短期汇率,同时基于基础因素分析预测汇率的困难与困境。因此,实证研究所指出的正是理性预期模型所缺乏的。

简单的汇率混沌模型是从一个汇率决定的基本方程开始:

$$S_t = X_t E_t (S_{t+1})^b \tag{3.8.1}$$

式中: S_t 代表 t 时期的汇率(以本币所表示的单位外币的价格即直接标价法); X_t 代表 t 时期推动汇率的外生基本经济变量; $E_t(S_{t+1})$ 代表 t 时期市场上具有的关于 $t+1$ 时期汇率的预期; b 是投机者用来贴现未来汇率的贴现因子($0 < b < 1$)。

该模型假定市场有两类投机者:一类被称为"技术分析者"(或者叫噪声交易者、泡沫制造者或图表分析者),用 $E_{ct}(S_{t+1})$ 表示;另一类被称为"基础分析者"(或叫基本因素分析者或市场回归交易者),用 $E_{ft}(S_{t+1})$ 表示。两类投机者都被假定仅利用部分有限信息来预测未来的汇率变化。"技术分析者"是利用过去的汇率信息找出用于外推出将来汇率变化的方法,而不利用体现在汇率决定模型中的信息,他们在市场上高买低卖,是市场泡沫的制造者。"基础分析者"是依据该汇率决定模型算出均衡汇率水平,并且认为市场汇率将向均衡汇率移动,他们分析决定市场均衡汇率的因素,是市场回归的交易者。当市场汇率超过均衡汇率时,"基础分析者"预期未来的市场汇率将下降;反之,则相反。即当市场汇率偏离均衡汇率时,预期市场汇率将回归均衡汇率。根据这种假定,(3.8.1)式中关于未来汇率变化的预期被看做是由"技术分析者"的预期和"基础分析者"的预期组成:一是技术分析的因素导致的汇率变动。"技术分析者"的行为导致市场汇率偏离均衡汇率水平,这是市场不稳定

的因素。二是基础分析的因素导致的汇率变动。"基础分析者"的行为使得市场汇率回归到均衡汇率水平,这是市场稳定的因素。因此

$$E_t(S_{t+1})/S_{t-1} = [E_{ct}(S_{t+1})/S_{t-1}]^{m_t} [E_{f\,t}(S_{t+1})/S_{t-1}]^{1-m_t} \quad (3.8.2)$$

(3.8.2)式中,S_{t-1} 代表 $t-1$ 时期的汇率;m_t 是 t 时期赋予"技术分析者"的权重;$1-m_t$ 是 t 时期赋予"基础分析者"的权重。值得注意的是,"技术分析者"和"基础分析者"在作出买卖决策时是基于他们对 $t+1$ 时期的预测,而该预测是利用 $t-1$ 时期的信息集合作出的,这就是(3.8.2)式中为什么出现 S_{t-1} 的原因。至于 S_t,是作为"技术分析者"和"基础分析者"在市场上建立了头寸后的模型解,在"技术分析者"和"基础分析者"作出决策的那一刻是不能被观察到的。

假定"技术分析者"所使用的预测规则是:

$$E_{ct}(S_{t+1})/S_{t-1} = f(S_{t-1}, S_{t-2}, \cdots, S_{t-N}) \quad (3.8.3)$$

(3.8.3)式是"技术分析者"所用的各种模型的一般表达形式。

假定"基础分析者"利用(3.8.1)式[即 $S_t = X_t E_t(S_{t+1})^b$]并假定稳定态时 $E_{f\,t}(S_{t+1}) = S_t = S_{t-1}$,计算稳定态均衡汇率 S_t^* 的方程式是:

$$S_t^* = (X_t)^{1/(1-b)} \quad (3.8.4)$$

(3.8.4)式中,S_t^* 是由外生基本经济变量 X_t 决定的均衡汇率,它在 t 时期处于支配地位,并且在未来同样处于支配地位。"基础分析者"预期在下一个时期内市场汇率将以速度 α 回归到均衡汇率水平 S^*,则:

$$E_{ft}(S_{t+1})/S_{t-1} = (S_t^*/S_{t-1})^\alpha \quad (3.8.5)$$

(3.8.5)式中,α 是测度"基础分析者"预期市场汇率回归其均衡汇率的速度参数。为简便,令 $X_t = 1$。在这里,"基础分析者"不是理性预期者,理性预期要求"基础分析者"不仅要考虑体现在汇率决定模型方程(3.8.1)式中的信息,而且还要考虑"技术分析者"的行为和这一行为对汇率所产生的影响。

另外在(3.8.2)式中,权重 m_t 是基于假定"基础分析者"有异质的预期。在 t 时期,假定有 N 个"基础分析者"在对汇率均衡值作出不同的估计,并且假定这些估计值围绕真正的均衡值 S_t^*。同时,假若市场汇率等于真正的均衡汇率 S_t^*,那么一半的"基础分析者"将会发现,与他们所估

计的均衡汇率相比,该市场汇率太低。而另一半将会发现其均衡汇率太高。假定这些"基础分析者"具有相同的风险厌恶程度和相同的财富,并且其预期是异质性的,其估计值也服从正态分布,那么,前一半人购买外汇的数量将等于另一半人卖出的数量。

当市场汇率等于均衡汇率时,"基础分析者"并不影响市场,就像他们在市场上缺席一样,这时市场预期主要由"技术分析者"的信念所支配。

当市场汇率偏离均衡汇率时,"基础分析者"将变得非常重要,市场汇率相对于均衡汇率将上升。

当市场汇率下降时,相信市场汇率与"基础分析者"自己所估计的均衡汇率相比太低的"基础分析者"的数量增加,致使"基础分析者"的预期在市场上变得更加重要,从而"基础分析者"在市场预期中所占的权重趋于增加。

因此,可以得出结论:在一个对汇率的真正的均衡值不能确定的世界中,当市场汇率偏离其均衡汇率时,"基础分析者"在总的市场预期中所占的权重将增加。

研究表明,m_t 与 $t-1$ 时期市场汇率与均衡汇率的偏离程度之间呈现负相关关系。由此假定 t 时期赋予"技术分析者"权重函数 m_t 被规定如下:

$$m_t = 1/[1 + \beta (S_{t-1} - S_{t-1}^*)^2] \ (且 \beta > 0) \tag{3.8.6}$$

从(3.8.6)式中可以看出,当市场汇率等于均衡汇率时,"技术分析者"的权重达到其最大值1。这时,市场上仿佛没有"基础分析者"。当市场汇率偏离均衡汇率时,"技术分析者"的权重开始下降,随着这种偏离的加剧,其权重趋向于零,这时市场预期主要由"基础分析者"支配。

参数 β 决定"技术分析者"的权重下降程度,同时还能测度"基础分析者"对均衡汇率估计的准确程度。当 β 越高时,意味着"基础分析者"对均衡汇率估计的准确度越高,即他们的估计很少有偏差;结果导致一个相对小的市场汇率对均衡汇率的偏离将会引起"基础分析者"在市场上的强大影响力,即较小的汇率偏离将导致较强的市场预期。当 β 降低时,则相反。

将(3.8.3)式、(3.8.5)式代入(3.8.2)式,并把(3.8.2)式代入(3.8.1)式中,重新整理后得简单的汇率混沌决定模型:

$$S_t = \left[S_{t-1} f(S_{t-1}, S_{t-2}, \cdots, S_{t-N})^{m_t} (S_{t-1}^*/S_{t-1})^{\alpha(1-m_t)} \right]^b \qquad (3.8.7)$$

$$m_t = 1/\left[1 + \beta (S_{t-1} - S_{t-1}^*)^2 \right] \qquad (3.8.8)$$

这两个非线性基本方程系统可用作考察汇率波动的混沌现象。由于非线性,上述差分方程必须采用模拟方法求解,其问题是有不同可能的参数组合,因而必须限制参数的范围。保罗·德格劳威(Paul De Grauwe)等通过把"技术分析者"的汇率模型[1]融入到(3.8.7)式和(3.8.8)式中(即汇率决定的混沌模型中)进行模拟。"技术分析者"采用的是基于移动平均(The Moving Average Model)汇率模型。

移动平均模型的基本含义是,当短期的移动平均线从下方穿过长期平均线时,则预期将来汇率上升。反之则相反。其模型是:

$$E_{ct}(S_{t+1})/S_{t-1} = \left[(S_{t-1})_{短} / (S_{t-1})_{长} \right]^{2\gamma} \qquad (3.8.9)$$

(3.8.9)式中,$(S_{t-1})_长$表示汇率的长期移动平均,$(S_{t-1})_短$表示汇率的短期移动平均。当短期移动平均超过长期移动平均时,"技术分析者"预期汇率将上升,γ表示"技术分析者"用过去推断将来的因子。在保罗·德格劳威(Paul De Grauwe)等的分析中,采用了非常简单的移动平均,假定短期移动平均是一期的移动平均:

$$(S_{t-1})_短 = S_{t-1}/S_{t-2} \qquad (3.8.10)$$

又假定两期的移动平均代表长期:

$$(S_{t-1})_长 = (S_{t-1}/S_{t-2})^{0.5} (S_{t-2}/S_{t-3})^{0.5} \qquad (3.8.11)$$

当然也可以采用更加复杂的移动平均模型,但采用简单移动平均模型的处理不会影响最后结论。

将(3.8.10)式、(3.8.11)式代入(3.8.9)式并代换整理得:

$$E'_{ct}(S_{t+1})/S_{t-1} = (S_{t-1}/S_{t-2})^{\gamma} (S_{t-3}/S_{t-2})^{\gamma} \qquad (3.8.12)$$

---

① 雍志强:《当代金融市场的混沌理论与非线性分析——论全球金融经济时代的汇率波动与资本流动》,2001年。

与(3.8.3)式相比较,(3.8.12)式是个特例。为检测简单的汇率混沌模型是否产生混沌行为,保罗·德格劳威(Paul De Grauwe)等采用了"技术分析者"的移动平均模型,并以之考察汇率变化。他们选取的是"技术分析者"所用的一个常见的移动平均模型。即:

$$E_{ct}(S_{t+1})/S_{t-1} = (S_{t-1}/S_{t-2})^{\gamma}(S_{t-3}/S_{t-2})^{\gamma} \qquad (3.8.13)$$

(3.8.13)式中,γ 是表示过去推动将来的参数。用(3.8.13)式代替 $f(S_{t-1},S_{t-2},\cdots,S_{t-N})$ 并代入(3.8.7)式和(3.8.8)式得:

$$S_t = (S_{t-1})^{\varphi_1}(S_{t-2})^{\varphi_2}(S_{t-3})^{\varphi_3} \qquad (3.8.14)$$

$$m_t = 1/[1+\beta(S_{t-1}-1)^2] \qquad (3.8.15)$$

$$\varphi_1 = b[1+\gamma m_t - \alpha(1-m_t)]$$

$$\varphi_2 = -2b\gamma m_t$$

$$\varphi_3 = b\gamma m_t$$

简单的汇率混沌模型因假定 $X_t = 1$,所以 $S_t^* = S_{t-1}^* = 1$。由于(3.8.14)式和(3.8.15)式是非均衡、非线性的高价差分方程体系,不能用分析法求解,但系统的变动可以用不同的参数进行模拟。保罗·德格劳威(Paul De Grauwe)等通过同样的汇率模型和不同的参数值分析了汇率混沌的一些更为复杂的特征。他们首先用两期的移动平均(前面是一期的移动平均)得到汇率的解:

$$S_t = (S_{t-1})^{3m_t b+(1-\alpha)(1-m_t)b}(S_{t-2})^{-2bm_t}$$

$$m_t = 1/[1+\beta(S_{t-1}-1)^2]$$

模型允许参数 α 超过1,即意味着"基础分析者"预期汇率超调。即只要在一定的参数范围内,简单的汇率混沌模型能够模拟汇率变动的一些混沌特征,同时保罗·德格劳威(Paul De Grauwe)等也强调了技术分析方法在汇率决定中的重要性。

二、汇率决定的混沌货币模型

在简单的汇率混沌模型分析中,保罗·德格劳威(Paul De Grauwe)等没有考虑汇率的反馈效应(假定汇率变动不影响国内价格水平),其缺点也是明显的,模型没有详细说明决定汇率的基本经济变量的结构,只是

简单地用综合变量 X_t 概括这一结构并把它当做外生的,从而割断了汇率与基本经济变量之间存在的相互联系。在汇率决定的混沌货币模型中,他们保留了简单的汇率混沌模型关于异质经济代理人预期的假定,考虑了汇率与国内价格水平之间的相互作用和相互影响。与简单的汇率混沌模型不同的是,汇率决定的混沌货币模型对基本经济变量 X_t 添加了一些结构,增加了汇率变动的复杂性。其方法就是借用汇率决定的结构模型。汇率决定的结构模型通常包括:浮动价格货币模型、黏性价格货币模型和资产组合平衡模型。保罗·德格劳威(Paul De Grauwe)等在添加结构时使用了黏性价格货币模型,这个模型由货币市场均衡、无抛补的利率平价条件、商品市场均衡和只在长期内才成立的绝对购买力平价条件组成。

货币市场均衡: $M_{dt} = Y_t^a P_t (1 + r_t)^{-c}$ (3.8.16)

开放的利率平价: $E_t(S_{t+1})/S_t = (1 + r_t)/(1 + r_{ft})$ (3.8.17)

商品市场均衡: $P_t/P_{t-1} = \left(\dfrac{S_t P_{ft}}{P_t}\right)^k, k > 0$ (3.8.18)

长期购买力平价: $S_t^* = P_t^*/P_{ft}^*$ (3.8.19)

式中, M_{st} 、 M_{dt} 和 Y_t 分别代表 t 时期本国的货币供给、货币需求和总产出; P_t 和 P_{ft} 分别代表 t 时期的国内、国外的价格水平; r_t 和 r_{ft} 分别代表 t 时期的国内、国外利率水平; S_t 代表 t 时期的汇率(以本币表示的单位外币的价格); $E_t(S_{t+1})$ 代表 t 时期对 $t+1$ 时期汇率的预期;带星号 $*$ 代表均衡状态,其中 S_t^* 代表 t 时期的均衡汇率;常数 a 和 c 分别代表货币需求的收入弹性和利率弹性; $k > 0$ 用于测度商品市场价格调整速度,它依赖于时间单位的选择(如用星期作单位,与月作单位比较, k 值较小),当国内货币实际贬值时,对国内产品的需求上升,价格水平上升。

由方程式(3.8.16)、(3.8.17)、(3.8.18)和(3.8.19)组成的货币模型描述了该经济的基本结构。扩展的汇率混沌货币模型假定经济处于充分就业状态, M_{st} 和 Y_t 都为外生变量。若假定 $r_{ft} = 0$, $P_{ft} = 1$,则该结构模型能够按如下步骤求解,把方程式(3.8.18)得到的 P_t 代入(3.8.16)式,求出国内利率 r_t,把 r_t 代入(3.8.17)式,从而得到汇率决定的货币模型的表达式:

$$S_t = Z_t^{\psi} E_t (S_{t+1})^{\varphi} \tag{3.8.20}$$

式中，$Z_t = M_{st} Y_t^{-a} P_{t-1}^{-\xi}$

其中：$\xi = \dfrac{1}{1+k}$，$\varphi = \dfrac{(1+k)c}{k+(1+k)c}$，$\psi = (1/c)\varphi$

可以看出，(3.8.19) 式与 (3.8.1) 式具有相似的结构，不同点在于它是一个结构模型，(3.8.19) 式中详细说明了变量 Z_t 的构成。另外，φ 表示模型 [(3.8.19) 式] 的结构参数，它相当于简单模型中的贴现因子 b。这就意味着贴现因子 φ 本身是由基本的经济结构决定的，且与参数 b 一样，其取值范围是：$0 < \varphi < 1$。

如同简单的汇率混沌模型一样，预期的形成由两部分组成，一是"技术分析者"的预测；一是"基础分析者"的预测。其方程如下：

$$E_t(S_{t+1})/S_{t-1} = [E_{ct}(S_{t+1})/S_{t-1}]^{m_t} [E_{ft}(S_{t+1})/S_{t-1}]^{1-m_t} \tag{3.8.21}$$

并且 $E_{ct}(S_{t+1})/S_{t-1} = f(S_{t-1}, S_{t-2}, \cdots, S_{t-N}) = (S_{t-1}/S_{t-2})^{\gamma} (S_{t-3}/S_{t-2})^{\gamma}$

$$\tag{3.8.22}$$

$$m_t = 1/[1 + \beta(S_{t-1} - S_{t-1}^*)^2] \tag{3.8.23}$$

"技术分析者"利用移动平均法预测将来的汇率，即：

$$E_{ct}(S_{t+1})/S_{t-1} = f(S_{t-1}, S_{t-2}, \cdots, S_{t-N}) \tag{3.8.24}$$

"基础分析者"预测汇率以速度 α 回到基本因素决定的均衡汇率水平，假定它等于商品市场的调整速度 k，则：

$$E_{ft}(S_{t+1})/S_{t-1} = (S_{t-1}^*/S_{t-1})^{\alpha} \tag{3.8.25}$$

假定 $m_t = 1/[1 + \beta(S_{t-1} - S_{t-1}^*)^2]$ 是"技术分析者"所占的权重，且 $\beta > 0$。值得注意的是，与简单的汇率混沌模型所不同的在于现在基础分析者求解均衡汇率时所使用的方程是 (3.8.20) 式，且在均衡时绝对购买力平价成立。同时，与前面不一样的是，这里没有假定 $S_{t-1}^* = 1$。把 (3.8.22) 式、(3.8.25) 式和 (3.8.23) 式代入 (3.8.21) 式后，再代入 (3.8.20) 式，得到下面的汇率表达式：

$$S_t = Z_t^{\psi} S_{t-1}^{\varphi_1} S_{t-2}^{\varphi_2} S_{t-3}^{\varphi_3} S_{t-1}^{*\varphi_4} \tag{3.8.26}$$

式中：$\varphi = \dfrac{(1+k)c}{k+(1+k)c}$

$\psi = (1/c)\varphi$

$Z_t = M_{st} Y_t^{-a} P_{t-1}^{-\xi}$

其中：$\xi = 1/(1+k)$

$\varphi_1 = \varphi[1 + \gamma m_t - \alpha(1 - m_t)]$

$\varphi_2 = -2\varphi\gamma m_t$

$\varphi_3 = \varphi\gamma m_t$

$\varphi_4 = \varphi\alpha(1 - m_t)$

以上是扩展的汇率决定的混沌货币模型。模型能否获得混沌，则取决于"技术分析者"的外推参数 γ 和"基础分析者"预期汇率回归均衡值的速度参数 α。当 γ 越大或 α 越小时，则模型获得混沌解的可能性增加。这一结论不难理解且能很好地对现实加以解释，γ 越大说明投机者的投机心理愈强，而 α 越小则说明作为市场稳定力量的"基础分析者"对外汇市场的影响愈弱，这两种情况均会使得汇率呈现更大幅度的波动，从而导致汇率呈现混沌状态的可能性增加[①]。

这个模型与简单的汇率混沌模型相比在结构上更加复杂。假定模型的初始值为：$\beta = 1000$，$\alpha = 0.2$，$S_{t-1} = 1.02$，$S_{t-2} = 0.99$，$S_{t-3} = 1.0$，$M_{fst} = 1.0$，$Y_t = 1.0$，$Y_{ft} = 1.0$，$\gamma_{ft} = 0$，$P_{ft} = 1.0$，变动三个参数，即"技术分析者"的推断参数 γ，"基础分析者"的回归参数 α，货币需要的利率弹性 c，可以得到模型的混沌解。模拟的结果依赖于这三个参数的取值，一般而论，随着推断系数的上升，混沌出现的概率上升；回归系数下降，混沌出现的可能性上升。同样结果显示混沌解对初始条件相当敏感。

保罗·德格劳威（Paul De Grauwe）等还分别就利率弹性 $c = 0.1$，$c = 0.5$ 和 $c = 1$ 三种情况模拟了"技术分析者"的外推参数 γ 和测度"基础分析者"预期汇率回归其均衡值的速度的参数 α 的性质，他们的结论是：随

---

① 　徐旭初、汤书昆等：《加权平均法对汇率混沌模型参数的改进》，《运筹与管理》2005 年第 2 期。

着"技术分析者"外推程度的增强,获得混沌解的可能性增加;当"基础分析者"预期汇率较慢地回归到它的均衡值时(即 α 较小),获得混沌的可能性增加。这是因为"技术分析者"利用过去的历史汇率变化,把它当成市场行情的指标并且外推到将来,这等于把一个"正反馈"添加到了该模型之中,是不稳定的根源。"基础分析者"有回归预期,当汇率偏离均衡值时,他们预期它将回归到均衡值,这等于把一个"负反馈"添加到了该模型之中,是稳定的根源。因此,较大的 γ 和较小的 α 易于导致汇率的混沌。

当然,上述分析是在假定货币供给不变的情况下进行的,然而,在实践中,货币当局通常采用一种利率熨平(Interest-rate Smoothing)政策,即当利率增加时,货币当局增加国内存量,以迫使利率下降。这一关系可以用下式表示:

$$\frac{M_{st}}{M_{s,t-1}} = \left(\frac{1 + r_t}{1 + r_{t-1}}\right)^{\theta} \tag{3.8.27}$$

式中参数 θ 用于测度货币当局执行利率熨平政策的强度。保罗·德格劳威(Paul De Grauwe)等以此对利率熨平政策下的混沌货币模型进行了模拟检验。结果发现:(1)产生混沌的参数值的取值的范围扩大了,对于较低的"技术分析者"的外推参数 γ 也能产生混沌。(2)利率熨平影响汇率的易变性。参数 θ 的增加不但减少利率的易变性,而且减少汇率的短期易变性,但汇率的长期易变性——离开均衡值的长期移动——增强。(3)与前一个发现相关联,在利率熨平政策下,汇率围绕着均衡值呈现出一个相对长的周期性运动,而且围绕着这种长的周期性运动又有短期的波动。在实际汇率数据中,人们已经观察到了汇率运动的类似特征。

三、汇率混沌理论的启示

根据汇率混沌模型演进规律,可以得到以下三点启示,并为构建人民币非均衡汇率决定的混沌模型提供理论上、逻辑上和经验上的依据。

第一,简单的汇率混沌模型虽然简单,但却表明,在假定代理人是异质的情况下,汇率有可能呈现混沌运动状态,从而为人们把现代混沌理论应用于汇率的理论与实践开启了大门。如混沌系统所具有的对初始条件的敏感性特征,可用来说明现实中预测汇率的困难;混沌系统的内在随机性变动与波动,可用来阐明汇率决定的"新闻"模型的困惑,因为"新闻"模型无法解释在没有"新闻"发生时汇率的明显变动与波动。

第二,汇率决定的混沌货币模型不仅证明了汇率运动能够呈现出混沌状态,而且在利率熨平条件下,该模型所描述的汇率运动和实际汇率运动具有相同的特征。保罗·德格劳威(Paul De Grauwe)等通过实证方法对模拟汇率进行检验,同样得出了两个普遍认同的结论:一是汇率的时间序列呈现出单位根。二是远期升水是一个有偏的预测。同时利率熨平模型还能解释在目标区汇率制度下所发现的一些经验规则。如对参数 β 的认识。参数 β 是测度"基础分析者"估计真实汇率均衡值的准确程度,参数 β 越高,意味着准确度越高。一般而言,参数 β 并不影响汇率决定的混沌货币模型的本质特点,即如果模型是混沌的,无论 β 的大小如何都不会发生影响。然而,通过模拟检验发现参数 β 确实影响汇率的易变性。随着参数 β 的增加,汇率的易变性下降;反之则反是。这一特征与欧洲货币体系(EMS)内的汇率变化相一致。在 EMS 中,一个明显的经济规律就是目标区内的汇率移动与自由浮动汇率制下的汇率移动非常相似,只是移动的幅度更小一些而已。一个可信的目标区意味着"基础分析者"能够准确地估计均衡(平价)汇率,即参数 β 较大;而在自由浮动汇率制度下,由于面临的不确定性增加,参数 β 较小。因此,根据汇率决定的混沌货币模型,目标区汇率制度下汇率的波动幅度理应比浮动汇率制度下的波动幅度小。

第三,世界各国货币之间汇率的变动不定与大起大落都向人们直观地展示了汇率至少是在一定时期内处于混沌状态。因此,传统的汇率决定模型理应得到进一步发展,以便增强其对现实的解释能力。汇率混沌分析模型的建立试图为解释以上现实提供了一个基本的分析框架,同时它包含了如下的政策含义:首先,在浮动汇率制度下试图预测汇率的长期走势是十分困难的,外汇投资者应遵循谨慎的原则,以防范汇率金融风险。其次,政府监管部门应在保持稳定的汇率政策基础上,加强及时性的窗口指导和道义劝说,防止汇市泡沫的膨胀与汇市的长期低迷。最后,政府有关监管部门可以通过引导"基础分析者"的预期来影响外汇市场交易行为与汇率,从而保持汇市的稳定和健康发展。

第三章

西方汇率制度选择理论的形成和发展

汇率制度选择理论的形成和发展轨迹潜藏于固定汇率制和浮动汇率制优劣的争论之中,并伴随着国际货币制度的历史变迁和国际金融市场的发展而不断完善。在金本位制度时期,各国货币汇率以黄金输送点为界限,并围绕着货币的黄金平价上下波动,其稳定性相对较好,人们也没有对金本位制度提出异议。但随着金本位制度的崩溃和纸币的流行,汇率制度逐步引起人们的高度重视。经济学家开始从研究汇率的决定和变动转向了对固定和浮动两种汇率制度本身利弊的分析,并从简单比较两类制度的优劣发展到结合一国的经济结构特征、金融市场特征甚至政治特点等来研究汇率制度的选择问题。虽然每个阶段所产生的有关汇率制度选择理论都对当时汇率制度选择的实践起到了一定的指导作用,但是,其结论对于汇率制度的选择并不具有一般性的指导作用,汇率制度选择理论是在随着世界经济的发展而不断地补充和完善。

第一节　西方汇率制度的形成和发展

汇率制度是国际货币制度的核心内容,汇率制度安排不仅要受到国际经济的影响和制约,而且还要受到国际货币制度的影响和制约。可以说,有什么样的国际货币制度,就会有什么样的汇率制度;而不同的国际货币制度,也可以有不同的汇率制度安排。国际货币制度的形成和发展同样意味着汇率制度的形成和发展。一百多年来,国际货币制度经历了多种形态的嬗变和演进,而汇率制度也经历了多种形态的变迁和变化。

一、金本位制货币体系下的汇率制度

所谓金本位制是以黄金为本位的一种货币制度,而本位货币则是指作为一国货币制度基础的货币。在世界范围内普遍采用金本位制始于1880 年,在此之前的货币制度是金银复本位制,即金、银都可以作为本位货币。大约在 17—18 世纪,英国就实行了金银复本位制。金银复本位制的特征是:(1)各国用黄金或白银规定了其货币所代表的价值,每一货币单位都有法定的含金或含银量;(2)国内流通的金币或银币可以用等值的金银交由铸币厂自由铸造;(3)金币或银币具有无限清偿权利,可以在国际间自由输出输入;(4)官方随时准备按照本国金币或银币固有的价格进行金银买卖。这样,在金银复本位制下,货币供求具有自动调节机制,因而货币之间的汇率具有内生的稳定性。后来由于白银产量大幅增加,银价暴跌,金银比价不稳定,从而长期发生"格雷欣法则"所说的"劣币驱逐良币"现象,即在流通过程中,流通价值低的货币将流通价值高的货币从流通领域中驱逐出去,从而导致货币流通量的不足和货币制度的极度混乱,使得各国货币的价值缺乏统一的评判标准,不同货币之间的折算变得相当复杂。为了简化汇率的折算、促进贸易的发展,1816 年,英国政府颁布铸币条例,发行金币,使银币处于辅助地位,并规定金币的黄金含量,规定纸币与金币挂钩,允许黄金同纸币自由兑换,允许黄金自由输出输入。从此,英国正式实行真正的金铸币本位制。

18 世纪上半叶,欧洲各国普遍实行金银复本位制。1865 年成立的拉丁货币联盟的国家——法国、比利时、瑞士和意大利等国于 1874 年开始限制银币的自由铸造,并于 1878 年完全禁止银币的自由铸造,银币虽说还是无限清偿货币,但已经不是十足的本位货币,于是复本位制就转变为"跛行的金本位制"。荷兰等国采取了类似的行动。德国在 1871 年击败了法国,从而积累了大量黄金储备,宣布废除金银复本位制,实行金本位制,丹麦、瑞典、挪威等国于 1873 年也相继实行金本位制。美国在 1873年颁布法律停止银币的自由铸造,实际上也开始了金本位制,只是由于国内发生长期的争论,直到 1900 年通过《美国金本位制法案》,才正式实行金本位制。在英国的示范下,世界主要国家在 19 世纪末或 20 世纪初都相继进入金本位制。实际上,金本位国际货币制度的产生是各国金本位货币制度扩散的自然结果,而不是在国际间共同协商基础上建立的。

1. 金本位制货币体系下的汇率制度安排

(1)金平价的确立。在金本位制下,货币由一定重量和成色的黄金铸造,货币所包含黄金的重量和成色就成为含金量。尽管各国在货币成色、重量等方面都有不同的规定,但由于均以黄金作为统一的币材标准和统一的价值标准,因而在国际结算和国际汇兑中都可以按照各自的含金量加以对比,从而确定货币间的比价。这种不同国家货币的含金量之比就被称为金平价或铸币平价。各国政府都颁布法律,明文规定本国货币的含金量,从而赋予黄金"价值的最后标准"的法律地位。各国货币之间的兑换,可以非常容易地由各自的含金量计算出来。也就是说,金本位制下的汇率主要是由铸币平价决定的。

(2)汇率波动界限。金本位制下汇率基础由铸币平价决定,然而,外汇市场上的实际汇率常常偏离铸币平价。当某种货币供大于求时,其对外价格会下浮,实际汇率低于铸币平价;当某种货币供不应求时,其对外价格会上浮,实际汇率高于铸币平价。但实际汇率波动与铸币平价的偏离不是漫无边际的,而是以黄金输送点为波动的界限。黄金输送点是促进黄金进入国际结算的汇率波动的界限,其数量等于铸币平价加减运输黄金的费用(运费、保险费等)。黄金输送点的存在,是由金本位制下黄金可以自由熔化、自由铸造和自由输出入的特点决定的。黄金输送点的存在,使得金本位制下汇率的波动被限制在较小的范围内,最高不超过黄金输出点,最低不低于黄金输入点,金本位制是一种典型的固定汇率制。一国严格遵守金本位制是这种固定汇率制存在的充分必要条件,因此金本位制下的汇率制度也被称为国家汇率制度。

(3)国际金本位制的特征。一般把 1880 年作为国际货币制度的分水岭,即 1880 年以前为国际金银复本位制时期,而 1880—1914 年为国际金本位制时期。国际金本位制度的特征是:

①黄金作为最终支付手段,充当国际货币。所有参加国的货币均以

一定数量的黄金定值,所有的货币当局随时可用本国货币固定的价格买卖黄金。金币不仅可以自由铸造,金币的面值保持一致,金币的数量在市场自由调节下可以满足流通中的需要;而且金币还可以自由兑换,这就保障了各种价值符号稳定地代表一定数量的黄金流通,避免发生通货膨胀。黄金可以自由输出入,保证了不同货币之间汇率的稳定。

②典型的固定汇率制度。在国际金本位制盛行的三十多年的"黄金时代"中,英、法、德、美等主要资本主义国家的汇率非常稳定,基本没有发生过波动,以黄金为基础的国际金本位制是一种比较稳定的货币制度。

③松散的国际货币体系。国际金本位制的实施没有依靠各国共同签订什么国际协定,而是依靠各国自行制定的货币法规。既没有一个国际性货币组织来维持和监督国际货币制度的运行,也没有一个协议来约束各国货币当局的行为,国际金本位制总体上是处于一种松散的、无组织的状态。

从汇率机制上看,金本位国际货币制度安排具有自动稳定汇率的功能。在金本位制下,各国货币都规定有含金量,各国货币的兑换率是按照单位货币所含的纯金量来计算,这种兑换率叫做法定平价。受外汇供求关系的影响,外汇市场的实际汇率往往围绕法定平价上下波动,其波动范围是法定平价加减黄金输送费用。其基本机制是:如果在同一时间,黄金在不同国家有不同价格,则存在输送黄金套利的机会,套利商就会购买外汇并兑换成黄金输送到另一国出售以获利,只要黄金在不同国家的价格差异大于黄金输送的成本,套利者就有获得无风险利润的空间,套利者的存在最终限制了汇率波动的范围。在第一次世界大战前,英美两国间输送黄金的总费用约为其黄金价值的 0.6% ,汇率波动的幅度很小,基本上保持固定状态。

从国际收支调节机制上看,英国经济学家休谟(D. Hume,1792)最早提出了金本位制下国际收支的"物价与金币流动"的调节机制:①国际收支的不平衡引起汇率波动,当汇率波动范围超过黄金输送点时,就会引起黄金的流动;②黄金的流动导致一国银行体系准备金的变化,即黄金输入国银行体系准备金增加,黄金输出国银行体系准备金减少;③银行体系准备金的变化导致银行货币发行数量的变化;④货币体系发行数量的变化导致物价和收入的变动,这最终会纠正国际收支的不平衡。而"物价与金币流动"调节机制的存在要依靠以下几个前提条件:①银行体系没有过剩的黄金储备;②黄金的减少必然会导致信用减缩;③生产和贸易对价格要有敏感的反应;④黄金流动与国际收支的平衡必然紧密相连,金融当局对黄金流动的干预将会破坏这种机制的自动调节。

2. 金本位制的崩溃

随着世界经济的增长,西方主要的工业大国之间的发展越来越不平衡,破坏国际金本位制的因素日渐增长。到 1913 年年末,英、美、德、法、俄五个国家占有世界黄金存量的三分之二。绝大多数的黄金由少数国家占有,这削弱了其他国家执行金本位制的物质基础。对多数国家而言,国际收支差额即使绝对数量并没有扩大,但是调节国际收支所需的黄金在本国黄金储备总量减少的情况下,其相对比例也会大大提高。如果继续维持金本位制,那么,本国所支付的成本会因货币动荡和经济动荡而远远超过以前的费用。事实上,这些国家并没有努力去维持本币含金量的稳定性,而是常常降低货币的含金量。然而,为了备战,因而引发欧洲各主要工业国家的政府支出急剧增加,银行券和纸币的发行量迅速增长,进而造成纸币与黄金之间的兑换变得日益困难。同时,一些国家为了防止敌国获得黄金储备和缓解国内的矛盾,政府因而开始极力干预外汇市场,限制黄金的自由兑换和自由流动,从而致使国际收支逆差增大和国内失业增加,致使维持国际金本位制的诸多必要条件遭到严重的破坏。

在 1918—1925 年的两次世界大战之间,各国实行的是自由浮动汇率制度。1914 年,第一次世界大战爆发,各参战国均实行黄金禁运,宣布纸币停止兑换黄金,国际金本位制即暂时中止,而金本位的国际货币制度尚未最终崩溃。各参战国为了融通战争经费,发行了大量不能兑换的纸币,这些纸币在战后大幅贬值,造成了严重的通货膨胀。同时,由于第一次世界大战造成的巨额军费开支和财政赤字,迫使战后各国相继放弃了金本位制,停止纸币与黄金兑换,禁止黄金输出或输入,实行自由浮动的汇率制度,致使汇率脱离黄金平价,各国之间汇率处于剧烈的波动状态,其进出口成本无法核定,对国际贸易和国际收支产生了严重危害。

1918—1925 年,主要工业国货币之间的汇率是自由浮动的,特别是英镑和美元之间的汇率大体上是随着市场力量自行波动,政府基本上没有干预,如表 4 - 1 - 1 所示。由表 4 - 1 - 1 可知,这段时期内英镑汇率具有较大的浮动性,而其他国家货币之间的汇率也具有较大的浮动性,并且各国中央银行都没有意图通过干预外汇市场来稳定汇率,而是采取仁慈的忽视(benign neglect)态度。这个时期内浮动汇率只被人们认为是为恢复第一次世界大战前金本位制而做的准备阶段,它缺乏一个完整的国际货币制度载体。所以,在战后国际政局稍微稳定的情况下,各国先后着手恢复金本位制。

表 4 - 1 - 1　英镑对美元汇率　(单位:1 英镑合美元数)

时间	第一次世界大战前	1919 年年中	1920 年年初	1922 年年初	1925 年年初
汇率	4.86	3.40	3.18	4.20	4.78

1925—1931 年为国际金汇兑本位制下的固定汇率制,由于浮动汇率制下大幅的汇率波动直接影响到各国之间正常的经贸往来和投资,因而战后各国政府和工商企业界都希望恢复到战前的金本位固定汇率制,以保证有一个稳定的汇率预期。但是,第一次世界大战结束后,世界黄金供给不足和分配不均的问题依然存在,因而恢复到传统的金本位固定汇率制显然不可能。其结果是:第一次世界大战刚刚结束,西方主要的工业国家在意大利的热那亚举行了关于重建国际货币制度的会议,重新确立了以黄金为基础而又能节约黄金使用的国际货币制度,即金汇兑本位制。金汇兑本位制是一种试图通过金本位制来保持本国货币与黄金间接联系的国际货币制度。其主要内容是:①黄金仍然是各国的本位货币,但不能在市场上流通。流通的货币主要是纸币和银行券。这些信用货币虽然规定了含金量,但仍不能和黄金自由兑换。②各国的货币和黄金挂钩,或者通过某种与黄金直接挂钩货币的联系与黄金间接挂钩,从而最终与黄金直接或间接地保持固定的比例。经过多年的努力,美国于 1919 年恢复了

金本位制,英国于 1925 年恢复了金本位制。截止到 1928 年,第一次世界大战前实行的金本位制的国家基本上都恢复了金本位制,黄金在各国之间又重新自由流通。与国际金银复本位和金本位制度下内生的固定汇率制相比,虽然金汇兑本位的国际货币制度节约了黄金,但黄金不能自由兑换、自由输出和输入,因而使得这种固定汇率制度缺乏内生的稳定基础,也严重地弱化了金本位国际货币制度的基础。所以,此时的金汇兑本位制是一种残缺的金本位制,被称为"跛行"金本位制(即丧失与黄金的自由兑换性的金本位制和金汇兑本位制)。从汇率稳定的角度看,由于一国货币与黄金的兑换受到限制,因此金本位制下的汇率自动稳定机制也受到严重削弱;从国际收支调节角度看,由于弱化了黄金对货币的发行限制以及黄金对货币的自由兑换,因此导致了金本位制下的国际收支调节机制失灵。1929 年史无前例的世界经济危机和 1931 年的金融危机,给本来就脆弱的金本位制以致命的打击,最后终于导致金本位制的彻底崩溃。

1931—1939 年为货币集团间浮动汇率制。由于 1923—1933 年世界经济大危机导致国际金汇兑本位制的崩溃,许多国家货币汇率又重新开始自由浮动。而另外一些国家则选择钉住有关的基准货币。这样,在竞争性货币贬值的浪潮中,于是就形成了以英镑、美元和法国法郎为中心的相互对立的货币集团。虽然汇率已经浮动,但各国却随时准备干预外汇市场,因而致使货币贬值时常发生。研究表明,1931—1939 年国际货币制度是动荡不安的,甚至可以说不存在一个国际货币制度。在这种背景下,各国外汇管制体制普遍存在外汇管制,货币不能自由兑换,利率受到国家干预和限制,汇率尽管能自由浮动,但由于普遍存在的外汇管制,因而并非实现了汇率完全市场化,只不过是金汇兑本位制度崩溃后汇率波动压力释放的产物。所以,与 1918—1925 年间的自由浮动汇率制相比,这一时期的浮动汇率制被称为货币集团间浮动汇率制。

二、布雷顿森林货币体系下的汇率制度

英国在 1931 年、美国在 1933 年放弃金本位制后,国际金本位制基本

金本位制,英国于 1925 年恢复了金本位制。截止到 1928 年,第一次世界大战前实行的金本位制的国家基本上都恢复了金本位制,黄金在各国之间又重新自由流通。与国际金银复本位和金本位制度下内生的固定汇率制相比,虽然金汇兑本位的国际货币制度节约了黄金,但黄金不能自由兑换、自由输出和输入,因而使得这种固定汇率制度缺乏内生的稳定基础,也严重地弱化了金本位国际货币制度的基础。所以,此时的金汇兑本位制是一种残缺的金本位制,被称为"跛行"金本位制(即丧失与黄金的自由兑换性的金本位制和金汇兑本位制)。从汇率稳定的角度看,由于一国货币与黄金的兑换受到限制,因此金本位制下的汇率自动稳定机制也受到严重削弱;从国际收支调节角度看,由于弱化了黄金对货币的发行限制以及黄金对货币的自由兑换,因此导致了金本位制下的国际收支调节机制失灵。1929 年史无前例的世界经济危机和 1931 年的金融危机,给本来就脆弱的金本位制以致命的打击,最后终于导致金本位制的彻底崩溃。

1931—1939 年为货币集团间浮动汇率制。由于 1923—1933 年世界经济大危机导致国际金汇兑本位制的崩溃,许多国家货币汇率又重新开始自由浮动。而另外一些国家则选择钉住有关的基准货币。这样,在竞争性货币贬值的浪潮中,于是就形成了以英镑、美元和法国法郎为中心的相互对立的货币集团。虽然汇率已经浮动,但各国却随时准备干预外汇市场,因而致使货币贬值时常发生。研究表明,1931—1939 年国际货币制度是动荡不安的,甚至可以说不存在一个国际货币制度。在这种背景下,各国外汇管制体制普遍存在外汇管制,货币不能自由兑换,利率受到国家干预和限制,汇率尽管能自由浮动,但由于普遍存在的外汇管制,因而并非实现了汇率完全市场化,只不过是金汇兑本位制度崩溃后汇率波动压力释放的产物。所以,与 1918—1925 年间的自由浮动汇率制相比,这一时期的浮动汇率制被称为货币集团间浮动汇率制。

二、布雷顿森林货币体系下的汇率制度

英国在 1931 年、美国在 1933 年放弃金本位制后,国际金本位制基本

崩溃,20世纪30年代国际货币体系呈现出一片混乱局面。各国纷纷加强外汇管制,实行竞争性贬值和外汇倾销,这就是当时所谓以邻为壑的货币战,大危机过去以后,英、美、法三国为了恢复国际货币秩序,于1936年9月达成了"三国货币协议"(Tripartite Agreement),力图减少汇率的波动,以维持货币关系的稳定。这个协议后因第二次世界大战的来临和爆发而很快瓦解。1929—1939年,是世界经济大萧条的十年,在这十年中,国际货币体系的基本特征就是无政府状态。当时的混乱及其对经济的冲击,为以后建立布雷顿森林货币体系提供了经验和教训。1944年7月,来自44个国家的300位代表出席了在美国新罕布什尔州布雷顿森林城召开的国际金融会议。这次会议在强国(美国)与弱国(以英国为代表的欧洲)之间达成"折中"协议,即布雷顿森林货币协议。尽管最终的制度安排更强调自由贸易的回归,但该协议主要还是反映了强国的意愿(Bet, 1993)。

在布雷顿森林货币体系建立之时,第二次世界大战已使西方主要大国的力量对比发生了巨大的变化。美国因未受到战争的影响而迅速崛起并取代英国而成为世界最强大的国家。到战争结束之时,美国的工业制成品占世界制成品的一半,对外贸易占世界贸易总额的三分之一以上;国际投资急剧增长并成为西方最大的债权国;美国持有的黄金和外汇储备约占全球的70%。而欧洲与日本却受到战争的摧毁,特别是英国,已经失去世界经济中心地位。这一历史性的变化在新的国际货币体系的制度安排上得到了充分的反映。在设计新的国际货币体系时,英美两国分别提出了各自的方案,即美国的"怀特计划"和英国的"凯恩斯计划"。而意在争取国际金融领域主导权的两个"计划"方案一经公布,就在国际社会引起了广泛的讨论,黄金储备量比较少的国家以及英联邦国家都积极支持"凯恩斯计划",在布雷顿森林会议召开之前,英美两国就方案问题经过了多次的相互磋商,在美国应允向英国提供巨额贷款的条件后,英国作出了重大的让步,即修订并重新起草"凯恩斯计划"和"怀特计划"。1944年4月,英美在相互妥协的基础上最后达成共识,正式发表了《关于建立一个国际货币基金组织的专家联合声明》,为战后的国际货币制度提供了基本的设计框架。在布雷顿森林会议上,通过了《国际货币基金组织协定》。与"凯恩斯计划"相比较,这个协定更接近于"怀特计划",同时,也表明美国凭借其经济实力和黄金储备,初步获取了战后国际金融的霸主地位。

布雷顿森林货币体系是国际货币史上第一个带有"正式约束"的国际货币制度,凯恩斯将其描述为起源优秀的"计划"产物。其本质特征根源于国际金本位制。与国际金本位制相比,布雷顿森林货币体系是以成员国签订的可兑换承诺作为基础,国内货币以固定价格自由转换为货币发行国无法直接控制的资产。在布雷顿森林货币体系下,政府承诺的公信力被认为是经济人持有国际货币的基础。当一国居民获得货币自由兑换的承诺后,会将外币作为资产的一种延伸形式。同时,当世界进入只有一种世界货币的理想状态时,作为具有"公共物品"特性的国际货币所产生的收益才会在所有成员国之间公平地分配,这就避免了单个货币供应者之间在货币供给中为获得规模经济所产生的相互欺诈行为。

布雷顿森林货币体系是承诺与强制的结合体,其所包含的责任和义务与国际金本位制基本相同。然而,不同货币间的自由兑换是创造国际"公共物品"的实质所在,以固定价格进行自由兑换的承诺是稳定国际货币信心的基础。对一国而言,允许货币自由兑换是非常困难的,因此,该蓝图并没有在第二次世界大战后得到立即实施,直到1959年世界主要货币之间可以自由兑换时方才生效。

1. 布雷顿森林货币体系下以美元为本位的汇率制度

布雷顿森林货币体系的内容是:(1)建立了一个永久性的国际金融机构,即国际货币基金组织(IMF),以促进国际间政策的协调。(2)实行以黄金—美元为基础的、可调整的固定汇率制。(3)实行国际收支调节。(4)取消对经常账户交易的外汇管制,但仍对国际资金流动进行限制。

布雷顿森林货币体系在本质上建立了以美元为中心的"双挂钩"兑换体系,即金汇兑本位制(第一次世界大战后也曾进行过类似的尝试,1922年的意大利热那亚会议建议限制维持黄金与货币汇兑的国家数量),美元取代黄金充当国际货币并发挥国际货币的作用。美元被广泛用于国际间的计价单位、支付手段和贮藏手段,由于美元使用方便,又能生息,加之币值稳定,其他成员国都愿意持有美元而非黄金作为国际储备,而且很少用美元向美国兑换黄金,黄金并没有像战前那样发挥国际货币的作用,这种情况也出乎布雷顿森林货币体系设计者的意料,因而布雷顿森林货币体系又被称为美元本位制的货币体系。在这一体系中,一是美国承诺以 35 美元/盎司的价格自由兑换黄金,这种自由兑换仅局限于中央银行,如果个人要将美元兑换为黄金,就必须到私营黄金市场兑换,那里并不保证按固定价格兑换;二是成员国承诺本币与美元以固定汇率转换,称为官方汇率(或平价汇率),它是固定不变的,除非官方汇率持续失衡。

战后恢复国际金本位制仍然非常困难,其原因在于:(1)黄金在各国间的分布不均匀,要保证其他货币兑换黄金的信用就必须要求黄金存量的重新分配;(2)现有黄金供应量不能满足世界经济日益增长的需要。这样,一种可以节约黄金的办法是采用金汇兑本位制的"双挂钩",即美元与黄金挂钩,其他货币与美元挂钩。在这种制度下,美国之外的国家承诺以固定价格进行本币与美元挂钩,从而把本币命运与美元联系起来。然而,又给予这些国家相当的权力,即对美国货币当局进行约束,如美元发行量过多,引起通货膨胀,这些国家就可以将美元兑换成黄金。

布雷顿森林货币体系反映了大多数国家货币史的一个普遍趋势:1945—1958 年是布雷顿森林货币体系运行的第一阶段。这一阶段是布雷顿森林货币体系的重建期。其体系基本处于封闭状态,大多数工业国家的货币依然不可自由兑换,货币当局仅仅只遵循布雷顿森林货币体系的兑换规则,即保证以固定价格买卖外币,而不允许自由兑换。虽然在承诺与强制的组合中偏向于强制,但确实实现了金属货币向纸币的转变,并使大量的黄金被保存在银行的金库里。不过,这一时期是典型的"美元荒"时期,这曾令许多经济学家沮丧不已,但后来并没有形成如经济学家所预测的美元过度需求(McDougall,1957),反而出现了第二阶段的"美元灾"现象。而 1944 年签署的布雷顿森林货币体系协议直到 1959 年才开始生效的主要原因是:第二次世界大战刚刚结束,欧洲国家货币不能自由兑换。英国政府曾试图在 1947 年恢复英镑与美元按固定汇率自由兑换，但很快发生了投机性攻击，迫使英国政府不得不对外汇市场进行干预，几周之内英国外汇储备下降了三分之二。显然，投机者对英国政府关于英镑对美元以固定汇率兑换的承诺缺乏信心。短暂的经历之后，便是英镑与美元的非自由兑换。这一事件是布雷顿森林货币体系自 1959 年迈出自由兑换后的一个不良信号，也使得欧洲各国政府误认为他们的经济条件不适合货币自由兑换。从第二次世界大战到 1959 年，外汇管制是这一阶段的典型特征。为便利出口，许多欧洲国家高估本币汇率，让本国居民能以较低的本币买到外币（主要是美元），结果造成对外币（尤其是美元）过度需求，政府最后只好限制美元兑换，这对双边贸易持平的国家造成了伤害。这一阶段的制度安排缺乏效率，类似于易货贸易，即一国出口商品必须接受进口国提供的商品作为支付，而不管这些商品是否真正需要，并严重地抑制了欧洲经济的重建。

面对这种情况，美国应对的策略是实施"马歇尔计划"，从 1948—1951 年，每年基本上给予欧洲国家 40 亿—50 亿美元的援助。麦金农（1979）认为，这个数目不大，只占欧洲 GNP 的 4%，却非常成功。"马歇尔计划"的部分资金用于建立欧洲清算联盟（EUP），这有利于保存短缺的外汇资源。EUP 的建立可以视为迈向自由兑换的第一步，主要特征是建立了多边支付系统，负责登记所有欧洲区内贸易，每个国家贸易收支均在国际清算银行（BIS）进行。每一个月的月末，所有双边头寸中的 40% 采用美元或黄金支付（收款），其余 60% 可作为盈余国的信贷。开始时，只有一小部分通过这种黄金和美元的结算方式进行，剩余部分由债权国以贷款的方式转给债务国，随后就是黄金和美元结算份额的不断增加。这种体系克服了双边支付体系无效性的缺点，并为欧洲国家的长期重建提供了基础。

布雷顿森林货币体系经过 5 年的过渡，到 1952 年年底仍然没有回归可兑换的信号，成员国普遍存在外汇管制，国际收支不平衡。在此期间，IMF 作为新的国际货币制度监管者起到了重要的作用。然而，Scammell（1975）指出，IMF 并没有在国际金融舞台上留下烙印，特别是它没有建立均衡汇率机制。在 1959 年,欧洲主要国家的金融形势已经得到了很大的改进,解散了 EUP,恢复了货币的可兑换,迈出了自由兑换的关键一步。这一步,与同年建立的欧洲共同体一起,为欧洲贸易的蓬勃发展起到了极大的推动作用,也为通往布雷顿森林货币体系之途打开了成功之门。20 世纪 60 年代是布雷顿森林货币体系达到成功的全盛时期。麦金农(1979)列举了该制度的优点,诸如汇率稳定、外汇能自由运用于经常交易、贸易增长迅速、宏观经济稳定(低通胀、低失业)。但是,在 1971 年,布雷顿森林货币体系由于自身的制度缺陷最终还是崩溃了。

2. 布雷顿森林货币体系的崩溃

以美元为中心的布雷顿森林货币体系,为各国安排货币汇率制定了普遍遵守的规则,结束了两次世界大战期间国际货币金融领域的混乱局面,但该体系是在各国普遍发生"美元荒"、汇率极度混乱的特殊历史条件下建立起来的,其根基非常脆弱,具有先天的缺陷。

从美元所承担的特殊职能来看,美元面临"特里芬"困境。对布雷顿森林货币体系赋予美元的特殊地位,美元必须承担两个基本责任:一是确保美元按照固定官价兑换黄金,维持各国对美元的信心;二是提供足够的国际清偿能力,即美元,使国际贸易、资本流动正常运行。然而,维持货币信心(confidence)与提供国际清偿能力(liquidity)这两个基本职责之间存在内在的不可调和的矛盾。因为国际清偿能力即美元的供给主要是通过美国国际收支逆差来实现的。1950—1960 年之间,美国的国际贸易是顺差,但其国外军事开支、各种援助和长期投资金额庞大,所以国际收支持续逆差。美国国际收支逆差的小部分依靠黄金储备来弥补,而大部分则依靠短期对外负债来弥补。这些短期负债最终聚集到各国中央银行手中,成为各国的国际清偿能力,形成源源不断的美元供给。

美元的这种两难处境,由美国耶鲁大学教授特里芬于 20 世纪 50 年代首先提出,故又被称为"特里芬难题"。"特里芬难题"指出了布雷顿森林货币体系的内在不稳定性及危机发生的必然性。随着美元的日益增加,美元同黄金之间的可兑换性(按固定价格)必将受到人们的怀疑,这最终必然会诱发人们对美元可兑换性的信心危机,从而带来整个布雷顿森林货币体系的崩溃。"特里芬难题"充分地体现了理论的高度预见性，布雷顿森林货币体系最终就是因为这一不可克服的缺陷而崩溃的。

众所周知，在布雷顿森林货币体系的早期，各国都需要从战争废墟中恢复经济，迫切需要美元，而此时美国通过国际收支逆差所输出的美元数量有限，因此，世界面临着"美元荒"的局面。随着美国收支的持续逆差，各国手中持有的美元激增，"美元荒"变成"美元灾"，人们对美元的信心日益丧失。当人们对美元与黄金之间可兑换性产生怀疑时，就会抛售美元，抢购美国的黄金和经济处于上升阶段国家的硬通货（如联邦德国马克），于是就爆发了美元危机。布雷顿森林货币体系的瓦解过程，就是美元危机不断爆发、拯救、再爆发直至崩溃的过程。美元危机是布雷顿森林货币体系崩溃的中心过程。

美元危机的程度，同流出美国的美元数额有关。流出的美元超过美国黄金储备的余额，被称为"悬突额"（Overhang），"悬突额"是衡量和预测美元危机的一个重要指标。据统计，从1962—1972年，美国"悬突额"在20世纪60年代中后期不断增加。1962年为44.5亿美元，1966年增加到112.5亿美元，1972年增加到247.7亿美元，这意味着布雷顿森林货币体系赖以维系的基础日益被削弱，其最终崩溃只是时间的早晚问题。

美元的"悬突额"增加，诱发了美元危机发生，并最终导致布雷顿森林货币体系崩溃，在这一过程中，国际资金流动产生了重大的影响。布雷顿森林货币体系建立时，对国际资金流动进行了严格的管制。但是，随着各国经济的恢复，尤其是随着各国持有美元数量的上升，各国纷纷解除了资本和金融项目的兑换管制，反映世界经济发展必然要求的国际资本流动也逐步恢复和发展起来。当人们对美元存在信心危机的时候，国际资本流动就成为对美元汇率进行攻击的最具破坏性的力量。

大规模的美元危机最早爆发于1960年，其后在1968年、1971年、1973年多次爆发。每次美元危机爆发的原因很相似，即对美元和黄金的可兑换性产生怀疑，由此引起大规模投机性资金在外汇市场上抛售美元，酿成风暴。在每次美元危机爆发后，美国与其他国家也都采取了互相提供贷款、限制黄金兑换、美元贬值等一系列协调措施，但这些都不能从根本上改变"特里芬难题"所揭示的美元在布雷顿森林货币体系中维持货币信心和提供国际清偿能力之间的不可调和的矛盾。因此，只能收到暂时的效果。最终，当 1973 年 2 月外汇市场再度爆发美元危机时，布雷顿森林货币体系崩溃了。布雷顿森林货币体系是特定历史条件下的国际货币制度安排，这一特定历史条件主要是美国在世界经济中的垄断地位以及国际资金流动的缺乏。美国的垄断地位使得美元可以在国际货币体系中成为关键货币。国际资金流动的缺乏则使可调整的钉住汇率制易于维持。在布雷顿森林货币体系运行的相当长的时间里，这两个条件是成立的，因此，在这段时间内布雷顿森林货币体系有效地促进了世界经济的发展。当这些条件随着时间的推移而逐步削弱并最终消失时，布雷顿森林货币体系的动摇和崩溃也就不可避免。

三、牙买加货币体系下的汇率制度

1971 年，在布雷顿森林体系崩溃之际，西方工业化国家正在经历着汇率的多变时期。在欧洲，汇率的急剧变化歪曲了贸易活动并成为国家之间冲突的源泉。欧共体有关国家为了减少世界货币金融不稳定对区内经济的不利影响，实现西欧经济一体化的整体目标，于 1972 年开始实行货币汇率的联合浮动。参与国货币相互之间保持可调整的固定汇率，对外则实行集体联合浮动。按规定，参与联合浮动的西欧六国，其货币波动不超过当时公布的美元平价±1.125%。这样，六国货币汇率便在 IMF 当时规定的±2.25% 的幅度内形成了波动区间，实行集体浮动，犹如"隧道中的蛇"（the Snake in the Tunnel），故又称蛇形浮动（姜波克，1997）。1973 年，布雷顿森林货币体系下可调整的固定汇率制崩溃以后，国际货币制度由美元—黄金本位制过渡到信用货币本位制，取而代之的是浮动汇率制。但在当时欧洲普遍认为浮动汇率应该仅仅是暂时性的。当发展中国家仍然将他们的货币与美元或其他发达国家的货币保持固定钉住时，而欧洲则保持蛇形浮动，并且在相互钉住汇率的基础上，开始重构国际货币制度体系。尽管这一重构在 1973—1974 年石油危机冲击中受到影响而归于失败，但由于美国对浮动汇率制的支持而加速了重构国际货币制度体系的进程。1973 年,当布雷顿森林货币体系彻底崩溃后,西欧各国货币正式与美元脱钩,IFM 规定的 4.5% 的浮动幅度也不复存在,但西欧的蛇形浮动汇率依然存在,不同之处在于其对美元的平价被实际上对德国马克和后来对欧洲货币单位的平价所取代,4.5% 的浮动幅度(隧道)瓦解了,"蛇"走出了隧道。西欧各国之所以继续维持蛇形浮动,目的在于抵制汇率波动的不利影响,促进商品和资本的流动。但蛇形浮动极易受到美元汇率波动的冲击。1976 年 1 月,IFM 的"国际货币制度临时委员会"在牙买加首都金斯顿召开会议,会上一致通过了货币基金章程(第二次)修正案,并达成了《牙买加协定》,批准了浮动汇率制。为强化联合,在德、法两国的倡导下,于 1979 年 3 月建立了欧洲货币体系(European Monetary System,简称 EMS)。

1. 牙买加货币体系下的汇率制度

国际汇率制度是由构成国际经济核心的少数几个国家所决定的。1973 年 3 月布雷顿森林货币体系崩溃后,"人们认为世界已经放弃了固定汇率制度,而选择了浮动汇率,尽管全世界 100 多种货币中的绝大多数仍然钉住某种主要货币或'货币篮子'上。关键性的变化是美元、联邦德国马克和日元彼此之间的关系现在是浮动。另外,几种次要的货币如英镑和瑞士法郎,也同样是浮动的"①。

牙买加货币体系是对布雷顿森林货币体系的扬弃,其主要内容是:一方面,它承继布雷顿森林货币体系下的国际货币基金组织,并使该组织的作用得到了强化;另一方面,它放弃了布雷顿森林货币体系的双挂钩制度。与布雷顿森林货币体系相比,牙买加货币体系改革的重点主要集中在汇率、黄金和特别提款权三个方面。从某种意义上可以说是对既成事实的一种法律追认。但也不乏创新之处,特别是对汇率制度的创新,其亮点主要是:"第一,通过基本的货币和财政政策的稳定性而不是通过钉住方式来寻求汇率的稳定。第二,浮动汇率应该是一个受到国际货币基金

---

① 约翰伊特尔等:《新帕尔格雷夫经济学大辞典》第 2 卷,经济科学出版社 1996 年版。

组织严格监督的过程"①,特别是欧洲汇率机制的形成。在牙买加货币体系下浮动汇率制并非像金本位下的固定汇率制和布雷顿森林货币体系下的可调整的固定汇率制那样,是一个基本统一与完整的国际汇率制度。实际上,各国都是从本国现实的经济状况和内外部经济制度环境出发来选择汇率制度。正是现实中各国汇率制度选择的多因素差异性决定了牙买加货币体系下多种汇率制度形式的相互并存。所以,牙买加货币体系下国际汇率制度是多种汇率制度形式并注重区域货币合作的一种混合汇率制度。其中,发达国家基本上都实行浮动汇率制,部分发达国家还实行联合浮动汇率制度,如欧洲货币体系(EMS);广大发展中国家则实行程度不同的固定或钉住汇率制度,甚至出现像非洲金融共同体(CFA)那样的共同货币区,部分发展中国家也实行了浮动汇率制。

欧洲货币单位(European Currency Unit,ECU)是欧洲货币体系的核心内容之一,它类似于特别提款权,是由欧共体成员国8种货币所组成的货币篮子,而每种货币按该国在欧共体内部贸易中所占的比重和国民生产总值确定一个权数,然后计算出欧洲货币单位的价值。用这种方式计算的欧洲货币单位具有价值比较稳定的特点。在欧洲货币单位基础上建立的汇率双重稳定机制:一是平价网体系(即双边平价制度),除里拉和英镑外,其余成员国货币对中心汇率的波幅不得超过双边中心汇率的"边际界线"±2.25%(意大利为6%),而事实上的"边际内干预""警戒线"是±2.25%的75%;二是货币篮子体系,规定各国对欧洲货币单位的比价,其波幅不得超过中心汇率的一定比率。当成员国货币与欧洲货币单位的偏离达到一定程度时,就要进行干预,即当欧洲货币单位偏离达到偏离指标界限时,就要进行干预。凡是在欧洲货币单位中所占权重越多的货币,被允许偏离的界限就越小。当欧洲货币单位偏离界限无法通过外汇市场干预和其他相关的调节政策加以维持时,就应对整个平价体系作出调整(姜波克,1997)。

---

① 约翰伊特尔等:《新帕尔格雷夫经济学大辞典》第2卷,经济科学出版社1996年版。

2. 牙买加货币体系的缺陷

在牙买加货币体系下,多元化的国际储备资产、多样化的汇率制度安排和灵活化的国际收支调节等特征决定了该体系的最大优点就是具有较强的适应性。但正是这种适应性从另一个角度暴露出了整个体系本身所存在的严重缺陷,即整个体系运行中缺乏必要的稳定性。其主要缺陷如下:

(1)汇率变动剧烈。牙买加货币体系下的多元化国际储备是由当今世界经济中占支配地位的各主要发达工业国的货币组成,在客观上没有形成统一而稳定的货币定值标准,因而使整个系统具有内在的不稳定性。一旦国际货币金融市场对其中的某一货币失去信心,在国际外汇市场上就会造成此种货币的恐慌性抛售,并形成对其他国际储备货币的抢购风潮,市场对国际储备货币的投机交易不可避免。而这与布雷顿森林货币体系下汇率变动被限制在狭小的范围内相比,过度的投机交易又必然会使牙买加货币体系下的市场汇率"过度波动",尤其是随着国际资本的飞速流动,汇率的剧烈变动现象日渐严重,其所引发的汇率风险难以估量。

(2)国际收支调节不力。在牙买加货币体系下,国际收支调节虽然是通过多种机制相互补充的方法实现的(主要是具有互补替代性的汇率调整和资金流动弥补两种方法),但实际上各种调节机制自身都存在着局限性,而且相互的协调也很难实现,它们之间的作用常常是相互矛盾和相互抵消。尽管浮动汇率制下可以对国际收支进行调节,但调节的结果未必符合外部均衡的要求。如果利用国际资金流动为经常账户提供融资而不加以合理利用的话,那么就可能酿成债务危机等问题。显然,牙买加货币体系在运行中并没有很好地解决这一问题,20世纪80年代初期爆发的拉美债务危机就是佐证,特别是一些国际收支长期处于逆差状态、经济发展水平低下且困难重重的发展中的逆差国,它们基本不具备改善国际收支状况的能力,被迫深深陷入"借新债,还旧债"的恶性循环之中而成为重债国家,一旦有风吹草动,就会发生国际债务危机。

(3)内外部均衡冲突激烈。原则上讲,在牙买加货币体系下,各国虽然拥有自行选择汇率制度安排的权利,不再受布雷顿森林货币体系下固定汇率制的约束。然而实际情况是,对于实行浮动汇率制的主要工业发达国家而言,其内部均衡相对容易实现,但难以保证外部均衡的同时实现。对于实行固定汇率制的发展中国家而言,可以有效地遏制恶性通货膨胀的蔓延(尤其是那些实行比较严格的固定汇率制的国家),但一旦面对内部或外部的冲击时,经济失衡的调整将会是漫长而痛苦的过程,更不用说兼顾内外部均衡的同时实现了。特别是当发达的工业国家为了自身的经济利益或单方面改变其货币汇率、或相互联合改变其货币汇率而较少顾及其他发展中国家的经济利益时,就会使得发展中国家被动地调整其货币汇率,被迫地承受额外发生的汇率风险。这不仅使发展中国家的外汇储备和外债问题更加复杂化,而且也增加了发展中国家通过开展国际贸易来推动其经济发展的困难。

综上所述,国际货币制度的演进决定着国际汇率制度的变迁,两者的相关性极大。120多年以来,从金本位制下的经典的固定汇率制到金本位制瓦解下的混乱的浮动汇率制,从布雷顿森林货币体系下的可调整固定汇率制到牙买加货币体系下的混合的汇率制,不仅国际货币制度经历了嬗变性的演进过程,而且国际汇率制度也经历了一个不断完善的辩证否定过程。但随着全球化进程的加快,各国经济发展的多因素差异决定了各国汇率制度安排的多样性选择。同时可以预见,随着汇率制度自身的不断完善和演进,那些与货币危机关联度较大的汇率制度的生存空间(比如固定汇率制)也就越来越小了。

第二节　西方汇率制度的选择理论

对于一个国家而言,确定一个合理的汇率水平是非常重要的,但实际汇率的走势却常常与合理汇率水平相偏离。长期以来,纠偏式的汇率调整方式的选择,一直成为困扰各国货币当局的难题。究竟是选择固定汇率制,或是选择浮动汇率制,或是选择两者的有机结合,或是创新汇率制度,这在理论上都存在着差异有别甚至迥然不同的认识。如果说1973年以前各国对汇率制度选择的讨论主要侧重于对金本位制度扬弃以及对布雷顿森林体系存废的话,那么,在各主要工业国家相继进入汇率自由浮动的时代之后,各国对汇率制度选择的讨论则主要是从单元化的汇率制度选择转向多元化的汇率制度选择并允许其多样化形式的存在,其争论的焦点则主要集中于发展中国家和转轨经济学的汇率制度安排上。特别是亚洲金融危机爆发以后,重新审视发展中国家的汇率选择问题成为了热门话题。

一、20 世纪 50 年代:汇率两极论

汇率两极论理论最早可以追溯到 20 世纪 20 年代经济学家对法国经济教训的讨论。纳克斯在评估 20 世纪 20 年代法国法郎崩溃的原因时指出,崩溃是由投机性的资本流出引起的,浮动汇率制度可能起了某种破坏作用,因为在浮动汇率制度下可能发生汇率的较大变动从而反馈到国内价格及预算上。凯恩斯(1923)认为,如果国内物价稳定和汇率稳定二者不能兼得,那么就应该以前者为重,而放任汇率浮动。弗里德曼则认为,投机者和资本流动是对宏观经济政策的反应,他们之所以能使汇率降下来,是由于当时的政策并不支持汇率水平。其问题不在于汇率制度,而在于当时的宏观经济政策,其中,资本外逃就是政策实施不当的结果。1944年,纳克斯又指出,浮动汇率制尽管在理论上有一定的吸引力,但是仍然存在着明显缺陷:一是汇率的变动加大了贸易结算的风险,而且这种风险不能以合理成本加以规避;二是暂时性的汇率变动会发出错误信号,导致生产要素在部门之间转移;三是汇率波动有自我加强的趋势。这一观点,对以后设计布雷顿森林体系产生了重大的积极影响。

当布雷顿森林体系建立之后,"主流汇率制度"者弗里德曼(1950)开始对大行其道的固定汇率制发难,他指出,同调整国内物价相比,浮动汇率可以更简单、迅速、自动地调整国际收支,而且浮动汇率制下一国的通货膨胀或通货紧缩只有在收入水平发生变化时才会影响他国,因此不必担心国际间的不利传导。尔后,米德(Meade,1951)简明地把浮动汇率制的优点归结为汇率的双重调节机制——对商品相对价格的调节和对私人

投机资金的调节。

随着布雷顿森林体系运转困难的出现,弗里德曼的观点逐渐得到了认可与支持。以马克卢普、凡尔纳和特里芬(Machlu,Fellner and Triffin)为代表的 Bellagio 集团从 1963 年开始组织了一系列有影响的学术会议,使各国中央银行认识到浮动汇率制的可行性。哈伯勒(Haberler,1954)在改变以前的立场和观点后便成为浮动汇率的坚定支持者,他认为,欧洲国家应该放弃汇率管制并恢复经常项目可兑换,但不是遵守布雷顿森林条款的可调整钉住,这既是因为"'可调整钉住'制度存在跨期硬钉住在某一常数水平的货币汇率突然急剧调整……运行得并不满意,而且是个不稳定因素"(弗里德曼,1953),而应该如加拿大(1950)一样采用浮动汇率,又因为"基础性失衡(fundamental diseqilibrium)"——判断调整平价的标准——概念是不准确的,而且货币当局"为了避免必须重复操作的尴尬将倾向于贬值过多而不是很小"。其实,"可调整钉住"的方法并不能提供必需的弹性,它很容易受到投机攻击的冲击,"它将有责任心的人们推向道德不确定的位置",直到人们"决定并实施贬值的那一刻"。与弗里德曼一样,哈伯勒认为,从名义上看,浮动汇率仅仅在小幅范围内波动,汇率波动的不便可以通过允许和组织外汇市场上健全的远期市场工具来稳步缩小。

1973 年,约翰逊(Harry. G. Johnson)在著名的论文《实行浮动汇率制的理由》中全面地总结了支持浮动汇率制的各种思想,他认为:(1)外汇市场是有限的市场,不会对经济整体产生重大影响;(2)外汇市场是稳定的市场,只要经济基本面和政府政策稳定,汇率也会保持稳定,即使有随机的偏离,也会被投机行为所纠正;(3)浮动汇率制下的汇率风险可以通过规避工具来分散;(4)各国可以自主地运用货币政策,追求自己所偏好的价格水平和失业率组合。而以蒙代尔、金德尔伯格(G. kindleberger)为代表的固定汇率支持者则从国际间相互合作的立场来分析汇率制度,他们认为固定汇率制能使各国经济连成一个稳定的经济体系,有利于世界经济的协调发展,而浮动汇率制则会由于汇率的波动导致国际贸易的不确定性。浮动汇率制会造成各国滥用汇率政策,形成货币竞争性下降,不利于国际经济合作。浮动汇率制还会由于棘轮效应导致世界性的物价水平上升。而支持固定汇率的主要观点是:(1)固定汇率制能够减少交易成本和汇率风险,并能促进国际贸易和国际投资;(2)固定汇率制提供了名义锚,能够增加国内经济政策的公信度。而支持浮动汇率制的主要观点是:(1)浮动汇率能够更加灵活地根据外部冲击作出调整;(2)浮动汇率有助于保持一国经济政策的自主性,可以追求独立的货币政策。二三十年前,反对浮动汇率的主要原因是高度的汇率波动会引起不确定性,而传统的观点则认为浮动汇率制会带来剧烈的汇率波动并影响国际贸易和国际投资的正常运转。但随着金融市场的发展,人们可以很方便地通过远期外汇市场和其他金融衍生工具对冲汇率风险,同时,大量的实证分析也表明,汇率波动对国际贸易和国际投资的负面影响并不严重,与大部分邻国货币实行固定汇率制度,可以减少汇率风险并促进国际贸易和国际投资。反对固定汇率制的原因在于其维持的困难越来越多,其具体是:(1)固定汇率制加强货币政策公信度的边际收益是递减的,在高通货膨胀率时期,固定汇率制的"名义锚"作用非常见效,但随着时间的推移和通货膨胀率的下降,其收益是逐渐递减的;(2)长期钉住某一种货币并不能有效降低名义汇率的波动性,反而可能使本币币值高估,从而削弱本国的竞争力;(3)固定汇率制下可能使微观主体产生道德风险,银行和企业低估汇率风险,最后是积累了过多的没有经过对冲的外债;(4)越来越多的发展中国家放开了资本项目,在资本自由流动的条件下,维持固定汇率将约束本国货币政策的自主性,或是因为和钉住国经济周期不同步而产生"不对称冲击"。

综上所述,汇率两极论理论关于两种汇率制度优劣之争,实际上是关于汇率制度选择的问题,现实的汇率制度不外乎是这两种汇率制度不同程度的变形。正如 Aliber(2000)所言,汇率制度选择就是"固定还是浮动"和"实行还是不实行"最优货币区问题。两极论理论对于判别两种汇率制度的优劣、判断汇率制度变动方向和寻求宏观经济政策的国际协调都具有重大的现实意义,但争议也明显地显露其理论的历史局限性,争议只是较多地关注汇率制度本身的特点,在很大程度上忽视了国与国之间的差异,以及由这种差异而产生的对汇率制度选择的重大影响。然而,蒙代尔(2000)则最后将固定汇率和浮动汇率制度的选择解释为不同货币规则(Monetary Rule)的选择,即固定汇率制度适合于通货膨胀率低于5%的国家,浮动汇率制度适合于通货膨胀率15%—20%的国家①。

二、20 世纪 60 年代:最优货币区论

"最优货币区理论"(Optimum Currency Area,OCA)来自于关于一个区域是否应该拥有自己的货币的辩论,其实际是关于固定汇率制与浮动汇率制之间的选择问题,而争议最为激烈的是来自加拿大和美国的一些经济学家,其目的就是确定对汇率加以固定的适当范围。"最优货币区理论"的倡导者和开创者是加拿大籍经济学家蒙代尔,他于 1961 年发表了著名的《最优货币区理论》,并因最优货币区理论而获得了 1999 年度诺贝尔经济学奖。对固定汇率制持肯定态度的蒙代尔不是对两种汇率制度进行直接对比,而进一步探讨了实行固定汇率制乃至单一货币的具体条件。蒙代尔认为,在价格、工资刚性的前提下,组成最优货币区的关键在于地区的要素流动程度。蒙代尔的研究奠定了最优货币区理论的基础。后来麦金农(R. McKinnon,1963)、凯南(Kennen,1969)和英格拉姆(Ingram,1969)等很多经济学家也加入了这一领域并从不同的角度探讨了最优货币区的标准。随着欧洲货币联盟进程的启动,最优货币区理论又进一步得到发展,德格劳威(Grauwe)、马森(Masson)、泰勒(Tayloy)和克鲁格曼(Krugman)等比较深入地分析了加入通货区的成本和收益。

最优货币区理论意在解释一组经济区域(或国家)在何种条件下适合组成货币联盟,或者进行货币一体化。最优货币区是指"一种最佳的地理区域,在这个区域内,一般的支付手段或是一种单一的共同货币,或是几种货币,这几种货币之间具有无限的可兑换性,其汇率在进行经常交易和资本交易时互相钉住,保持不变;但是区域内的国家与区域以外的国

---

① National Post,Nobel Money Duel—Two of the Leading Currency Experts Debate Some of the Key Economic Issues of Our Time,2002-12-12.

家之间的汇率保持浮动"。最优货币区理论旨在讨论当国家面对外部不对称冲击时如何通过替代的调节渠道来保持内在稳定结构的问题。从理论上看,不对称冲击的影响越大,放弃汇率等手段组成货币联盟的成本也就越高。假设甲国与乙国组成货币联盟,如果出于某种意外的原因,消费者的偏好从甲国产品转向乙国产品,也就是说发生了不对称冲击。甲国生产下降,从而面对国际收支赤字和失业增加;乙国则相反,生产上升,出现国际收支盈余和劳动力短缺。两国因此都面临调整问题,如果汇率可以调整,这些问题就比较容易解决,例如甲国货币相对乙国贬值,从而带动出口增长,则赤字和失业问题自然缓解。但在货币联盟的情况下,由于不能使用汇率手段,如果没有其他的替代调节渠道,甲乙两国的不对称冲击影响就会逐渐增大,甚至影响货币联盟的运转。随着最优货币区理论的发展,经济学家于是就将影响汇率制度选择的因素用来作为最优货币区的一系列标准,并用作一个国家选择适当汇率制度的参考依据。

最优货币区理论为如何选择汇率制度提供了很多可操作的标准,在实践中也产生了一定的影响,并成为欧洲经济与货币联盟和欧元区建设的重要理论基础。但根据这些最优货币区标准决定一国汇率制度选择仍然存在一定的难度,其原因在于一国往往只具备采取某一汇率制度的部分条件。所以最优货币区理论一经提出就出现了许多争议,最优货币区标准对汇率制度选择是否真正有效,学术界也没有达成一致共识。最早的最优货币区理论使用的是单一标准来进行分析,对于一个国家能否以较低的成本加入货币联盟往往持悲观态度。其观点有:(1)"国家之间的差异是否重要得足以费心关注";(2)"汇率工具在矫正国家之间的差异时并不一定有效";(3)"汇率工具不仅可能无效,而且可能由于政治家的使用而造成伤害"①。后期的最优货币区理论则使用多重标准来进行综合分析,这些理论认为组成货币联盟的成本不像以往想象的那样可怕。其原因在于:(1)"汇率变化吸收不对称冲击的能力比传统最优货币区理

---

① Paul De Grauwe, *Economics of Monetary Union* (Fourth Edition), Oxford University Press, 2000, p. 23.

论所论证的要弱得多,汇率变化通常对于产出和就业没有长期影响";
(2)"那些保持独立的货币和汇率政策的国家经常发现汇率变动成为宏观经济不稳定的根源,而不甘落后是宏观经济稳定的一种手段。与传统的观念相反,汇率变化并不是政策制定者可以随意和无成本使用的措施"[1];尤其是在那些经济开放程度较高和经济一体化进展较好的国家之间组成货币联盟,放弃货币政策的成本相对较低。

总而言之,最优货币区理论认为一个理想的最优货币区应该具有高度一体化的劳动力市场和资本市场,其内部产品与外部世界的贸易比例相对较小,或者具有同质的工业结构,或者具有某种针对可能的地区特定冲击的补偿措施。如果包含着不同的劳动力市场或者资本市场,那么这一货币区就过大;如果其国内生产总值中相当大的比例用于对外贸易,那么这一货币区就太小;如果包含着差异较大的工业结构或者不具有针对地区特定冲击的补偿措施,那么这一货币区就不稳定。从加入货币联盟的国家而言,一个理想的候选国应该与其他成员国拥有一体化的要素市场,与其他成员国的贸易超过外部国家,与其他成员国有着相同的工业结构。然而,大量的实证表明,不仅最优货币区标准没有造就出最优货币区,而且最优货币区也不一定就符合最优货币区标准。从一体化的角度而言,最优货币区理论的问题在于其并没有提供关于一国的经济结构特征与加入货币联盟之间的因果关系的分析,也就是说,没有回答关于货币一体化如何影响要素市场、贸易模式、经济活动的区位配置等问题。因此,Bofinger(1994)等竟然发现欧洲经济与货币联盟不符合蒙代尔理论的前提,比如欧盟各国所受的外部冲击并不对称;克鲁格曼和奥伯斯尔德采用判定最优货币区的四个标准对欧元区进行考察,认为欧元区国家均不符合标准,从而确定欧洲经济货币联盟不是一个最优货币区;德格劳威的研究则表明欧盟作为整体不可能构成一个最优货币区,但随着欧洲一体

---

① R. A. Mundell, "A Theory of Optimum Currency Areas", *Americal Economic Review*, vol. 51 September, 1961, p. 57.

化的深入,货币联盟对于多数欧盟国家而言仍然是一个很有吸引力的计划①。此外,对要素流动能否达到调整的目的,Corden(1973)认为,在欧共体内部劳动力的流动并不是自由的。Frankel(1999)也认为,某些国家可能事先并不符合最优货币区理论的条件,但在与邻国组成货币联盟后,却可能设法使这些条件得到满足。或者说,国家之间的收入相关程度和开放程度等,随着时间的推移可能发生变化。然而,尽管如此,最优货币区的标准仍然是内生的,最优货币区理论中关于国家之间的差异与应对不对称冲击的能力仍然是判断一个经济货币联盟的成本收益的关键。

三、20世纪70年代:经济结构论

20世纪70年代以后,正当人们陷入对不同类型汇率制度的收益与成本的争辩之时,一些经济学家开始从新的研究角度重新反思汇率制度的选择,关注的焦点开始由发达国家转向发展中国家、由汇率稳定与国内稳定和国际经济合作的关系转向汇率制度的选择与国内经济结构与经济特征之间的关系,即汇率制度本身可能并无优劣之分,关键在于固定汇率制或浮动汇率制分别适合于哪些国家,而这些国家是否具有实行某种汇率制度所具有的经济结构特征。

其实,在最优货币区理论中,许多经济学家就已经关注了汇率制度选择与一国经济结构特征的关系问题。蒙代尔最早提出以"生产要素流动性"作为汇率制度安排的判定标准;麦金农(R. McKinnon,1973)强调相互间贸易关系密切的国家适宜于组成"共同货币区",并选择具有"固定"性质的汇率制度安排;发展经济学家肖(E. Shaw,1973)则认为,如果经济开放度较低的小型经济体想比外部世界更好地对付通货膨胀,那么唯有浮动汇率制才是正确的选择;其他的如凯南(P. B. Kenen)、英格拉姆(Ingram)、哈伯勒(Haberler)等经济学家也分别以产品多样化、国际金融一体化程度和通货膨胀的相似性等经济结构特征为标准,详细阐述了汇率制度的最优安排,这些理论都从不同侧面丰富和发展了关于汇率制度

---

① 杨伟国:《欧元与最佳货币区域》,《欧洲研究》1999年第3期。

选择的经济结构理论。而经济学家海勒（Heller）关于经济结构特征方面的理论中则是比较有代表性的。

1978 年，海勒（Heller）在早期经济结构论者的基础上系统地将影响汇率制度选择的经济结构因素归纳为经济规模、经济开放度、进出口贸易的商品结构与地域分布、相对通货膨胀率和国际一体化程度五种类型，即：如果一国具有经济规模较小、经济开放度较高、进出口集中度较高等经济结构特征，那么则倾向于选择固定汇率制或钉住汇率制，甚至可能参加货币联盟，以规避因单一贸易结构而可能引发的外部冲击；如果一国具有经济开放度较低、进出口商品多样化或地域颁布分散化、国际资本流动较为频繁、国内通胀与其他主要国家差异较为明显等经济结构特征，那么则倾向于选择更具弹性的浮动汇率制，以减少政府维持汇率稳定的成本。如果本国通货膨胀与其他国家不一致，那么则应实行浮动汇率制度以规避通货膨胀的传染。海勒（Heller）认为各国应以此为标准，对照本国的实际情况来选择适宜的汇率制度。普艾尔逊（H. Poison,2001）则强调一国的外汇储备、外币定值债务等经济指标也会对汇率制度选择产生重要影响，即：一国的外汇储备水平越高，其对外汇市场的干预能力就越强，就越适宜于选择固定汇率制；而一国的外币定值负债越多，汇率变动可能引起的风险效应就越大，就越适宜于选择固定汇率制。

经济结构理论的意义不仅表现在人们可从一国经济结构特征的角度来分析汇率制度的适用性，而且还表现在该理论已经（至少是部分）得到了实践的检验，如欧盟货币一体化进程中统一大市场的建立、四项标准趋同等实现单一货币目标的"中间"步骤，恰恰是与"最优货币区理论"所要求的经济结构特征相一致的。同时，由于不同国家的经济结构特征存在着差异，因而选择汇率的制度形式就千差万别，这在一定程度上为世界上多种汇率制度形式并存的现实提供了局部的理论解释。然而，尽管各种经济结构因素对于汇率制度的选择是极为重要的，而且它的高低强弱也可能导致一国选择不同的汇率制度形式，但是，这些因素如何对选择不同汇率制度的"临界值"构成影响，经济结构理论却没有给出明确的阐述，特别是在解释有些国家的汇率制度选择时，经济结构理论根本没有解释力,甚至可能出现"悖论"。例如,日本的外汇储备存量位居世界前列,按理应该选择固定汇率制度,但实际上日本选择的是自由浮动汇率制度,而堪称世界上最为"开放"的新加坡,其外贸依存度高达250%以上,但其选择的却是较具弹性的管理浮动汇率制。据此而论,各国依据其自身的经济结构特征而选择合意的汇率制度时,则更多的是凭借操作性不太强的"经验"而已。

总之,经济结构理论试图从一国经济的内在因素角度分析问题,具有坚实的理论基础,其论证过程和论证方法也比较详尽严谨,同时还为发展中国家关于汇率制度选择的依附理论提供了有力的理论依据。但是,该理论的论述仅仅只是将视角集中在一国的经济结构因素上,而相对忽略了经济以外的其他重要的经济结构因素,比如产权因素、制度因素、政治因素等。

四、20世纪80年代:名义驻锚论

到20世纪80年代,汇率制度选择理论讨论的核心问题已经转向汇率的稳定性和灵活性。当西方主要工业国家尚未摆脱"滞胀"的困境时,高通胀的压力又迫使经济学家将注意力重新转向固定汇率制。于是,"名义驻锚"应时而生。名义驻锚理论认为,一国汇率应当有较大的刚性,甚至完全固定,从而起到一种"驻锚"的作用,一国政府可借此获得公信力(Credibility)和财政纪律,以达到降低通货膨胀的目的,即当一国的国内通货膨胀率过高时,实行钉住汇率有助于树立国内经济稳定计划的信誉;而当一国的国内通货膨胀率大幅度降低时,由于货币需求的不稳定性,汇率的名义锚更为可取。或者说,当一国的国内通货膨胀率与其主要贸易伙伴国的相差越小时,就越应该采取固定汇率制。

早期的名义驻锚理论主要是基于高通货膨胀的情形,认为名义汇率变动不能导致实际汇率的贬值,或者即使能够的话,由此带来的通货膨胀后果也很大,因此不是一种好的政策选择。后期的名义驻锚理论,则较多地以博弈理论中的时间一致性分析为基础,集中在所谓的"公信力效应"上,认为在弹性汇率制下,经济主体知道,一旦他们确定了国内商品价格,政府便有贬值的动机,试图通过贬值来扩大出口,改善国际收支。考虑到这一因素,经济主体相信政府会不愿意以一个更高的通货膨胀率来代替更贬值的实际汇率,因而在确定价格时就事先采取对策,把价格定在较高的水平上,其结果是形成一个价格高原(a price plateau)。相反,在公开宣布实行固定汇率制后,政府必须考虑其"声誉",不敢轻易进行突然或预料之外的贬值,因此经济主体在确定价格时,就不需要把价格故意定得很高以抵消可能的贬值后果,这便是所谓的"公信力效应"。由于这种效应的存在,政府可以发出可信的反通胀信号,而反通胀可以通过固定汇率承诺更大的公信力,公众会由此而进行合理的通胀预期,从而使通胀率下降。

在名义驻锚理论中,"公信力效应"的存在是关键,而"公信力假说"则起源于 20 世纪 80 年代中后期,并脱胎于较早形成的"纪律假说"。"纪律假说"认为,钉住汇率制会施加纪律于决策者,这有助于降低通货膨胀,其代价是由实行限制性政策所导致的较高的失业率和较低的产出(Goldstein,1980)。但是,"纪律假说"的论据并不充分,钉住汇率制并非是能够对决策者施加纪律的唯一工具。而"公信力假说"以合理预期为基础,认为汇率制度的选择对政府的公信力有影响,如果政府关于固定汇率的承诺是有公信力的,从而为商品、劳动力和外汇市场所相信,那么则失业和产出的成本会较低。其原因在于,在具有公信力的条件下,把汇率作为名义驻锚,不但会对决策者而且也会对一般经济行为主体施加纪律。由于一般经济行为主体此时会主动降低其通货膨胀预期,因而该国实现低通胀均衡的成本会较低。其典型的情形就是通过钉住一个低通胀国的货币,凭"借来的"公信力来降低本国通胀,其失业和产出所造成的损失也不会很大(Giavazzi 和 Pagano,1988;Melitz,1988;Giavazzi 和 Giovannini,1989)。

名义驻锚理论在 20 世纪中后期备受发展中国家和一些经济转轨国家的青睐。在 20 世纪 70 年代末期,拉丁美洲的一些国家就实行了一种新型的稳定计划,通过名义汇率的钉住来实现反通货膨胀的目的,或依靠名义汇率的调整来纠正相对价格的扭曲,依赖预算的约束来阻止对通货膨胀的压力。到 20 世纪 80 年代,欧洲的一些高通货膨胀的国家则通过汇率来稳定通货膨胀率,即通过与低通货膨胀率的德国马克保持汇率稳定,可以说名义驻锚理论主导了 20 世纪 80 年代后期 EMS 的汇率政策。

虽然名义驻锚理论在拉丁美洲和欧洲的反通货膨胀的稳定计划中取得了巨大的成功,但是这种理论也存在着许多问题。张志超(2000)认为名义驻锚的问题,一是如何预测公信力;二是由于没有考虑通货膨胀的惯性,实行名义驻锚的国家无一例外地出现了实际汇率升值。名义驻锚方法可以帮助一国停止恶性通货膨胀时期的价格上涨,但在其他情况下,其绩效却未必明显,即使在欧洲的汇率机制下,其固定汇率也并不是稳定价格的捷径,货币稳定和公信力应该在国内建立而不是从国外引进。Corden(1993)认为,名义驻锚方法的主要问题是汇率承诺对于获得合理的纪律约束是否是必需的。其实,这种承诺是有风险的,或者是纪律约束失败,或者是公信力失败,或者是两者同时失败,因而名义驻锚方法的关键是财政约束,而不是固定汇率承诺,固定汇率承诺既不能阻止通货膨胀的攀升,也不能保证纪律约束。Edwards(1996)认为名义驻锚方法存在三个主要问题:(1)虽然名义贬值可以防止实际汇率的错位,但汇率政策的作用是有限的;(2)或然的汇率规则(Contingent Exchange Rate Rules)优于固定汇率;(3)一国能够对单边的固定汇率作出可信承诺而不能管住国内货币供应量是可疑的。Fisher(1998)认为,在一些高通货膨胀或是过度通货膨胀的国家所执行的成功的稳定计划,其固定汇率水平都是稳定计划的重要组成部分,但是仅凭固定汇率是不够的,还必须与其他宏观经济政策相配合,以保证政府预算收支达到长期平衡,货币政策有利于经济稳定,实际工资接近于均衡值,实际汇率接近于长期均衡点的相应水平。虽然固定汇率保证了价格的稳定,也象征着政府实施新政策的决心,在没有出现外汇储备减少或经常账户逆差的情况下成功地维持了汇率稳定,成功地实施了政府政策,但是,固定汇率仅仅是成功的一个指标,而不是成功的原因。如果没有适当的宏观经济政策相配合,固定名义汇率的结果将是汇率高估、货币贬值和通货膨胀卷土重来。

同时,以汇率为基础的名义驻锚理论本身也面临着困境。如那些通货膨胀率较低、实施政策制约、以汇率为基础的稳定计划取得成功的支撑力量会迫使钉住目标难以维持,并最终导致放弃所钉住的目标。因为政府抑制通货膨胀或保持低通货膨胀的措施必然会导致实施稳定计划国的货币实际升值,所以,除乌拉圭之外,实施以汇率为基础的稳定计划的国家都经历了长达数年的实际汇率大幅升值,从而导致了非贸易品的价格相对于贸易品的价格的升高,刺激了生产者转向生产非贸易品而消费者转向消费贸易品,由此而造成了经常账户恶化。实证表明,这种现象曾普遍存在于转轨的国家中,而以汇率为基础的稳定计划也没有很长的生命力。

五、20 世纪 90 年代:"原罪"论、"恐惧浮动"论和"中间汇率制度消失"论

1. "原罪"论

"原罪"(Doctrine of the Original Sin)是个比喻,它是被用来反映新兴市场国家所存在的一种固有的缺陷,即新兴市场国家很难在国际市场发行以本国货币计值的债券。在"原罪"理论中,原罪是指一国的货币不能用于国际借贷(外国银行或其他金融机构不能用该货币提供贷款),甚至在本国市场上也不能用本币进行长期借贷。这就是"原罪"理论的内涵。以埃奇格林(Eichngreen,1999,2002,2003)、豪斯曼恩(Haunsmann,1999,2002,2003)和潘尼查(Panizza,2002,2003)为代表的一派认为,这种缺陷不是源于新兴市场国家过去行为的不妥,而是源于发展中国家力所不及的客观事实。而以戈登斯坦(Morris Goldstein,2005)和特纳(2005)为代表的另一派认为,新兴市场国家的资产负债表问题主要归因于这些国家自身的政策和制度。由于这种缺陷的存在,使得金融市场本来就不发达的国家在进行投资时,不是产生货币错配现象,就是产生期限错配现象,从而使国内企业面临一种"魔鬼的选择"(the devil's choice):要么借美元而招致货币错配,要么用短期贷款来做长期用途而招致期限错配。如果发生货币错配,那么,当本币贬值时,就会使已经借款的本币成本上升,其结果是使企业陷入财务困境而破产倒闭;如果发生期限错配,那么,当

利率上升时,其借款成本也会大增,结果使企业资产缩水甚至资不抵债而破产倒闭。"原罪"的存在必然导致理性的政府和企业不愿变动汇率,更不愿本币贬值,博弈的结果就是使得汇率从"软"钉住到"硬"钉住。一旦形成从"软"钉住到"硬"钉住,政府就会面临两难选择:当遇到外来的投机冲击时,一方面政府无法用货币贬值来缓解就业压力,另一方面政府也无力提高利率来捍卫本国货币,于是导致金融危机和金融崩溃。有鉴于此,埃奇格林(Eichngreen)、豪斯曼恩(Haunsmann)和潘尼查(Panizza)等人就采用一个国家以本币计值的国际债券和跨国银行贷款数额在总金融资产中所占的比率(或用 1 减去这个比率)来衡量该国的"原罪"程度,并建议把"原罪"当成衡量一国总体货币错配程度的指标。实证表明,长期以来,绝大多数发展中国家都存在着比较严重的"原罪"问题。对于新兴市场国家来说,如果想通过深化国内金融市场和提高货币的流动性来解决货币错配问题,那么就得花费很长的时间。因此,无论是采用固定汇率制度,还是采用浮动汇率制度,甚至别的什么汇率制度,只要存在着"原罪"现象,都会造成许多不利的后果。当然,如果严格依据这种理论的话,那么,对发展中国家来说,就可以干脆没有汇率,其方法就是放弃本国货币而采用某种国际货币,或者美元化,或者欧元化,而国际借贷可以充当国内银行最后贷款人角色,国际借贷的能力或许可以避免自致性危机。

2."恐惧浮动"论

在"原罪"理论兴起的同时,卡尔沃和莱因哈德(Calvo and Reinhart,2000)提出了"恐惧浮动"(Fear of Floating)理论。所谓"恐惧浮动"理论就是指一些实行有弹性汇率制的国家由于恐惧汇率的大幅波动而将其汇率维持在对某一货币(通常为美元)的一个狭小的幅度内的现象。亚洲金融危机之后,一些经济学家试图用"浮动汇率恐惧症"来解释为什么许多国家官方公布的汇率制度是浮动制度或者是有管理的浮动汇率制度而在实际操作中却偏偏采用钉住的固定汇率制度的现象。例如,在过去的几年中,许多国家特别是新兴市场国家在经历了严重的货币和银行危机之后,重构银行部门的成本已经超过了 GDP 的 20%,紧随危机而来的产出则下降达 14%。面对这种情况,主张浮动论的人认为,发生这种令人咋舌的金融崩溃应该归咎于固定汇率,特别是软钉住(soft pegs),他们建议这些新兴市场国家应当加入美国和其他工业国家行列,允许其货币汇率自由浮动。并且还认为,"对于大多数新兴市场国家已经不再是浮动或不浮动的问题,而是如何浮动的问题"(Chang and Velasco,2000)。然而,卡尔沃和莱因哈德等人却发现这些国家存在着"恐惧浮动"的现象,并体现在以下几个方面:(1)那些声称允许其货币自由浮动的国家似乎得了"浮动汇率恐惧症",实际上其货币大部分并未真正浮动,而与那些确实实行了浮动汇率制的国家相比,如美国、澳大利亚和日本,这些国家实际所能观察的汇率变动率相当低,其较低的名义汇率变动率,并不是因为这些国家未受到实际或名义的冲击,而实际上,同美国、日本等国相比,这些国家在贸易条件等方面所遭受到的冲击往往更大,而且还更加频繁。(2)新兴市场国家那种相对较低的汇率变动率是由稳定的政策行为有意识造成的结果,因为它们的国际储备的变动率也是很高的。相比之下,在典型的浮动汇率制下,本不应当发生这种储备变动率也高于那些实际实行浮动汇率制的国家的。(3)这些国家的名义和实际利率变动率明显地高于真正实行浮动汇率的国家,这表明这些国家不但利用外汇市场进行干预,而且还利用利率变动率来进行干预。(4)那些被划归为有管理浮动的国家与实行一种没有公信力的钉住汇率制度(incredible pegs)的国家非常相似,所谓"固定汇率制已死"只是一个谎言,而"恐惧浮动"现象却普遍存在,甚至在一些发达国家中也存在。其实,"恐惧浮动"的原因是多方面的。就升值而言,当情况有利时,比如说资本流动或贸易条件改善,新兴市场国家不愿让其货币升值,其原因可能是"恐惧""荷兰病"的发生,担心由有利情况造成的"荷兰病"会损害其国际竞争力,使多样化出口受挫。就贬值而言,当情况不利时,这些国家会强烈抵制本币大幅贬值;其原因在于这些国家的政府部门和私人部门的债务主要是用硬外币(hard foreign currency)来定值,而货币贬值不仅会产生紧缩效应,而且还会影响政府的声誉。当货币贬值时,新兴市场国家会遭遇以下几种情况:(1)如果汇率、利率两者都波动,政府往往倾向于让汇率稳定,其原因在于汇率可以起到"名义锚"的作用,这对政府的公信力有利,但却限制了政府让汇率浮动特别是下跌的可能性;(2)如果汇率贬值,不但会使这些国家更难进入国际金融市场,而且还有可能使国际资本流入急停(sudden stop),从而影响其经济增长;(3)"如果一国缺乏信誉是一个严重的障碍,那么同时避免浮动汇率和信誉问题的唯一方式可能是完全美元化,一个真正的角点解"(Reihart,2000)①,但是,美元化的成本毕竟过于高昂,它不仅会使一国丧失独立的货币政策,而且还会使一国丧失一种有用的调控手段;(4)在债务美元化的情况下,从"原罪"理论可知,贬值会通过资产平衡表效应使一大批企业陷入困境,甚至有可能拖垮整个国内银行体系;(5)由于这些国家的中央银行不能有效地执行最后贷款人的功能,为防止银行出现挤兑现象,政府必须竭力把国内存款保留在本国的金融体系内。总之,"恐惧浮动论"的主要结论是:(1)许多国家声称离开了可调节的钉住汇率制,这未必是真;(2)新兴市场国家有充分的理由不让汇率过分波动,而令汇率基本稳定。

3."中间汇率制度消失"论

许多经济学家认为 20 世纪 90 年代新兴市场国家所爆发的金融危机是由于不适当的汇率制度造成的,其中,Change 和 Veasco(2000)就指出,货币危机是由于危机国家实行钉住汇率制度造成的,要是这些国家货币汇率制度不钉住美元,那么危机可能就不会发生。据此,他们提出需要实行浮动制度来预防投机性货币攻击所造成的深重危机。而 LeBaron 和 McCulloch(2000)认为,货币危机是由于危机国家实行了软钉住造成的,要是这些国家采用严格固定汇率制度,那么可能会平安无事。所谓的"中间汇率制度消失"理论(the Hypothesis of the Vanishing Intermediate Regime),其基本思想是:唯一可持久的汇率制度是自由浮动制或具有非常强硬承诺机制的固定汇率制(如货币联盟和货币局制度),而介于严格固定汇率与自由浮动之间的中间汇率制度包括软钉住汇率制(如可调节的钉住、爬行钉住幅度以及有管理浮动制)已经变得不可维持。在不久

---

① Reihart,C.,"The Mirage of Floating Exchange Rate",*Americal Economic Review*,Vol. 90,No. 2,2000,p. 69.

的将来,各国不是选择完全自由的浮动汇率制就是选择硬钉住汇率制,而中间汇率制度消失所形成的所谓空缺的中部(the hollow middle),就被称为两极汇率制度(the Two Poles)或中空汇率制度(Hollowing Out Theory of Exchange Rate Regime)。

一般认为,首先倡导"中间汇率制度消失"是美国教授艾肯格林(1994,1998),而后有奥布斯特费尔德和罗果夫(1995)、德格劳威(De Grauwe,1997)等。据研究,艾肯格林(1994)最初的论述其实是针对1992—1993年间欧洲汇率机制危机的。他认为,这次危机表明通过分几步逐渐收窄汇率目标区来过渡到欧洲货币联盟的战略并不可行,特别是在21世纪,要达到特定汇率目标而酌情处置的政策规则将不再可行,各国将被迫在浮动汇率和货币统一之间作出选择。奥布斯特费尔德和罗果夫(1995)认为,在浮动汇率和采用一个共同货币之间,不存在一条舒适的中间地带,而跨过"峡谷"深渊的最好办法就是"简单一跳"。费歇尔(Fischer,2001)则认为,在过去的10年中,汇率制度分布存在着中间汇率制度空洞化趋势,这不仅对于积极融入国际资本市场的经济而且对于所有的国家都是真实的。主张"中间汇率空洞化"的经济学家认为中间汇率制度不再可行,汇率制度应该转向选择"两极",如"原罪"理论、汇率转移理论、"恐惧浮动"理论和"中间汇率制度消失"理论等,其中,"原罪"理论就主张,对于发展中国家来说,应当干脆没有汇率,其方法就是放弃本国货币而采用某种国际货币,实行美元化或欧元化等;汇率转移理论者认为,霸权稳定的效果是源于霸权国相对较低的开放度,而随着霸权国开放度的提高,国际货币体系(简称IMS)似乎处于霸权体系与平衡两极体系之间,从长期看,对于欧元/美元组合最稳定的货币体系将总是浮动的(Bénassy-Quéréet al.,2000);汇率是可调整的变量,固定汇率则把调整的负担转移给其他变量,容易造成国际收支失衡,从而导致不稳定的经济环境(Fratianni and Von Hagen,1990;Bénassy-Quéréet al.,2000)。

"中间汇率制度消失"理论的依据是:(1)由于资本自由流动下的"三难问题",中间汇率制度应让位于自由浮动汇率制,或者真正的固定汇率制(Summers,1999,2000)。在钉住汇率制的情况下,银行和企业会低估货币下跌或崩溃的风险,因而会过分持有未对冲的外币债务。当货币贬值同时其本币收入不足以偿还外币债务时,银行和企业就会破产,并对经济造成破坏性的影响。所以,在资本高度流动的情况下,只有两种可行的汇率政策,一种是把汇率固定住,并锁定它;而另一种则是让货币汇率浮动(埃奇格林,Eichengreen,1999)。(2)所谓"中间汇率制度消失"理论的另一个解释是:当一些国家采取钉住汇率制度并发现问题时,往往由于政治原因而必须等待很长时间才能调整汇率,或者改变其汇率制度,但这时已经太晚,损失已经造成,故"中间汇率制度"的代价可能太大。(3)用"可验证性"(verifability)来构建"中间汇率制度消失"的理论基础。当政府宣布实行某种汇率制度时,要使政府宣布事项具有公信力,就必须使这种制度简单而透明,从而让公众自己能够立刻判断出政府所实行的制度确实就是所宣布要实行的制度(Frankel,Schmukler,Serven and Fajnzlber,2000)。

据实证研究,Masson(2000)通过样本检验表明,"中间汇率制度消失"理论已被所选取的样本数据所否决,中间汇率制度将继续构成未来实际汇率制度选择的重要组成部分。Levy-Yturzenegger(1999)曾经发现许多实际钉住货币的国家,其中间汇率制度并没有逐渐消失。Bénassy-Quéréet al(2000)研究表明,通过公式估计的实际汇率制度情况明显不同于官方所描述的情况,没有趋势显示出转向更多的浮动汇率或更少的钉住美元,钉住美元在国际货币体系中仍旧显著,多种货币汇率制度仍旧相互并存,甚至在遭受亚洲货币危机较大的冲击后,这些情况仍旧如此。这一研究与Levy-Yturzenegger(1999)的研究结果是相一致的。

事实上,许多经济学家对"中间汇率制度消失"理论早已提出了异议,他们反对"两极化"或"中间空洞化"汇率制度,如 Frankel(1999)就认为,对于许多国家来说,中间汇率制度通常比角点汇率制度可能更加合适,特别是对于大规模资本流动尚不构成问题的发展中国家更是如此。而且,对于适合建立共同货币的区域,中间汇率制度比角点汇率制度更加可行。他们认为中间汇率制度仍然适应,而且对于某些国家可能更加合意,汇率制度的选择并非呈现两极化,如稳定霸权论、恐惧浮动论和反中间空洞化等,其中稳定霸权论者认为,大萧条是因为那时缺乏经济主导国,英国变得虚弱,美国尚未崛起,而主导力量的存在则会对经济起稳定作用,因为它能够对伙伴国实施某种合作,同时承受绝大部分成本(Kindleberger,1973)。

第三节　西方汇率制度选择理论的分析框架

汇率制度选择是一个动态的演进过程。1944 年,自以美元为中心的布雷顿森林体系建立以后,西方国家就拉开了汇率制度选择理论与分析范式演进的序幕。在这一进程中,许多专家学者不仅创建了汇率制度选择理论,而且还构建了汇率制度选择的分析范式。这里主要介绍"蒙代尔三角"①理论的分析框架。

第二次世界大战之后,首先就固定汇率制发难的是弗里德曼。1950年,他在《浮动汇率论》一文中指出,固定汇率制会传递通货膨胀,引发金融危机,只有实行浮动汇率制才有助于国际收支平衡的调节。1951 年,米德(James Meade)在《国际经济政策理论》一书中又提出了相似的"二元悖论"(又称"二元冲突"或"米德难题")理论。他认为,固定汇率制与资本自由流动是矛盾的,实行固定汇率制就必须实施资本管制,控制资本尤其是短期资本的自由流动。到 20 世纪 60 年代,蒙代尔在研究 20 世纪50 年代国际经济情况的基础上提出了著名的"蒙代尔三角"理论(蒙代尔,Mundell,1963)。

一、"蒙代尔三角"的原理

"蒙代尔三角"理论旨在支持固定汇率制,特别是其在开放经济条件下构建的 IS—LM 模型(又称蒙代尔—弗莱明模型,Mundell-Fleming

---

① 赵蓓文:《从"蒙代尔三角"看人民币汇率制度的选择》,《世界经济研究》2004 年第 7 期。

Model),堪称固定汇率制下使用货币政策的经典分析。其理论假定是：①经常账户和资本账户开放；②国内外所有货币、证券资产充分替代，即资本自由流动；③国内产出供给富有弹性；④小国开放模型。该模型指出，在没有资本流动的情况下，货币政策对一国收入方面的影响与改变，在固定汇率制下是有效的，而在浮动汇率制下则更为有效。在资本有限流动的情况下，整个调整结构和政策效应与没有资本流动时基本一样。在资本完全可流动的情况下，货币政策对一国收入方面的影响与改变，在浮动汇率制下是有效的，而在固定汇率制下则完全无能为力。"蒙代尔三角"理论的主要内容就是货币政策独立性、资本自由流动与汇率稳定这三个政策目标不可能同时实现。因此，该理论又被归结为"三元悖论"（Obstfeld Taylor,1998）、"不可能三角定律"（Summers,1998）。克鲁格曼（Paul Krugman,1979）和弗兰克尔（Krankel,1999）则进一步将其形式化为"不可能三角"模型。1999年,克鲁格曼（Paul Krugman）根据上述原理画出一个三角形，并称其为"永恒的三角形"（The Etemaml Triangle），从而清晰地展示了"蒙代尔三角"的内在原理。在这个三角形中（如图4-3-1所示），A表示选择政策独立性和资本自由流动，B表示选择固定汇率和资本自由流动，C表示选择货币政策的独立性和固定汇率。这三个目

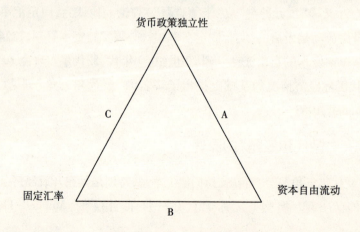

图4-3-1 "蒙代尔三角"

标之间不可调和,最多只能实现其中的两个。而弗兰克尔(Krankel,1999)则认为,在货币独立、汇率稳定和金融一体化之间,一国不可能同时实现这三个目标,而必须放弃三个目标中的一个。特别是在国际金融市场变得日益一体化之际,汇率制度的选择似乎要么放弃汇率稳定,要么放弃货币独立。但这不等于说一国不能有半稳定和半独立。"蒙代尔三角"虽然意味着三大"角点解"不可能同时并存,只能三选二,但它并没有排除货币不完全独立、汇率不完全稳定和资本部分流动的不同组合存在的状况,或者说,内点解组合或中间汇率有效性也可能是成立的。

二、"蒙代尔三角"的应用

根据"蒙代尔三角"原理,货币政策独立性、资本自由流动性与汇率稳定性这三个政策目标不可能同时实现。然而,克鲁格曼的汇率目标区理论则为解决这一难题提供了一种可能性,即在保持货币政策独立性的情况下资本自由流动与汇率稳定性在一定程度上存在同时并存的可能性。而最初意义上的汇率目标区理论的基本思想是:以在世界贸易中占最大比重的工业国家的货币来建立一个汇率目标区,在这个"区"内有一个中心汇率(又称基本汇率),并在中心汇率附近确定一个汇率波动范围,有关国家力求使汇率的变动不超过这个区域,其他国家的货币汇率则钉住"目标区"的汇率和浮动幅度。但是,在实践中,大多数实行汇率目标区管理的国家都采取了钉住某一种货币或一篮子货币确定汇率波动范围的方法。按照这一思路,既然作为"蒙代尔三角"支点之一的汇率制度具有最小幅调整的可能,那么,根据蒙代尔—弗莱明模型,在资本有限流动的情况下,整个调整结构和政策效应与没有资本流动时基本一样,这就意味着在资本有限流动的情况下,货币政策对一国收入方面的影响和改变,在固定汇率制下是有效的。也就是说,当引入汇率目标区理论以后,在"蒙代尔三角"的三个支点(货币政策独立性、资本自由流动性与汇率稳定性)中,有两个支点(资本自由流动性和汇率稳定性)不是完全锁定的,而是具有一定程度的灵活性,但一定程度的灵活性并不影响最终的结果。这就为"三元悖论"的调和提供了一种可能性。

假定货币政策独立性这一支点不动(即为必须选择项),那么,一国在资本有限流动的情况下,仍然可以享有汇率稳定性。或者当汇率在目标区内波动时,由于这一体制的运行方式更像固定汇率制,而不是浮动汇率制,资本自由流动仍然可以在相当大的程度上实现(可以视为资本基本自由流动)。或者资本有限流动与汇率在目标区稳定运行同时实现。于是,人们就有了一种新的政策选择区间,即在一个类似于钟摆效应的区间内,一国当局可以在一定的幅度内灵活地根据实际经济情况来选择和调整它的汇率政策及对资本流动进行控制,而不必采取非此即彼的极端做法。

三、"蒙代尔三角"的局限

从"蒙代尔三角"可知,当资本完全流动或国际金融高度一体化时,在固定汇率制下,货币政策是没有独立性的;如果货币政策要是独立,那么,汇率制度就必须是浮动的。而且,从传统的蒙代尔—弗莱明模型出发,汇率的浮动程度与货币政策的独立性是呈正相关关系的。但实证研究表明,汇率制度的浮动性与货币政策的独立性之间不存在必然的联系,"蒙代尔三角"在实证上是不成立的[①]。

Frankel(1999,2002)等人在实证研究中认为"蒙代尔三角"是难以成立的。Frankel(2002)利用近10年来的月度数据对全球利率传递状况进行了计量,其结论是:(1)在过去10年中,所有汇率制度都已表现出本国利率对国际利率的高度敏感性,即无论是采取浮动汇率制还是固定汇率制,各国货币政策从长期而言都不是独立的;(2)浮动汇率只是在短期内增加了货币的一种独立性,但是只有大国才能受益于货币政策的独立;(3)本国利率与外国利率的同步变化与汇率制度的关系是不大的,但它往往决定于本国经济与世界市场金融一体化的程度、实体经济与世界经济国际一体化的程度以及各国所面临的外部冲击是否相同等因素。

---

① 雷达、刘元春:《人民币汇率与中国货币政策研究》,中国经济出版社 2006 年版,第 127 页。

Borensztein(2001)等人发现,将中国香港与新加坡对比,虽然能够支持传统的观点,即汇率越固定,货币独立性越差,但将阿根廷与墨西哥对比,却不支持传统观点,虽然阿根廷采取的是联系汇率制,而墨西哥采取的是更为自由的浮动汇率制,但墨西哥货币政策的独立性远远低于阿根廷。因而,货币政策的独立性与汇率制度之间的关系并非蒙代尔—弗莱明模型所预测的那样存在一一对应关系。Frankel,Schmukler Servin(2000)等人采用更多的样本国家,用1970—1999年的数据进行分析,他们发现浮动汇率制具有利率隔离作用的结论在20世纪80年代以前是成立的,而在20世纪90年代和发展中国家却是不成立的。Fratzscher(2002)通过对欧元区的实证分析,认为在金融全球化高度发展的现代化世界经济体系中,"蒙代尔不可能三角"可以演化成"蒙代尔可能性二元",即富有弹性的汇率制度可以增加货币政策的独立性,但实证结果表明,汇率制度由固定汇率制向浮动汇率制变化并不足以保证提高货币政策的独立性。Rogoff等人将其演变为"中间汇率制度消失论"(Obstfeld and Rogoff,1995;Summers,2000;Fisher,2001),并指出,为了获得"有效的货币锚"、"汇率调节的可证实性"和国际金融的高度一体化,迫使各国只能在"完全固定的汇率+货币的完全依附性"与"汇率完全的自由浮动+货币的完全独立"两大角点解之间选择,以中间汇率为基础的各种"内点解"没有存在的合理性,对于大国而言,应当选择完全自由的浮动汇率制,而对于小国而言,则应当选择诸如"货币局"或"美元化"等完全固定的汇率制。而与上述实证结果不同的是,Obstfeld(2004a,2004b)等人通过利用1870—1913年、1959—1973年和1974—2003年的数据分析,却得出了相反的结果。他们认为,"在总体上,'蒙代尔不可能三角'依然是正确的"的结论,即在古典的黄金本位时期,固定汇率与资本高度流动决定了利率国际传递的快速性;在布雷顿森林体系时期,固定但可以调节的汇率制度以及对资本的严格约束,决定了货币政策的有限独立性;在后布雷顿森林体系时期,资本高度流动性决定了实行固定汇率制度的国家的利率传递速度远远大于实行浮动汇率制度的国家。但计量分析却表明,这些结论根本不具有显著性,因而不足以说明其结论的正确性。因此,综合所有的实证分析,

"蒙代尔不可能三角"和蒙代尔—弗莱明模型所得出的命题难以获得实证检验的有力支持。

四、"蒙代尔三角"的理论突破

"蒙代尔三角"之所以在经济全球化时代无法通过实证检验,主要是因为"蒙代尔三角"的理论基础蒙代尔—弗莱明模型存在着一系列致命的缺陷。第一,蒙代尔—弗莱明模型是一个凯恩斯主义的经济开放模型,凯恩斯理论体系所存在的缺陷在蒙代尔—弗莱明模型中都能找到。一是在于该模型贯穿了凯恩斯的"收入—支出决定"的思想,从而忽视了价格弹性和资源充分利用条件下的经济传导机制作用;二是在于该模型所假设的经济体系中存在着具有价格刚性和价格弹性的"二元结构",从而造成钉住汇率制度的国家只享有短期的货币独立性。第二,蒙代尔—弗莱明模型也是一个"流量"模型。该模型既忽视了"资产组合"的作用,又忽视了与"资产组合"相关联的其他因素。正如多恩布什(1976)所言,蒙代尔-弗莱明模型在本质上还是一个静态预期模型,它没有考虑预期因素的作用。因此,20世纪90年代开放的宏观经济学全面地突破了"蒙代尔三角"的理论框架,创建了修正与扩展模型。

(1)Hausmann-Punizza-Stein 模型(1999)。该模型在充分考虑贬值时,通过汇率传递效应、资产负债表效应以及信贷渠道效应对通货膨胀水平和产出水平的影响,得出了汇率波动与货币独立性之间不存在一一对应关系的结论。该模型认为,一国由于存在"四种效应",让汇率自由波动可能会使产出水平和通货膨胀水平受到很大的冲击,如果本国的汇率传递效应很高、外币计账的负债很高,那么,本国将以牺牲本国货币的独立性来稳定汇率。因此,货币政策独立性与汇率政策之间的关系并非先验决定,相反,它是中央银行对本国市场结构、本币国际借债能力和国内价格调整模式等因素实现目标效用最大化的产物,这些因素的不同将直接影响货币独立性与汇率政策之间的关系。

(2)Svensson 模型(1992)。该模型通过对预期和风险溢价的强调,得出了即使在固定汇率制下货币也具有独立性的结论。该模型指出,中央银行对外汇市场进行干预,使汇率波动控制在指定的波动区间内,即使中央银行规定的汇率波动区间十分狭小,但只要中央银行承诺的目标区域汇率制度是可信的,那么,汇率的任何变化都会使市场产生本币在波动区间的反向贬值预期(或称为校正预期)。只有在这种预期作用下,各国资本市场的差异可能进一步产生资产替代的风险溢价。这种贬值预期和风险溢价的存在会使即使是很小的汇率波动区间也会产生很大的利率差异(或货币独立性)。

　　总之,"蒙代尔三角"不仅在实证分析上不完全成立,而且在理论上也被完全突破。因此,人们不能将"蒙代尔三角"及其相关命题视为政策分析和理论分析的必然前提,而必须考虑"蒙代尔三角"及其相关命题成立的前提。

第四节　西方汇率制度选择理论的评价

　　迄今为止,国际货币制度经历了"三大"货币体系:金本位货币体系、布雷顿森林货币体系和牙买加货币体系。"三大"货币体系决定了国际汇率制度的不同安排,而且这种制度安排的自由度和灵活性在不断增强(如表4-4-1所示)。

表4-4-1　汇率制度编年史(1880—2007年)

时期	汇率制度
1880—1914年	金银复本位制;金本位制;货币联盟;货币局;浮动
1919—1945年	金汇兑本位;浮动;有管理的浮动;货币联盟;完全浮动
1946—1971年	布雷顿可调整汇率;浮动(加拿大);双重/多重汇率
1973—2007年	自由浮动;有管理的浮动;可调整钉住;爬行钉住;一揽子钉住;目标区或区间;固定汇率;货币联盟;货币局

资料来源:储幼阳《论汇率制度转换——从固定汇率走向浮动汇率》,社会科学文献出版社2006年版,第28页。

　　具有而言,金本位体系下国际货币制度在本质上具有自发演进的特征,这种国际货币制度的形成并没有经历正式的国际协商,也没有签订正式的国际协定。其自发性的根源在于广泛流行于各国的金本位货币制度,其自身就是服从于"黄金纪律"而不受人为控制的"内生"制度安排。也就是说,只要各国坚持金本位的货币制度,出于市场机制的自身规律就会形成世界范围内的固定汇率制度。布雷顿森林体系下的国际货币制度则是一种特殊政治经济条件下的产物。第二次世界大战之后,美国是世界上唯一的超级经济大国,在经济上享有广泛的货币霸权。由于战后各国的经济重建都依赖于美国的援助,因而使美国成为世界经济的中心,进而使以金汇兑本位制为基础的全球固定汇率制得以确立。而牙买加体系下的国际货币制度在剧烈的利益冲突中渐次嬗变。一方面,各国广泛实行信用货币制度,从而使得任何全球性的固定汇率制的恢复失去了"黄金锚";另一方面,各国在经济上都取得相对独立的地位,并在相互的利益博弈中,全力寻找各自的"名义锚",从而使得全球性的国际货币制度安排更加复杂化。

一、没有任何汇率制度适合于所有的国家

最优货币区理论指出:在经济高度相关、要素充分流动的经济体之间应该结成最优货币区,并拥有自己的货币和自己的货币政策。根据反证法,现假定有一种制度适合于所有的国家,则可推论统一货币的最佳覆盖范围只适应于一定大小的区域:大于一座城市,小于一个世界。或者说,最优货币区存在,但是如果有一种汇率制度适合于所有的国家,则按推论只能是货币同盟,即全球所有国家都进入同一货币区。而最优货币区理论认为最优货币区不可能适用于所有的国家,这就导出悖论现象。而且世界上如果只有一种货币,这显然在可预见的将来是不现实的。其实,早期的最优货币区可以定义为:某个地区既不是太小和太开放以至于放弃钉住邻国的某一货币,也不是很大以至于分割为拥有不同货币的子区域。但是,在蒙代尔最优货币区标准之后,又增加许多有关最优货币区的其他新标准(托尔和威利特,Tower and Willett,1976)。显然,充实最优货币区标准的一个重要原因是关于货币质量的问题,而固定汇率常常被认为是

提高货币质量的有效方法。因为单一货币的使用所覆盖的范围越大,至少是实行固定汇率的区域越广,其信息成本就越低,货币单位的有用性就越高。从经济学的角度看,衡量最优货币区能否成功的标准通常包括:(1)区域内贸易的比重。如果区域贸易的比重越大,那么建立货币联盟、消除区域内汇率波动带来的收益就越大。(2)各国所面对的外部冲击是否同质。加入货币联盟意味着货币政策的统一,如果各国所面临的外部冲击是一致的,那么它们的最优货币政策就应该相同,放弃货币政策自主权的成本就越小。(3)工资和价格的弹性。如果工资和价格富有弹性,那么当面临外部冲击时就可以更多地指望价格调整,汇率调整的压力就越小,而货币联盟成功的概率就越大。(4)是否存在有效的财政转移机制和风险分担机制缓冲货币联盟对成员国带来的损失。与经济意义上的一体化相比,政治意义上的一体化也同样会削弱货币政策的独立性。如果本国居民和邻国居民拥有相似的预测偏好,那么,无论是对抗通胀还是对抗失业,对相同冲击采取不同政策的意愿就会降低(Gorden,1992;Alesina and Grilli,1992)。显然,最优货币区只有在一定范围内才可以提高货币质量,也只有在满足一定条件下才会出现,即最优货币区不可能覆盖所有的国家。因此,没有也不可能所有的汇率制度都适合所有的国家。

二、没有任何汇率制度适合于所有的时期

最优的或合意的汇率制度既会因国家的不同而不同,也会因时间的变化而变化,而且后者更加明显。其原因在于特定的经济结构并不是在任何时候都有相应的最优的或合意的汇率制度。虽然决定汇率制度的经济结构确实会随时间的变化而变化,但是,影响最优货币区的参数开放度和收入,其相关性并不是在任何时期都固定不变的,它们会根据各国的基本经济政策和外生因素,如随日益降低的关税而变化。由于最优货币标准具有内生性,当政府有意识地改变其经济结构时,比如通过区域贸易安排或者通过区域联盟提高区域贸易的一体化程度时,对某些国家来说,汇率制度的偶尔转换是不可避免的。也由于一体化的不断深入发展,战后

大多数国家曾经历过贸易与国民收入比例的大幅度提高,特别是欧盟一体化程度的不断提高。加入欧盟的长期影响是增进加入国与盟国之间的贸易往来,而欧共体成员国之间的贸易在欧共体形成之后提高了大约60%,甚至更多(Frankei,1997;Frankei and Wei,1995)。

研究表明,收入相关性取决于贸易一体化。假定收入相关性和贸易一体化是正相关的,则在一个需求导向的模型中,由于收入相关性单纯地取决于两国相互之间的边际进口倾向,则"收入相关性取决于贸易一体化"的结论成立。而在其他模型(比如说生产率冲击通过贸易的溢出效应)中,则"收入相关性取决于贸易一体化"同样成立。因此,成员国之间的收入相关性函数如图4-4-1所示,是一条向右上角倾斜的直线。

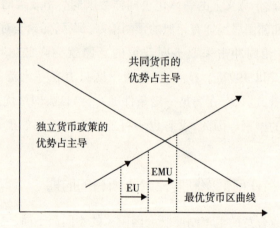

图4-4-1 收入相关性变化图

假定在其他条件不变的情况下,经济专业化不利于共同货币而多样化则有利于它。当贸易越来越一体化时,各国的生产就会日益专业化,而专业化程度的提高将会减少收入的相关性。无论一体化程度的提高是外生力量的结果还是有意识的货币政策的结果,收入相关性函数都将向下倾斜(Eichengreen-Krugman,艾肯格林—克鲁格曼模型),如图4-4-2所示,专业化程度的提高将会减少收入相关性。

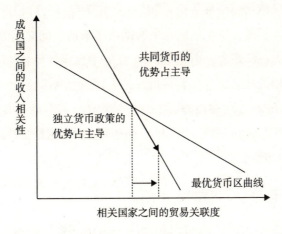

图 4 - 4 - 2　收入函数图

　　艾肯格林—克鲁格曼模型在理论上存在着严重缺陷。其缺陷主要来源于对较大地理区域边界界定的推断。假定两个或更多地区的联合形成了一个更大的联合体,而且该联合体倾向于比这些地区各自分割时更加多样化(贸易与 GDP 的比率随着规模扩大而下降)。如果一个单一的地区足够多样化,那么通过对艾肯格林—克鲁格曼标准关于把本国货币钉住邻国货币的检验,则可以推出:在其他条件不变的情况下,由此而形成的更大(更多样化)的联合体将更容易通过检验。因此,单个地区将希望钉住其他邻国的货币,形成一个更大的联合体,而且这一过程会不断地进行下去,直至整个世界收敛于采用统一货币——一个真正的角点解。如果单个地区没有足够地多样化,从而在开始时就没有达到艾肯格林—克鲁格曼标准,则在最优货币逻辑下,单个地区应该分割成几个较小的相互浮动的货币实体。但这些较小的货币实体将会越来越缺少多样化,从而更无法达到艾肯格林—克鲁格曼标准,而这些较小的货币实体将会进一步被分割成更小的货币实体。这一分化的过程将继续下去直至世界收敛于完全专业化的个体。或者说,系统是不稳定的,不存在一个均衡的内在解,而政府实际上也并不可能利用最优货币标准来选择他们的汇率制度。如果政府按照所谓的"正确"的最优货币区标准行事,那么,其结果就只能是全世界只使用同一种货币,或者是全世界有与人口相当的货币。但这又完全违背了最优货币区定义中所阐述的采纳最优货币的地理空间是中间水平的内在解理念。因此,这种思路并不合理。而且,实证也表明开放度和收入相关性之间存在着正相关关系,也就是说,经历渐进贸易一体化的国家,将随着时间逐渐地、越来越好地达到采纳某一共同货币的标准,即汇率制度转换的过程。综上所述的一般性结论是:没有任何汇率制度适合所有的时期。

三、没有任何最好的汇率制度

国际货币基金组织曾对各国汇率制度从固定程度最高一级的货币联盟到浮动程度最高一级的完全自由浮动制,依据汇率调节的灵活性,分为九种不同的汇率制度安排,即货币联盟、货币局、严格固定汇率制、可调整的钉住汇率制、爬行钉住、一揽子钉住、汇率目标区、有管理的浮动和完全自由浮动汇率制。现根据沃尔夫(Wolf,2001)归类并结合最新的研究制表如下:

表4-4-2 1975—1999 年汇率制度转换次数和持续期 (单位:年)

原来汇率制度	退出到①	退出到②	退出到③	退出到④	退出到⑤	退出到⑥	退出合计(次)	久期均值
①严格钉住	—	0	0	0	0	0	0	14.9
②单一货币钉住	14	—	53	20	34	26	147	9.5
③货币篮子钉住	0	11	—	6	7	20	64	9.9
④基于规则干预的浮动	11	3	6	—	11	12	43	6.2
⑤审慎干预的有管理的浮动	2	20	10	20	—	30	82	4.5
⑥轻微干预或没有干预的浮动	3	5	2	9	35	—	54	6.2
进入合计(次)	30	39	71	55	107	88	310	

资料来源:储幼阳:《论汇率制度转换——从固定汇率走向浮动汇率》,社会科学文献出版社2006年版,第89页。

据研究,在1975—1999年之间,国际汇率制度累计发生转换达310次,而每种汇率制度持续时期从4.5—14.9年不等,每种汇率制度进退次数越多,则可持续性越低。从每种汇率制度实际持续的时间来看,严格钉住的持续最长,均值为14.9年;单一货币钉住和货币篮子钉住的持续时间次之,均值约为9—10年;而浮动汇率的持续时间较短,均值约为5—6年。从汇率制度的持续期来看,实证表明汇率制度的持续性是有限的;从1999—2001年各国汇率制度转换来看,许多国家的汇率制度转换不可避免。也就是说,现有的汇率制度缺乏可持续性(储幼阳,2006)。

众所周知,任何汇率制度都是人类自身的创造,其有效运行需要人类自身的协调和管理。货币制度如此,汇率制度更是如此。从制度经济学的角度看,国际货币制度具有典型的"国际公共产品"性质。其需求方产生于两个方面,一是国家具有"经济人"特征,也有追求利益和效用最大化的倾向;二是国际货币体系中存在"无政府"特征。由于国际贸易中缺少一个全球性中央银行和超越各国法律的单一法律,因此,各个分离行为体的国家,更希望通过某种协调机制来降低交易费用和减少不确定性风险。而"三大"货币体系的制度供给则是各种性质不同的汇率制度安排。从制度变迁的角度看,国际货币制度是一种"基础性的制度安排",而国际汇率制度安排则被视为"第二级的制度安排",即国际货币制度安排决定国际汇率制度安排,而后者对前者具有反作用力。同时,由于国际汇率制度安排具有私人契约性质,因此,一般而论,任何一种汇率制度的安排与运行都要付出成本和代价,虽然无法设想一种完美理想的汇率制度,但完全可以设想一种边际成本或代价最小的汇率制度。国际货币体系不仅需要一个最优的货币区,而且还需要一个最低的成本区。尽管完全自由浮动是一种理想的状态,但这只是一种国际汇率制度发展的未来趋势,而不是一个各国汇率制度安排的现行目标。

第四章

人民币汇率的理论与实践

中国人使用纸币的历史早于欧洲(陈平,2002)。但习惯于使用金属货币的中国人,却没有使中国的纸币走向世界。新中国成立前夕,特别是在高度集中的计划经济体制建立之后,人民币及其汇率经历了一个由诞生到初步发展的曲折过程。由于受到计划经济体制的影响,人民币汇率主要由国家根据政治和经济发展变化的需要而加以规定,这种相对凝固化的汇率制度,虽然在一定历史时期起到一定的积极作用,但终因与市场严重脱节和偏离而给经济发展造成了一定的负面影响。然而,社会主义条件下的市场化改革取向,不仅彰显了人民币汇率作用于宏观经济的杠杆效应,使过于僵化的人民币固定汇率制度获得了生机,而且还确立了人民币作为准国际化货币的地位,使人们对汇率稳定有了更深层次的理解。

第一节　人民币汇率的诞生及价值基础

一、人民币汇率的诞生

为适应解放后国家对外贸易发展的需要,华北、华东和华南等地区的中国人民银行制定了人民币对外国货币的汇价。1949年1月19日,人民币对西方国家货币的汇率首先在天津口岸正式诞生。当时的汇率是1美元兑换80元人民币。到1950年全国统一财政工作会议以后,人民币实行了全国统一的汇价,由中国人民银行总行公布。

新中国成立初期(1949—1955年),由于人民汇率制度尚处于初步阶段,而且极不完善。因此,这一时期的人民币汇率具有以下几个特点:(1)从性质上看,人民币汇率属于自由市场汇率,汇率随着国内物价的变化而不断进行着调整。尤其是在国内物价飞涨时期,人民币兑美元汇率也不断随着供求关系而下跌。（2）人民币汇率波动幅度过大。从 1949 年年初的 1 美元兑换 80 元旧人民币跌到 1950 年 3 月的 1 美元兑 42000 元旧人民币，其跌幅达到 524%。后来又从 1950 年 3 月的最低点上升到 1952 年的 1 美元兑 26170 元旧人民币，升幅高达 60.5%；同期，英镑汇价通过美元套算，1949 年 4 月 6 日 1 英镑折合 1800 元旧人民币，到 1950 年 3 月 13 日为 1 英镑折合 98708 元旧人民币，其跌幅达 53.8%。（3）人民币汇率的变动十分频繁，而且缺乏相对稳定性，从 1949 年 1 月 19 日起，到 1950 年 3 月 13 日止，在不到一年的时间内就调整了 52 次。（4）人民币汇率多达几十个，而且极度分散。全国各地的汇率都是以天津口岸的汇率为基础并根据本地实际情况来制定其汇率，一个地区一个汇率，没有形成一个统一的人民币汇率。

二、人民币汇率的价值基础

针对人民币价值基础问题，在理论界一直存在着黄金派和非黄金派之争，但结果以非黄金派占上风而定局。1948 年 12 月 7 日，新华社发表社论指出："解放区的货币，从它产生第一天开始，即与金银脱离关系。"当时规定，禁止金银在市场流通，允许个人持有和收藏，但不准买卖，银行采取合理的价格进行收兑。从人民币的实际发行来看，确实没有规定其法定含金量，也没有以黄金作为发行储备。黄金与国内物价没有任何联系，它不起价值尺度和流通手段的作用。全国解放后，人民政府为稳定物价和人民币币值以及维持人民生活的安定，采取了折实制度，以粮、布、油、煤和盐五种商品的综合物价指数作为"折实单位"，并以之作为发行公债、吸收储蓄存款和发付工资的计值标准。当 1955 年发行新人民币并以新旧人民币 1:10000 比例收回旧人民币时，才取消"折实单位"。

按照非黄金派的观点，人民币的价值基础不是黄金，人民币是一种纸币，是以"元"为价值尺度的一般等价物，人民币直接代表商品价值，把一切商品所包含的人民劳动化为无差别的质和不同的量，由政府担保，既发挥价值尺度作用，又发挥流通手段作用。在实践中，人民币始终没有以黄金定值,特别是 1973 年以美元为中心的金汇总本位制度被瓦解以及 1976 年 1 月牙买加协议被通过之后,黄金官价即被废除,货币含金量也被取消,货币不再以黄金定值,货币与黄金的法定联系已完全丧失,因而人民币就不可能建立在金本位的基础之上。同时,由于人民币既不可能自由兑换,又不可能进入国际货币市场,因而人民币汇率也就不可能在国际市场上自发形成。虽然在理论上可以根据马克思的国际价值理论来确定人民币汇率,但在实际运行中却无法操作。尽管有许多西方汇率理论,但其模型和方法由于其自身存在着许多不足,因而对以计划为主的经济体系就自然不相适应。因此,在我国便形成了人民币汇率的独特确定原则和方法。

人民币汇率诞生于新中国成立前夕,具有很浓的政治色彩,然而,尽管它不是在市场机制中形成的,但它在一定程度上受到了西方市场机制的影响。

第二节 人民币汇率的计量

人民币诞生于传统的社会主义经济体制,其汇价尽管不如资本主义国家那样与外汇收支平衡有极大的依存关系,但西方有关汇率理论对人民币汇率的形成仍然起着不同程度的作用。而且,人民币汇率的确定,不论是针对资本主义国家货币,还是针对其他社会主义国家货币,都是围绕着"比价"的思路展开,并被逐步修正完善,从而成为计量人民币理论汇率的有力工具。

一、人民币理论汇率的计量模型[1]

1948 年 1 月 18 日,我国首次在天津市公布了人民币对资本主义国家的汇率。由于人民币没有规定含金量,因此,对资本主义国家的汇率不

---

[1] 吴念鲁、陈全庚:《人民币汇率研究》,中国金融出版社 1992 年版,第 134—135 页。

是按两国货币的黄金平价来确定,而是以"物价对比法"作为基础计算的,即人民币汇率制定的依据是物价。解放初期,我国外汇牌价是依据人民币对内对外购买力的变化情况并参照进出口商品理论比价和国内外的生活物价指数(按"折实物价指数")来确定的。因此,在汇价上,不仅要照顾资本主义出口商经营75%—80%左右的出口商品获得5%—15%的利润,还要确保华侨汇款折取的人民币实际购买力。其具体的计算是以津、鲁、沪和穗四大口岸定期计算的进出口商品理论比价及闽、粤计算出的华侨购买力比价为重要参考依据。

1. 国际价值的计量模型

马克思的国际价值理论认为汇率的实质是两国货币所具有(在金属货币条件下)或代表的(在纸币条件下)内在价值之比。货币的内在价值量是由生产商品的社会平均劳动时间决定的。由于国家之间劳动生产率存在着差距,这一差距便成为国际贸易中两国汇率决定的基础。在现实经济中,人们往往利用进口与出口国内价格与国外价格的对比来计量人民币的理论汇率。即:

$$e_x = \frac{P_x}{P_x^*} \tag{5.2.1}$$

$$e_m = \frac{P_m}{P_m^*} \tag{5.2.2}$$

式中,e_x、e_m 分别表示出口商品和进口商品的国内外价格之比,P_x、P_x^* 分别表示出口商品的国内外价格,P_m、P_m^* 分别表示进口商品的国内外价格。而人民币的理论汇率则是:

$$e = e_x w_x + e_m (1 - w_x) \tag{5.2.3}$$

式中,e 表示人民币的理论汇率,w_x 表示出口商品的权数,一般用出口在进出口总额中比重来表示。(5.2.3)式表示选择出口商品比价和进口商品比价的加权平均值来计量人民币的理论汇率。以上两个公式计算出来的结果都是以外币一个单位折合人民币的数字(即直接标价法),而且两个比价数字是不相同的,究竟以哪一个数字作为主要参考,则视不同时期的汇价政策而定(吴念鲁、陈全庚,1989)。国际价值可以为进出口部门的盈亏提供一个测量的标准,政府也可以据此来调整汇率以适应进出口部门的需求变化。

在(5.2.3)式的基础上,如考虑"照顾出口"政策,则应加上一个"出口倾斜率"(α)以及中期不能完全取消财政对高亏出口和必须进口的补贴,而加入进出口的补贴(s_x 表示出口补贴,s_m 表示进口补贴,并按 1 美元计算),人民币一般的均衡汇率($\bar{e}$)计算模型修正为(景学成、周林,1986):

$$\bar{e} = (\alpha + 1) \left[(e_x + s_x) w_x + (e_m + s_m)(1 - w_x) \right] \qquad (5.2.4)$$

2. 物价对比法的计量模型

我国在新中国成立初期曾用物价对比法确定人民币均衡汇率水平,这一理论的基础是马克思的国际价值理论。针对解放后的经济形势,我国采用"奖励出口、兼顾进口、照顾侨汇"的汇率政策。即保证大宗出口商品的出口,限制奢侈消费品的进口,并且对比华侨在国内外的生活水平,照顾其在国内具有相当的购买力水平。"物价对比法"包括三个组成部分:出口商品的理论比价 e_x,进口商品的理论比价 e_m,侨汇的购买力比价 e_p。具体可表示为:

$$e_x = \sum \left[\frac{P_{xi}}{P_{xi}^*} \right] \qquad (5.2.5)$$

$$e_m = \sum \left[\frac{P_{mj}}{P_{mj}^*} \right] \qquad (5.2.6)$$

$$e_p = e_o \frac{P_H}{P_F} \qquad (5.2.7)$$

式中,P_{xi} 表示出口商品 i 的国内总成本(或国内批发价格),P_{xi}^* 表示出口商品 i 的 FOB 价格,w_i 表示出口商品 i 的出口额在出口总额中所占的比重;P_{mj} 表示进口商品 j 的国内总成本(或国内批发价格),P_{mj}^* 表示进口商品 j 的 CIF 价格,w_j 表示进口商品 j 的进口额在进口总额中所占的比重;e_o 表示基期人民币的官方牌价,P_H 表示典型五口侨眷之家生活费用指数,P_F 表示国外生活费用指数。计算后所得到的比价,如低于牌价,则汇率有利于侨汇,反之,则不利于侨汇。

通过对出口商品的理论比价 e_x ,进口商品的理论比价 e_m ,侨汇的购买力比价 e_p 三项指标综合加权平均,便可计算出人民币理论汇率。这种计量方法能比较真实地反映人民币对外的价值,因为人民币的对外购买力的测定是在贸易和非贸易的国内外商品和劳务价格对比的基础上确定的。但在实际操作中,我国并不是严格按上述模型计量的结果来确定人民币汇率水平,而是根据不同时期的政策需要来对某一比价进行计量。

3. 换汇成本出口计量模型

物价对比法所确定的人民币汇率是计划经济的产物。在计划经济体制下,我国的进出口贸易是由国家计划控制,汇率主要是反映外贸部门账面盈亏的一个被动记账工具,加之国家对国内价格体系实行严格管理,因此,这一时期的汇率已经不具有真正意义上的经济含义。从 1980—1994 年,官方汇率的调整主要是以全国平均换汇成本为依据。到 1994 年以后,人民币汇率的确定又产生许多新的计量方法。

我国改革开放较早实施于外贸部门,外贸经营权的获取与自负盈亏的试行促成了外贸部门创利机制的形成,而创利机制是否有效,则取决于经人民币汇率折算的内外物价之比。虽然在内外物价水平结构相当的情况下,汇率的决定并不困难,但是,当时国内的物价结构由于政策因素而长期严重扭曲,如我国存在着较大的工农业产品价格剪刀差的现象。国内原有的低物价体系随着开放的深化出现了很大的变化:贸易品价格因为迅速和国际市场接轨而上升,非贸易品价格则在低收入格局下维持着较低的水平。这种相对物价在不同商品上的不对称导致了人民币汇率定价困难。具体而言,以中、美两国的物价之比来衡量的话,国内综合物价水平相对较低,则使人民币的国内价值或国内市场购买力偏高,而以国内外的贸易商品价格之比来衡量的话,则使人民币的国际价值或国际市场购买力偏低。同时,在贸易商品价格中,进口商品或出口商品以及不同的进口商品或出口商品之间差异甚大,以至于人民币汇率的定价几乎无所适从。为了避免这种偏离,我国最终决定维持官方汇率,并引入贸易内部结算价格制度。

1981年1月起,贸易内部结算价格被规定用于进出口的结算,官方汇率的性质由此转为非贸易汇率。为鼓励出口,同时又推行外贸体制改革,就必须使出口企业能够做到自负盈亏,就必须使人民币汇率作相应下调。如果企业不能盈利,那么,出口就会萎缩,公司就会对盈亏不负责任,而国家就必须重新采用补贴政策。这种汇率水平就是(广义的)包含一定利润在内的出口换汇成本。其模型是:

$$出口换汇成本 = \frac{(包括利润的)\,以人民币计值的出口成本}{以外币计值(用1美元计算)的销售价格} \quad (5.2.8)$$

如果是外贸公司,那么,该出口成本可理解为出口商品的国内批发价;如果是生产企业经营外贸,那么,出口成本就是生产和销售成本。

但由于我国在1994年以前没有类似的WPI指数,因此,两个经济发展阶段完全不同的中、美两国物价之比,必然造成人民币均衡汇率的计量误差。为此,动态的、不断变化的出口换汇成本则采用以下修正计量模型①:

$$修正出口换汇成本 = 基期成本 \times \left(\frac{中国工业品出厂价格指数}{美国WPI}\right)$$

$$(5.2.9)$$

其计量方法是:以1985年为基年,将1美元兑2.80元人民币视为基年成本,乘以中国批发指数除以美国的批发物价指数来计算比较期的"修正出口换汇成本"。由于这一时期我国没有批发物价指数的统计,故将我国的工业品出厂价格指数作为替代指标。由此可以看出,中、美两国WPI的变化将在一定程度上决定出口换汇成本和人民币汇率的变化。

二、人民币实际有效汇率的计量模型

1. 人民币双边实际有效汇率的计量模型

人民币实际有效汇率和双边实际汇率的计量公式是:

---

① 许少强、朱真丽:《1949—2000年的人民币汇率史》,上海财政大学出版社2002年版,第114页。

$$REER = \frac{NEER \times P}{\prod_{i=1}^{n} (P_i^*)^{w_i}} = \prod_{i}^{n} \left(\frac{E_i^*}{E}\right)^{w_i} \times \prod_{i}^{n} \left(\frac{P}{P_i^*}\right)^{w_i} \left(\text{其中}, \sum_{i=1}^{n} w_i = 1\right)$$

$$(5.2.10)$$

$$BRER = \frac{P}{E \times P^*} \tag{5.2.11}$$

式中，$REER$ 表示人民币实际有效汇率，$NEER$ 和 E 分别表示人民币名义有效汇率（间接标价法）和人民币兑美元名义汇率，E_i^* 表示中国第 i 个贸易伙伴国货币兑美元名义汇率，P 和 P^* 分别表示中国价格水平与中国贸易伙伴国的价格水平，P_i^* 表示中国第 i 个贸易伙伴国的价格水平，w_i 表示中国第 i 个贸易伙伴国的权重，n 表示测算中国实际有效汇率时所选取的贸易伙伴国的数量。(5.2.10)式和(5.2.11)式所计量的人民币实际有效汇率和人民币双边实际汇率数值的上升，则意味着人民币实际升值而不是实际贬值。采用(5.2.11)式的原因主要在于 IMF 在测算人民币实际有效数值时所采用的模型与(5.2.10)式基本相同。为具有可比性，人们往往要采用与 IMF 相同的计量公式测算。

2. IMF 测算人民币实际有效汇率的方法[1]

IMF 于 1983 年启动了"信息通告制度（The Information Notice System，简称 INS）"[2]。最初，INS 在测算实际有效汇率和名义有效汇率时，依据 IMF 各成员国数据的可获得性和贸易流特征，将其分为三类：第一类是由 14 个工业化国家组成，这些国家可获得标准的制造业部门的单位劳动成本指数（ULC）测算其实际有效汇率；第二类是包括所有的工业国家（卢森堡除外）和以制造业出口为主的发展中国家，共 36 个国家，这些国家可获得消费价格指数（CPI）测算其实际有效汇率；第三类是由初级产品生产并出口为主的 107 个国家和地区，其中有 73 个国家可获得消

---

① 许少强、马丹、宋兆晗：《人民币实际汇率研究》，复旦大学出版社 2006 年版，第 24 页。

② Zanello Alessandro, Dominique Desruell, "A Primer on the IMF's Information Notice System", IMF Working Paper, 1997.

费价格指数(CPI)测算其实际有效汇率,而其他 34 个国家只测算了名义有效汇率。INS 在测算各国实际有效汇率时采用的模型是:

$$REER = \prod_{i \neq j} \left(\frac{E_i}{E_j} \frac{P_i}{P_j} \right)^{w_{ij}}, \quad \sum w_{ij} = 1 \qquad (5.2.12)$$

式中,P_i、P_j 分别表示 i 国和 j 国以各自货币表示的价格指数(主要是 ULC 或 CPI),E_i、E_j 分别表示 i 国和 j 国货币兑美元名义汇率(间接标价法),w_{ij} 表示 j 国相对于 i 国的竞争能力权重。

到 1997 年,进入第一类国家增至 21 个,中国属于第二类国家。1975 年,IMF 就测算了人民币名义有效汇率,但人民币实际有效汇率测算则始于 1980 年,INS 采用的是 CPI 数据。不过,国内也有人采用 GDP 平减指数(GDP Deflators)和制造业部门单位劳动力成本指数(ULC)测算人民币实际有效汇率(许少强,2006)。

资料显示,IMF 测算人民币实际有效汇率所依据的是 16 个经贸伙伴国和地区的货币及其权重①,即中国香港特区(0.230322)、日本(0.196801)、美国(0.152570)、德国(0.084016)、中国台湾地区(0.047109)、法国(0.046697)、意大利(0.042933)、英国(0.036844)、加拿大(0.027657)、韩国(0.026481)、荷兰(0.022859)、比利时(0.019968)、新加坡(0.019258)、澳大利亚(0.017827)、瑞士(0.015870)、西班牙(0.012788)。采用 16 个经贸伙伴国和地区的方法,其币种太多,而且权重也不太合理。或者说,这不符合美元本位制的特点,也不符合我国对外贸易主要以美元计价结算的国情,即便考虑到港元的联系汇率制,将中国香港的权重纳入美国,美国的权重也仅为 0.382892,这显然与现实相差太远。

三、人民币均衡汇率的其他计量模型

近年来,除 Bu and Tyers 外,有关人民币均衡汇率的计量模型基本上都是在 Edwards、Elbadawi 和 Montiel 等经济学家的理论基础上构建的,在

① 张晓朴:《人民币均衡汇率研究》,中国金融出版社 2001 年版,第 76 页。

方法论上都是采用行为均衡实际汇率模型（BEER），用一般均衡框架下的简约单一方程来计量人民币实际均衡汇率；在计量技术上都是采用协整分析（范敏除外）。如表 5 - 2 - 1 所示。

表 5 - 2 - 1　近几年文献中的人民币均衡汇率实证模型

		实际汇率	基本经济要素	计量模型	样本区间	计量方法	主要结论
1	ZXP 模型（张晓朴）	IMF 实际有效汇率指数（指数上升表示实际汇率升值，下降表示贬值）	①劳动生产率（PROD）：以 GDP 表示；②贸易条件（TOT）：以进出口差额表示；③国外净资产（NFA）；④广义货币供应量（M₂）	$Q* = f(\underset{+}{PROD},$ $\underset{+}{TOT}, \underset{+}{M_2}, \underset{+}{NFA})$	1984—1999 年季度数据	ADF 检验、协整检验、误差修正（VEC）模型、H－P 滤波	①PROD 和 M₂ 对均衡汇率影响力最大；②实际汇率与均衡汇率基本吻合，有三次严重高估和两次严重低估；③亚洲金融危机期间实际汇率高估幅度并不大
2	LBQ 模型（林伯强）	Edwards 双边实际汇率指数（指数上升表示实际汇率贬值，下降表示升值）	①开放度（OPEN）：以贸易额/GDP 表示；②贸易条件（TOT）：以出口价格/进口价格表示；③广义货币供应量（M₂）	$Q* = f(\underset{-}{OPEN},$ $\underset{-}{TOT}, \underset{+}{M_2})$	1955—2001 年年度数据	ADF 检验、协整检验、向量自回归（VAR）模型、H－P 滤波	①M₂ 和 OPEN 对均衡汇率的影响力较大；②1967 年前基本高估，1967 年后 10 年基本均衡，改革开放初期高估；③改革开放至亚洲金融危机前低估，危机期间严重高估
3	ZB 模型（张斌）	IMF 实际有效汇率指数（指数上升表示实际汇率升值，下降表示贬值）	①劳动生产率（PROD）：以中外人均 GDP 之比表示；②国内投资率（INVT）；③外商直接投资（FDI）；④国际需求水平（WPI）：以世界出口品价格表示	$Q* = f(\underset{+}{PROD},$ $\underset{-}{INVT}, \underset{-}{FDI}, \underset{+}{WPI})$	1992—2002 年季度数据	ADF 检验、协整检验、恩格尔一格兰杰两步法、H－P 滤波	①均衡汇率中长期面临升值趋势；②PROD 和 FDI 是均衡汇率升值的核心力量；③1998 年中期实际汇率高估，随后转入低估，2002 年低估更趋明显

	实际汇率	基本经济要素	计量模型	样本区间	计量方法	主要结论
4	ZDF模型（赵登峰）	IMF实际有效汇率指数（指数上升表示实际汇率升值，下降表示贬值）	①相对劳动生产率（PROD）；②收入贸易条件指数（TOT）；③实际货币供给量（RM$_2$）	$Q* = f(\text{PROD}, \text{RM}_2, \text{TOT})$	1980—2003年年度数据	ADF检验、协整检验、误差修正（VEC）模型	①1980—1995年均衡实际汇率呈贬值趋势，贬值幅度较大；1995—2003年均衡实际汇率呈升值趋势，升值速度极为缓慢；②实际汇率在1982—1985年和2001年高估，而大部分年份低估；③中国相对劳动生产率的提高决定了实际汇率有长期升值态势
5	WH模型（王维国、黄万阳）	IMF实际有效汇率指数（指数上升表示实际汇率升值，下降表示贬值）	①收入贸易条件指数（TOT）；②开放度（OPEN）；③政府支出占国内生产总值比重（GEX）；④全要素生产率（TFP）：以世界出口品价格表示	$Q* = f(\text{TOT}, \text{OPREN}, \text{GEX}, \text{TFP})$	1980—2003年年度数据	ADF检验、PP检验、协整检验、误差修正（VEC）模型、B-N分解法、H-P滤波法、移动平均法	①人民币ERER模型具有良好的稳定性；②人民币实际有效汇率与四变量存在协整关系；③人民币汇率错位机制存在，自我修正功能有提高趋势；④实际有效汇率2001年、2002年高估，2003年低估，人民币汇率错位是经常性的

续表

		实际汇率	基本经济要素	计量模型	样本区间	计量方法	主要结论
6	ZYY 模型 (储幼阳)	IMF 实际有效汇率指数(指数上升表示实际汇率升值,下降表示贬值)	①收入贸易条件(TOT);②开放度(OPEN);③财政支出占国内生产总值比重(GCGDP);④国外净资产占GDP的比重(KCON)	$Q* = f(TOT, OPREN, GCGDP, KCON)$	1977—2002年季度数据	ADF检验、EG两步法、AEG检验、误差修正(ECM)模型	①人民币汇率经历了两次明显的低估:1983—1985年低估时间持续时间长、幅度大;1986—1988年低估;②人民币汇率经历了三次明显的高估:1991—1995年高估持续时间较长,后果较为严重;1989—1990年高估程度较轻;自1995年以来一直表现为轻度高估,特别是1997—1998年高估有所加剧;而1999年高估程度下降到低于10%,直到2002年人民币汇率基本处于均衡状态

资料来源:赵登峰:《人民币市场均衡汇率与实际均衡汇率研究》,社会科学文献出版社2005年版;王维国、黄万阳:《人民币均衡实际汇率研究》,东北财经大学发展研究参考2005年版;储幼阳:《论汇率制度转换——从固定汇率走向浮动汇率》,社会科学文献出版社2006年版。

第三节 人民币汇率制度的演变

新中国成立以来,人民币汇率制度随着国际国内政治经济形势的变化而不断发展和变迁,汇率制度选择取决于多种因素,其中比较重要的是我国特定的经济制度、经济环境和特定阶段的政策目标。在计划经济时期,人民币汇率制度变迁是渐进的,基本上在一个市场化程度很低的经济环境中演化。到 20 世纪 70 年代末期,我国开始经济体制改革,市场的作用日益受到重视,对外贸易关系也快速发展,人民币汇率的杠杆作用也越来越明显。随着市场化程度的提高,尤其是外汇调剂市场的产生和发展,使得人民币汇率决定的机制正在逐步形成和完善,而人民币汇率制度也体现出如下的阶段性变化:

一、1949—1952 年爬行钉住的汇率制度

这一阶段的汇率主要根据当时国内外的相对物价水平来制定,并随着国内外相对物价的变动而不断进行调整,人民币汇率制度具有爬行钉住的特点,人民币汇率也随着物价变化经历了一个先抑后扬的过程。如从 1949 年 1 月 18 日首先在天津公布 1 美元兑换 80 元旧人民币开始,到 1950 年 7 月 8 日实施全国统一的人民币汇率为止,随着我国财政经济工作逐步走向正轨,国内物价也开始逐步下降,而同期外国物价迅速上升,直到 1952 年 12 月,人民币对美元汇率也相应变化为 1 美元兑换 26170 元旧人民币。在这一时期,只实行人民币对美元汇率,上海和广州在中央统一政策管理下,以天津汇率为标准,根据当地物价状况分别公布人民币兑换美元汇率。在此过程中,人民币汇率曾一度经历了从议价制到挂牌制的发展。1950 年,中央为加强对外进出口贸易的管理,限制外汇的买卖活动,遂取消了议价制,而由中国人民银行总行挂牌公布,并实行机动调整。由于国民经济处于恢复时期,国内物价波动很大,外汇资金严重短缺。为组织对外贸易,鼓励侨汇,国家制定了"独立自主,大力扶持出口,适当照顾侨汇"的汇价政策,并参照 75%—80% 的大宗出口商品加权的平均工资换汇成本,再加 5%—15% 的利润,同时考虑侨眷的生活消费品指数来确定人民币汇率。这一时期人民币汇率制度的特点是:与国际上固定汇率制度相反,大幅升降的国内物价决定了人民币汇率的频繁变动,即人民币相对外币大幅度贬值,既影响了人民币汇率价格作用的正常发挥,也影响了我国对外贸易的发展和国家声誉。直到 1955 年,我国又发

行了新人民币,对人民币汇率的内外价值都作了相应调整(即新旧人民币按 1:10000 的比例收兑)。在这一特定的历史阶段,中国人民银行根据国内外市场的物价变化频繁地调控人民币汇率,让人民币汇率高频钉住物价水平。这不仅完全合理,而且还充分发挥了汇率制度的重要作用,这一时期的调控作用主要是由以下两个因素决定的:(1)私营商业在整个商业系统中占有绝对的比重。据 1950 年统计,其机构数占 98.7%,零售额占 85%。但到 1952 年,零售额比重下降 57.2%。外资企业在解放初有 1192 家,经收归国有或自行关闭后,到 1953 年仍有 563 家。(2)在生产力水平较低、生产能力有限的当时,外汇收入的相当部分来源于侨汇。从 1950—1954 年,全国侨汇收入 6.8 亿美元,相当于同期对西方国家出口收入的一半左右。其政策含义在于:要扩大出口,就必须调动私营商业和外资企业的积极性;要增强侨汇的购买力水平,就必须确定侨汇与人民币汇率的合理水平。政府只有制定出独立的汇率政策,维持出口商利益,保障侨汇权益,才会使人民币汇率的调整与国内外物价比的变化保持一致,这种合理的汇率调整,意味着当时人民币汇率制度是一种管理浮动制,虽然与布雷顿森林体系下的固定汇率不相吻合,但符合外贸以进出口为主而进出口又以私营为主的特定历史时期的国情。

二、1953—1972 年双钉住的固定汇率制度

这一时期,我国基本建立了计划经济体制,物价受国家控制,且长期稳定,而西方工业国家的物价迅速上升,因而对外贸易实行内部结算,官方汇率仅用于非贸易外汇结算,从此人民币汇率对进口不再起调节作用。人民币官方汇率坚持稳定的方针,在原定的汇率基础上,参照西方各国公布的汇率进行调整,逐渐同物价相脱离,只在西方宣布其货币贬值或升值时才相应地调整人民币对该种货币的汇率。同时,与 1949—1952 年汇率制度显著不同的是,在 1953—1972 年整个时期,人民币汇率在名义上是钉住英镑的。当时,由于参加抗美援朝战争,中国在美国的美元资产被冻结,对外贸易用美元结算已经没有现实意义,为此,中国的对外贸易不得不改用英镑计价结算,在公布人民币兑英镑汇率之时,并停止公布人民币

兑美元汇率。然而,其具体情况是:(1)这一时期正值布雷顿森林体系时代,在其固定汇率制下钉住英镑和钉住美元实际并无差异;(2)美元是关键货币,事后的国际贸易统计和比较总是采用美元计值;(3)1967 年 11 月英镑对美元贬值 14.3%,从 1 英镑兑 2.80 美元下降到 1 英镑兑 2.40 美元之时,与其他货币一样,人民币兑英镑汇率相应上升(由 1 英镑兑 6.893 元人民币上调到 1 英镑兑 5.908 元人民币),兑美元汇率固定不变。

与 1952 年前的汇率大幅度调整不同,1953 年以后人民币兑美元汇率比较稳定。在 1953—1954 年,人民币兑美元固定为 1 美元兑 2.6170 元人民币;1955 年汇率上升到 1 美元兑 2.4675 元人民币,升幅为 6.06%;1956 年汇率微幅上调到 1 美元兑 2.4618 元人民币,升幅仅为 0.23%。直到 1971 年年底,人民币兑美元汇率始终固定在 1 美元兑 2.4618 元人民币的水平上不变。

1971 年年底美元自第二次世界大战结束以来第一次对黄金贬值(从 1 盎司黄金兑 35 美元调整为兑 38 美元,美元贬值率为 7.89%)之后,人民币兑美元汇率则在第二年上升,与上年相比,年平均汇率上升 9.65%,年底汇率上升 9.90%。人民币不仅随着美元贬值而升值,而且还维持着对美元较为坚挺的态势。

在 1953—1972 年期间,合理的人民币汇率制度使得人民币汇率持续稳定的内外部条件是:(1)经济制度的保障。在国内,1953 年开始实施第一个五年计划,标志着中国进入了计划经济时代。在这种经济制度下,物价长期稳定,财政收支盈余,产品是有计划地生产和销售,国家统一经营外贸,而且出口亏损可以补贴,进口可以加价,外贸盈亏在财政中统一安排,与企业职工的利益无关,汇率不再发挥对外贸调节的杠杆作用,汇率仅仅只是计价的核算工具。(2)贸易收支平衡支撑了人民币汇率的持续稳定。在"量入为出,略有节余"的方针下,除 1953—1955 年期间中国的进口大于出口外,1956 年以后贸易收支基本上每年都是顺差。人民币的高估和低估对贸易收支平衡基本上没有影响,同时,相当低的对外依存度也使得人民币汇率完全有条件保持稳定。(3)在布雷顿森林体系下,大

部分主要货币兑美元汇率长期固定不变。例如,日元兑美元汇率在 1949
年 4 月—1971 年年底期间固定在 1 美元兑 360 日元,而英镑兑美元汇率
在 1949 年 9 月—1967 年 10 月期间固定在 1 英镑兑 2.80 美元。

这一时期汇率制度可以说是双钉住汇率制度,其决策有着坚实的基
础。在国内,计划经济条件下对外贸易收支容易实现平衡,特别是在稳健
的宏观经济政策下,大多数年份都维持了较低的通货膨胀率;在国际上,
布雷顿森林体系使主要货币汇率基本固定不变。但由于国内物价稳定,
而美国后期有明显的通胀压力,美元的对内价值已经下跌,汇率不变使得
人民币汇率出现低估。而且这一时期的人民币汇率基本上不仅与贸易无
关,也与市场变化无关,仅仅只是作为非贸易结算和编制计划的工具。

三、1973—1980 年钉住篮子货币的汇率制度

1973 年 2 月美元第二次贬值后,特别是同年 10 月震撼世界的石油
危机爆发后,通货膨胀加剧,物价水平飞涨,世界经济严重衰退,西方主要
国家纷纷实行浮动汇率制,随着外汇市场供求关系自由涨落,各国汇率变
化十分频繁和剧烈。单就 1973 年人民币兑美元的变动情况而言,其年平
均汇率为 1 美元兑 1.9894 元人民币,比上年底的 1 美元兑 2.2401 元人
民币上升 12.6%,该升幅略高于美元兑黄金 10% 的贬值率,也略高于日
元兑美元 11.15% 的升幅,而低于西德马克兑美元近 20% 的升幅。这意
味着人民币的"含金量"基本不变,人民币随着美元的贬值而升值,并与
日元等主要货币汇率的平均变化趋同。与 1973 年相比,1974 年年底的
西德马克兑美元升值 12.2%,而日元则兑美元贬值 7.0%。到 1974 年,
主要货币兑美元继续呈现较大幅度的变动,而且不同货币的变化不一。
面对这种复杂的汇率波动和美元对其他主要货币的不断贬值,再加上
1971 年美国总统尼克松访华、中美关系正常化后,原先钉住英镑的人民
币汇率制度必须作出调整。为了避免遭受西方工业国家汇率波动的影
响,维护人民币汇率稳定,"在制定人民币汇率指导思想上要求人民币汇
率水平稳定在国际市场各国货币汇率中间偏上水平上"(吴晓灵,2001),
因而采用了钉住篮子货币的汇率制度。根据国家外汇管理局资料披露,

该篮子中的货币是由当时我国对外贸易中经常使用的货币组成,其权数反映了对有关国家的贸易比重和政策需要,同时,还根据前一日国际外汇市场上这些货币的汇率变动计算出人民币汇率①。

在1972—1975年期间,我国曾经三次改变篮子货币的币种和权重②。通过计算和调整,我国于1975年11月决定把人民币汇率确定在美元集团和西德马克集团货币汇率的中间线上。从总体调控趋势看,1973—1980年期间人民币兑美元的年平均汇率持续稳中有升的态势,即从1972年的1美元兑2.2451元人民币上升到1980年的1美元兑1.4984元人民币,累计升幅达42%。而同期英镑汇率从1英镑兑5.91元人民币下跌到1英镑兑3.44元人民币,英镑兑人民币贬值41.6%。这种调整,虽然大体上与西方主要工业国家的货币贬值相一致,但当时对外推行人民币计价的目的是为了保值,因而使得在制定人民币汇率时要求把人民币定得高一点,所以这一时期的人民币汇率存在高估现象。这三次改变人民币汇率定价方法,显示出有关决策部门在习惯了固定汇率制以后,面对浮动汇率制度的新形势,在汇率制度选择方面遭遇了困难。这种钉住"一篮子货币"的固定汇率制使得人民币汇率的确定完全脱离了直接的物质基础和货币购买力平价,反映的只是人民币与"一篮子货币"的相应变动情况,而不是人民币本身的变动。尽管如此,但这种汇率制度设计在前几年仍有一定的合理性,但显然已不符合后几年快速发展的宏观经济形势。在这一时期,中国经济增长率不但已经上升,扩张的财政政策开始出现,而且对外贸易高速增长,对外依存度大幅提高,特别是贸易收支在后期连续出现逆差,致使外汇储备变为负值。因此,合理的人民币汇率政策应该是维持贸易收支平衡。从时间上看,在经历了1978年的大幅贸易逆差之后,1979年,中国应该坚决调整人民币汇率政策,但实际上这一决策已滞后了两年,增大了改革开放初期的金融风险。

---

① 吴晓灵:《中国外汇管理》,中国金融出版社2001年版,第64页。
② 吴念鲁、陈全庚:《人民币汇率研究》,中国金融出版社1992年版,第55—61页。

四、1981—1984 年钉住一篮子货币的双重汇率制度

改革开放初期,从贸易的角度来看,由于历史原因,人民币汇率存在偏高现象,进出口贸易品价格变动脱节,高估的人民币汇率不能反映市场的供求关系,从而既使得独立核算、自负盈亏的外贸公司出口亏损、进口获利,又造成国家外汇储备变得极为紧缺。从非贸易的角度来看,与发达国家相比,由于我国经济发展水平低,非贸易产品的价格偏低,人民币汇率存在偏低现象。外国人把外币换成人民币后在我国购买商品和支付费用则占了大便宜,而我国出国人员在人民币换成外汇后在外国使用则感到花费很大。因此,要出口创汇,就应该让人民币贬值;而要增加非贸易外汇收入,就应该让人民币升值。为实现扶持出口、抑制进口以及增加外汇储备的汇率政策目标,国家必须纠正人民币定值不合理现象。

1980 年,我国已正式恢复在国际货币基金组织中的合法地位。按 IMF 的有关规定,在能够缩短向单一汇率过渡时间的前提下,其成员国可以实行多种汇率。作为 IMF 的成员国,1979 年 8 月,我国颁发了《关于大力发展对外贸易增加外汇收入若干问题的规定》,决定从 1981 年 1 月 1 日起实行双重汇率制度:一种贸易外汇内部结算价。主要适用于进出口的结算,按 1978 年全国出口换汇成本 2.53 元再加 10% 的利润计算而来,即 1 美元＝2.807 元人民币。从 1981—1984 年,贸易外汇内部结算价一直没有变动。另一种是官方公布的牌价,主要适用于非贸易外汇的兑换和结算,并且沿用原来的一篮子货币加权平均的计算方法。由于美国从 1980 年以来采取扩大财政赤字、紧缩通货和高利率等政策,于是美元汇率连年上升,人民币汇率就不得不从 1980 年 7 月的 1 美元兑 1.448 元人民币下调至 1984 年 7 月的 1 美元兑 2.3 元人民币,即美元兑人民币升值 58.8%。

虽然实施双重汇率制度,但也存在着一些问题:一是双重汇率制度既不符合国际惯例也不符合国情。二是采用贸易外汇内部结算价没有起到推动出口的作用。这种汇率使进口成本增加,但国内售价没有变动,出现了进口由盈利转为政策性亏损。三是小幅下调人民币(官方)汇率不仅

不能有效解决人民币高估问题,而且也没有改善非贸易收支。即在贸易外汇内部结算价的刺激下,出现对内抬价抢购、对外降价抛售的现象,使得出口换汇成本很快超过内部结算价,从而出现进出口两亏的局面。

五、1985—1993 年爬行钉住单一货币的双重汇率制度

实行贸易外汇内部结算价产生了一系列问题,于是,我国从 1982 年开始对外汇牌价逐步下调,到 1985 年 1 月 1 日人民币公开牌价调整到 1 美元兑 2.80 元人民币,从而事实上取消了双重官方汇率并重新恢复单一的官方汇率。但是,在 1985 年以后,又由于我国外汇调剂业务的迅速发展,继而形成了外汇调剂市场和相应的外汇调剂价格,因而出现了官方汇率和外汇调剂价格(又称市场汇率)并存的新的双重汇率制度。

就官方汇率而言,1985 年以后人民币汇率继续向下调整,期间有四次较大幅度的调整:(1)1985 年 10 月,从 1 美元兑 2.80 元人民币下调到 1 美元兑 3.20 元人民币,人民币贬值幅度为 12.5%;(2)1987 年 7 月 5 日,人民币汇率下调到 1 美元兑 3.7036 元人民币,人民币贬值幅度为 13.6%;(3)1989 年 12 月 16 日,人民币汇率下调到 1 美元兑 4.7221 元人民币,人民币汇率贬值幅度为 21.56%;(4)1990 年 11 月 17 日,人民币汇率下调到 1 美元兑 5.2221 元人民币,人民币贬值幅度为 9.57%。这四次人民币汇率调整的依据是全国的出口换汇成本,通过调整,促使人民币长期高估的状况有所改变。从 1991 年 4 月开始,人民币官方汇率又逐步小幅下调,到 1993 年年底下调约为 1 美元兑 5.72 元人民币。

就调剂汇率而言,我国于 1979 年试行外汇留成制度,1980 年 10 月创立外汇调剂市场,1991 年实行境内居民外汇调剂政策。在外汇调剂市场创立之初,由于其规模较小,外汇调剂价格即人民币市场汇率小于官方汇率,只是作为官方汇率高估的一种弥补手段。在 1980—1984 年间,对调剂价格实行限价,规定以内部结算价 10%(即 1 美元兑 3.20 元人民币)为最高限价。调剂外汇供不应求,外汇调剂业务基本上处于有行无市的状态。1985 年取消内部结算价之后,外汇调剂价格改定为比官方汇率高 1 元人民币。由于外汇留成比例提高和外汇调剂中心的纷纷成立,

外汇调剂业务迅速发展。据统计,在 1994 年汇率并轨之前,我国外汇收入中的 80% 已经处于市场汇价调剂的范围之内。但随着外汇调剂市场的不断发展,市场汇价对经济发展的影响也越来越大。在 1991—1993 年这两年多的时间里,人民币汇率虽然经过数十次微调,但仍然赶不上出口换汇成本和外汇调剂价格的变化。其结果是,1993 年上半年,我国进口同比增长 23.2%,而出口仅增长 4.4%,外贸出现逆差;外汇储备下降,外汇调剂汇率最低时为 1 美元兑 11—12 元人民币,同时全国平均生活费用指数上升了 10.5%。这时,中国人民银行不得不于 1993 年 7 月实行金融紧缩政策,并对外汇调剂市场进行干预,迫使外汇调剂价格在汇率并轨前大致稳定在 1 美元兑 8.7 元人民币左右。

值得注意的是,我国在 1984 年、1988 年和 1992 年曾三次遭受经济过热,国际收支严重失衡,汇率政策也被确定为平衡国际收支,因而以出口换汇成本为主要依据来调整人民币汇率的政策是合理的。但是,这与出口换汇成本相比,汇率的调整幅度似乎太大。虽然这较好地调节了进出口贸易,但也低估了人民币币值。

综上所述,这一时期的外汇调剂市场的逐渐壮大为人民币汇率的市场生成奠定了基础,官方汇率也处于不断调整的过程之中,总体而言,人民币汇率制度还是一种可调整的固定汇率制。

六、1994—2005 年钉住美元的汇率制度

1994 年 1 月,我国成功地进行了包括外汇制度和外汇管理在内的外汇体制改革,除建立统一的银行间外汇市场、实行银行结售汇制外,还对人民币汇率进行了改革,即将人民币汇率并轨,改过去的官方汇率与外汇调剂市场汇率同时并存的双重汇率制度为单一汇率制度。其主要措施是:(1)1994 年 1 月 1 日实行人民币官方汇率与外汇调剂汇率并轨,人民币官方汇率由 1993 年 12 月 31 日 1 美元兑 5.80 元人民币下调到 1994 年 1 月 1 日 1 美元兑 8.70 元人民币,人民币相对美元贬值 33.33%。(2)建立银行间外汇市场。为维持外汇市场的稳定和流动性,中国人民银行运用经济手段在外汇市场上调节外汇供求,稳定汇率。这一汇率机

制具有一定的灵活性,它允许人民币汇率在中国人民银行公布的基准汇率的一定范围内浮动(从 1996 年 7 月 1 日起,银行间外汇市场美元交易价在中国人民银行公布的基准汇率±0.3% 的幅度内浮动,日元、港元在±1% 的幅度内浮动)。(3)实行银行结售汇制,允许人民币在经常项目下有条件可兑换。境内所有企事业单位的外汇收入(外商企业除外),均须按挂牌汇率全部结售给外汇指定银行。取消各种外汇留成、上缴和额度管理制度。

1997 年亚洲金融危机爆发,我国政府承诺人民币不贬值,并成功地稳定了人民币汇率,对亚洲乃至世界经济的稳定都起到了作用,获得了广泛的国际赞誉。在国际收支持续双顺差的情况下,维持汇率的稳定,并适时考虑以美元为本位制的国际货币体系,是我国汇率政策目标的主要取向。从 1998 年到 2005 年 7 月 21 日人民币汇改之前,人民币兑美元基准汇率的变动幅度没有超过 1%。因而可以说,这一时期人民币兑美元汇率固定不变是基本合理的。特别是政府通过外汇市场进行积极干预,这不仅有利于稳定人民币汇率,增加外汇储备,而且也有利于出口企业的内部改革和出口商品结构的优化。

1994—2001 年近七年来,由于人民币兑美元的汇价水平十分稳定,IMF 对人民币汇率制度的划分也从"管理浮动制"转为"钉住单一货币的固定汇率制"。

自 2001 年 11 月 17 日正式加入世界贸易组织(WTO)后,我国对外全面开放,其经济进入新的高速发展时期,外国直接投资每年以 600 亿美元的速度涌入。为应对加入 WTO 后资本流动的自由化趋势,中国人民银行根据前一营业日银行间外汇市场上汇率的加权平均价,公布当日美元、日元和港元兑人民币的基准汇率;2002 年 4 月又增加欧元兑人民币的基准汇率。政府所采用的是钉住以美元为主的篮子货币制度,允许银行间外汇交易汇率和银行挂牌汇率对基准汇率在一定幅度内波动,其方法主要是采用汇率目标区,以现行汇率为中心汇率,规定较窄的汇率波动区间,使人民币汇率处于相对稳定状态。但自 2000 年以来,我国经常项目和资本项目双顺差持续扩大,国际收支持续失衡,外汇储备持续增长

（从 2001 年年末的 2122 亿美元上升到 2005 年年底的 8189 亿美元），人民币汇率升值压力越来越大。2001—2004 年人民币兑美元汇率，只是在 1 美元兑 8.27—8.30 元人民币之间波动，其波动幅度与弹性区间极小。

这一时期虽然是钉住汇率制，但"事实上的"钉住汇率安排的主要手段已经不完全是原先"三位一体"模式，而主要是银行间外汇市场的汇率波动幅度限制和中央银行的直接市场干预（张礼卿，2004），从这个意义看，"推行钉住一篮子货币（以美元为主的货币篮子）的汇率制度意义并不大"（张超，2004）。

七、2005 年以后参考一篮子货币的汇率制度

一般而论，钉住篮子货币只是被动地依据某些指标或国际市场的变化而调整，而参考篮子货币则还可以依据其他经济变量主动进行调整。如果我国国际收支持续顺差，那么，采用参考篮子货币方式会使汇率决策更加符合内外基本经济条件的相对变化。因此，如果依据当今国际货币体系以美元为本位制的情况，那么，"参考"的政策含义就是：以人民币钉住美元为基准，必要时兼顾国际市场的汇率变化。基于此，2005 年 7 月 21 日中国人民银行发布公告，自即日起我国开始实行以市场供求为基础的、参考一篮子货币进行调节的、有管理的浮动汇率制度，人民币汇率不再钉住单一美元，而是形成更富有弹性的人民币汇率机制，美元兑人民币交易价格相应地调整为 1 美元兑 8.11 元人民币。

与历次汇率制度改革相比，这次人民币汇率形成机制改革的主要内容为：一是人民币汇率不再钉住单一美元汇率，而是以市场供求为基础、参考若干主要货币，并组成货币篮子，而篮子中的货币将依据贸易、外商直接投资和外债来源比重等因素分别赋予不同的权重；二是适当调整汇率水平，人民币兑美元的汇率上调 2%。其主要特点就是减少了人民币兑主要货币的过度波动，分散了外汇风险，促进了贸易多元化，改善了对外贸易关系，实现了官方汇率与调剂汇率的真正并轨。采用参考篮子货币汇率制度，人民币汇率会更加具有弹性，而且经常波动，这有利于稳定汇率预期向更加灵活的汇率制度过渡。当存在比较大的升值或贬值压力

时,如果扩大汇率浮动的弹性区间,则可能使汇率立即达到弹性区间的上限或下限。如果依据货币篮子来确定中心汇率和弹性区间,只要篮子中货币之间的汇率波动还没有引发货币篮子的价值偏离弹性区间的话,弹性区间就不会被突破。只有在人民币对美元升值的比率高于非美元货币对美元升值的比率时,人民币才会对"一篮子货币"升值。一般认为:(1)与其他汇率制度相比,管理浮动汇率制对我国而言是一个最好的选择,但其实施基础是较为完备的市场经济条件和较充分的外汇供应;(2)在管理浮动汇率制中,虽然操作的对象是人民币兑美元汇率,但人民币兑美元汇率的调控应该参考一篮子货币在国际外汇市场上的变化;(3)人民币汇率的调控主要体现在管理浮动汇率制的管理上,其管理方法应该是汇率目标区;(4)人民币汇率调控或管理的最终目标是我国的国际收支,其中介目标应该是保证人民币兑美元实际汇率的相对稳定。

但是,参考一篮子货币绝不是一种理想的状态,其操作过程仍然面临许多问题,例如最终目标不明确、较窄的波幅、中央银行较强的干预和货币当局公信力培养不足以及人民币名义汇率稳定的可信度下降等。具体而言,其缺点是:(1)货币篮子过大。这次货币篮子是以对外贸易权重为主来设计的,即以美元、欧元、日元和韩元为主,兼顾新加坡、英国、马来西亚、俄罗斯、澳大利亚、泰国、加拿大等11国货币,还要考虑外债与外商直接投资及无偿转移等。这个复杂的货币篮子非常复杂,也显然过大,还有可能造成重复计量。就贸易的国别(地区)比重决定人民币要参考的篮子货币的币别选择及其比重而言,则意味着如果美元兑其他主要货币有较大幅度升降的话,那么人民币兑美元的汇率波动将达到美元兑其他主要货币升降幅度的75%。这无疑既不符合我国强调的"汇率基本稳定"的政策方针,也不符合我国"经济平稳快速发展"的现实性要求。就贸易结算的货币比重决定币别及其权重而言,我国与东盟、韩国和中国港台等新兴市场经济体大多以美元结算,即便是对日本、欧洲的结算,部分也使用美元。据统计,我国进出口贸易约80%是以美元结算,而在我国银行间外汇市场交易中,美元的占比则达到近98%。如果据此而将篮子货币选定为美元、欧元和日元三种,并将相应的权重设定为80%、10%和

10%。这样,人民币兑美元汇率的变化将会较小。(2)弹性区间过小。到2006年7月21日时,人民币兑美元汇率由2005年7月21日的8.2765下调为7.9897,升值3.47%;截至2006年3月26日,则下调为7.7393,升值6.49%。这样的渐进式升值,已经超出政府的预期,而且升值压力还没有消除。(3)在参考篮子货币汇率制度下,汇率会经常波动,而这种波动不仅增加国际贸易的成本,而且还不能充分反映外汇市场供求状况的变化。据此调整汇率,显然不是一种完全市场化的结果,而是一种中央银行干预的结果,而且是一种被动干预的结果。(4)不能有效规避非汇率的冲击。货币篮子主要应用于在其他货币之间大幅波动的情况下来稳定汇率。但是在国际交往中,不仅有汇率冲击,而且还有非汇率冲击。当中国加大对外开放力度而取消对外贸易壁垒时,外汇市场的供求关系就会受到强烈的冲击,而这种冲击却不能反映到篮子货币中来。当国内经济突然遭受资本冲击,比如热钱的蜂涌而入,也不能反映到篮子货币中来。因为这些冲击不一定会使篮子中各货币之间的汇率产生变化,只会对被钉住货币的汇率产生影响。面对这种非汇率冲击,货币篮子不能自行调整,而需要改变其基期值,而基期值的改变则需要一个时间过程,它不会自动适应。(5)与钉住美元的单一汇率制度一样,参考篮子货币汇率制度仍然需要中央银行来频繁干预外汇市场,而国际收支的冲击也仍然会对货币政策带来不利的影响,尽管有汇率的被动调整,但还是没有完全规避外汇储备对货币政策的影响。

但总体而言,参考篮子货币的汇率制度在我国具有一定的适应性,一是我国对外贸易是多边的,不仅与篮子货币国家保持着巨额的贸易量,而且贸易伙伴在全球的分布还较为均匀。二是我国外汇储备具有多元化趋势,除美元外,还储备有大量的欧元和日元等国际货币。三是我国外汇市场已初具规模,尽管远期市场还不十分成熟,但随着改革的不断推进,特别是随着人民币国际化进程的不断推进,外汇市场和外汇交易的加速发展指日可待。

第四节　篮子货币汇率制度的数理分析

一、虚拟篮子货币汇率制度的数理分析

　　为解读 1973—1980 年我国汇率制度的内涵,现设定一种简便的定价模型进行模拟。在这种虚拟的汇率制度中,人民币只钉住仅包括 SDR (特别提款权)和瑞士法郎的货币篮子。1974 年 6 月 13 日,IMF(国际货币基金组织)将 SDR 的定值方法修改为钉住 16 种货币,并按照有关国家的商品出口占世界总出口比重来决定各货币在篮子中的权重。当时,这 16 种国家的商品出口占世界总出口比重均大于 1%,因而,钉住 SDR 自然有其相当的合理性。在我国的 16 个贸易伙伴中,其中有 10 个国家的货币包含在 SDR 之中。如果不是从国别而是从对外结算的币种考虑的话,那么,在我国的 12 种结算货币中,有 10 种是 SDR 的组合货币,其中不属于 SDR 的两种结算币种是马来西亚林吉特和新加坡元,它们所占比重分别约 1.25% 和 2.24%,而在 SDR 中所占比重最大的美元、西德马克和日元则是我国结算货币中所占比重最大的三种。另外,在 SDR 的货币篮子设计中,既考虑了硬货币,也考虑了软货币,即美元对其他主要货币无论是在疲软还是在坚挺时,SDR 的价值都会相对稳定。钉住 SDR,也符合维护人民币汇率稳定的定价方针。人民币钉住瑞士法郎主要是因为它在我国对外贸易结算中享有特殊的地位。瑞士法郎是我国最重要的结算货币之一,用它结算的贸易量在 1973—1980 年期间平均比重高达 24.88%。尽管 1970 年 SDR 中瑞士法郎的比重只占 2.4%,只相当于前者的 1/10,但仍有必要将其单列出来,并赋予它在我国对外贸易中与其所占比重相匹配的地位。

　　据《中国统计年鉴》表明,1973—1980 年期间,我国出口的主要贸易伙伴分布在四大领域,这些领域的出口比重相当稳定。(1)我国对德国的出口比重一直保持在 25% 左右。(2)我国对日本的出口比重平均约为 14.75%,其波动幅度一般不超过 15 个百分点。(3)从 1970 年 8 月 1 日

起,我国同朝鲜、罗马尼亚、苏联等社会主义国家之间的贸易是采用瑞士法郎结算,这些国家所占的比重也基本稳定,约为 24.88%。(4)我国对美国的出口增长率比较快,所占比重从 1973 年的 0.54% 上升到 1980 年的 4.3%,增长了约 7 倍,但从绝对数看,这个比重较小。由于港元与美元的比价固定,因而可以将港澳地区的出口贸易比重纳入美元区范围。大陆对港澳地区的出口比重基本稳定在 20.75%,于是,对美国的出口波动可以忽略不计。

现假定 RMB_i 表示第 i 期人民币兑美元汇率;SDR_i 表示第 i 期的特别提款权;FRA_i 表示第 i 期瑞士法郎兑美元汇率;C 为常数项,表示人民币兑一篮子货币的常规调整;ε 为随机扰动项,表示人民币根据各期具体情况对篮子货币的不具有时期一致性的调整;α 和 β 分别是 SDR_i 和 FRA_i 的系数(或权重),它们是该模型中最关键的变量。因而可得虚拟的人民币钉住一篮子货币汇率的计量回归模型:

$$RMB_i = C + \alpha SDR_i + \beta FRA_i + \varepsilon \qquad (5.4.1)$$

现选用 1973—1980 年人民币兑美元汇率,SDR 兑美元汇率和瑞士法郎兑美元汇率的期末、期中样本,其相应的样本回归方程是:

期中:$RMB = -0.6 + 2.37SDR + 0.20FRA \qquad (5.4.2)$

期末:$RMB = -0.35 + 1.95SDR + 0.24FRA \qquad (5.4.3)$

其中,SDR 和瑞士法郎的参数估计均是显著的,方程拟合程度也很高。

因此,假定人民币钉住这个篮子货币的结果要使汇率稳定在与现实相同的 1 美元兑 2.19—2.57 元人民币之间的话,那么,采用 SDR 和瑞士法郎,且分别以 89%—92% 和 11%—8% 的权重组成货币篮子,这种虚拟的人民币定价方式就能基本模拟 1973—1980 年的人民币汇率。

二、参考篮子货币汇率制度的数理分析

篮子货币的汇率制度产生于 20 世纪 70 年代,是在多种独立浮动的国际货币体系中,为维持本国汇率的相对稳定而采用的一种汇率制度。就人民币汇率制度而言,在单一钉住美元的汇率制下,人民币兑美元的名

义汇率是事先确定为 1 美元兑 8.2765 元人民币。如果在这一汇率水平下,美元的供应是大于需求,而人民币的供应是小于需求,那么,中央银行就会买进美元(增加对美元的需求)、卖出人民币(增加对人民币的供应),从而使美元兑人民币的汇率保持在 1 美元兑 8.2756 元人民币的水平上。为维持人民币对美元的钉住,中央银行有必要经常干预外汇市场。在钉住篮子货币的汇率制度下,人民币兑美元汇率的变动与中国外汇市场上人民币与美元供求的变化无关,人民币兑美元的波动主要受美元对其他篮子货币交叉汇率波动的影响。其数理分析如下:

假定 $E_1, E_2, E_3, \cdots, E_n$ 分别表示在国际外汇市场上篮子货币中 n 种货币与本币的汇率(直接标价法,即 1 外币合多少本币),它们处于经常性的变动之中;

假定 $w_1, w_2, w_3, \cdots, w_n$ 分别表示篮子中 n 种货币所占的比重,它们在一定时间内保持不变,w_i 表示第 i 种货币的权重;

假定 A 表示参考篮子货币的人民币价值,即 1 篮子货币合 A 元人民币,其中,n 取自然数。则

$$A = w_1 E_1 + w_2 E_2 + w_3 E_3 + w_4 E_4 + \cdots + w_n E_n = \sum_{i=1}^{n} w_i E_i \qquad (5.4.4)$$

其中,

$$w_1 + w_2 + w_3 + \cdots + w_n = \sum_{i=1}^{n} w_i = 1 \qquad (5.4.5)$$

在选择篮子货币时,从各国的实践来看,绝大多数国家确定篮子货币的原则有两个:一是选择世界主要货币,如美元;二是选择主要贸易伙伴国,或者是出口竞争伙伴,如日元。IMF 认为,篮子货币数量较小比加入其他货币更有好处。为便于计量,货币当局都要对外公布一个基准汇率,其中最主要的就是确定对美元的汇率,而其他汇率则由对美元汇率套算而得。由(5.4.4)式可得:

$$A = (1 - w_2 - w_3 - \cdots - w_n) E_1 + w_2 E_2 + w_3 E_3 + w_4 E_4 + \cdots + w_n E_n$$

$$(5.4.6)$$

假定 w_1 表示美元在篮子货币中所占的比重,则

$$w_1 = 1 - w_2 - w_3 - \cdots - w_n \tag{5.4.7}$$

这里 $E_2 = \dfrac{E_1}{E_2'}$, $E_3 = \dfrac{E_1}{E_3'}$, $E_4 = \dfrac{E_1}{E_4'}$, $E_n = \dfrac{E_1}{E_n'}$, 则

$$A = (1 - w_2 - w_3 - \cdots - w_n)E_1 + w_2 \frac{E_1}{E_2'} + w_3 \frac{E_1}{E_3'} + w_4 \frac{E_1}{E_4'} + \cdots + w_n \frac{E_1}{E_n'}$$

$$\tag{5.4.8}$$

其中, E_2', E_3', $\cdots$, E_n' 分别是 E_2, E_3, $\cdots$, E_n 的倒数。由(5.4.5)式变换得:

$$A = E_1 \left[(1 - w_2 - w_3 - \cdots - w_n) + \frac{w_2}{E_2'} + \frac{w_3}{E_3'} + \frac{w_4}{E_4'} + \cdots + \frac{w_n}{E_n'} \right]$$

$$\tag{5.4.9}$$

在货币种类和权重确定之后,就要考虑基期汇率的设定以及人民币兑美元汇率设定在何种水平上是合理的。从基期汇率出发,将不同时期变化的 E_2', E_3', $\cdots$, E_n' 代入(5.4.9)式中,即可求得相应的 E_1,然后再根据通过 E_2', E_3', $\cdots$, E_n' 的汇率套算出 E_2, E_3, $\cdots$, E_n。这就可以得出在参考篮子货币方式下人民币兑主要货币汇率的走势。

为解读这一理论模型,现假定篮子中有 3 种货币,即 $n = 3$。这 3 种货币分别是美元(E_1,直接标价法)、欧元(E_2,直接标价法)和日元(E_3,间接标价法),其中,美元的权重为 w_1,欧元的权重为 w_2,日元的权重为 w_3,并且有 $w_1 = 1 - w_2 - w_3$。于是有:

$$A = w_1 E_1 + w_2 E_2 + w_3 E_3 \tag{5.4.10}$$

变换得:

$$A = (1 - w_2 - w_3)E_1 + w_2 E_2 + w_3 E_3 \tag{5.4.11}$$

假定在一个价值是 1 美元的篮子货币中,如果当天的汇率是 1 美元 = 8.11 元人民币,1 欧元 = 1.216 美元,1 美元 = 110.57 日元(依据 2005 年下半年人民币中间汇价测算),那么,如果美元的权重(w_1)、欧元的权重(w_2)和日元的权重(w_3)分别为 80%、10%、10%,那么,1 美元篮子货币的价值 A 为:

$$A = 0.8 \text{ 美元} + 0.1 \text{ 欧元} + 0.1 \text{ 日元}$$

$= 0.8 \times 8.11$ 元 $+0.1 \times 1.216 \times 8.11$ 元 $+0.1 \times (1 \div 110.57) \times 8.11$ 元

$= 7.482$ 元（人民币）

再假定美元与人民币当期的兑换比率是 1 美元 $=8.11$ 元人民币，那么，则如下的关系式成立：

8.11 元人民币 $=0.8$ 美元 $+0.1$ 美元 $+0.1$ 美元

这是用人民币衡量的篮子货币汇率的初始平价。假定美元、日元和欧元汇率发生变动，则人民币兑美元汇率变化的情况如下：

（1）如果以美元计价的欧元升值10%，那么，以人民币衡量的篮子货币中心汇率是：

8.11 元人民币 $=0.8$ 美元 $+0.1$ 美元 $(1+10\%)+0.1$ 美元

即：

8.11 元人民币 $=0.8$ 美元 $+0.11$ 美元 $+0.1$ 美元

　　　　　　　　　$=1.01$ 美元

即：

1 美元 $=8.0297$ 元人民币

（2）如果以美元计价的日元升值10%，那么，以人民币衡量的篮子货币中心汇率与（1）中结果相同。

（3）如果以美元计价的欧元和日元同时对美元升值10%，那么，以人民币衡量的篮子货币中心汇率是：

8.11 元人民币 $=0.8$ 美元 $+0.1$ 美元 $(1+10\%)+0.1$ 美元 $(1+10\%)$

　　　　　　　　　$=0.8$ 美元 $+0.11$ 美元 $+0.11$ 美元

　　　　　　　　　$=1.02$ 美元

即：

1 美元 $=7.9509$ 元人民币

因此，欧元和日元同时对美元升值，那么，人民币对美元就升值。

（4）如果欧元对美元贬值10%，那么，以人民币衡量的篮子货币中心汇率是：

8.11 元人民币 $=0.8$ 美元 $+0.1$ 美元 $(1-10\%)+0.1$ 美元

　　　　　　　　　$=0.99$ 美元

即：

1 美元＝8.1919 元人民币

（5）如果日元对美元贬值 10%，那么，以人民币衡量的篮子货币中心汇率与（4）中结果相同。

（6）如果以美元计价的欧元和日元同时对美元贬值 10%，那么，人民币衡量的篮子货币中心汇率是：

8.11 元人民币＝0.8 美元＋0.1 美元（1－10%）＋0.1 美元（1－10%）

＝0.98 美元

即：

1 美元＝8.2755 元人民币

因此，如果欧元和日元同时对美元贬值，那么，人民币对美元就贬值。

综上所述，其结论是：

（1）如果美元汇率相对稳定，那么，当篮子货币中美元所占的权重越高，则篮子货币中心汇率的变动越小。例如，当美元、欧元和日元的权重分别为 40%、30%、30% 时，如果欧元和日元同时升值或贬值时，那么，人民币汇率就分别是 1 美元兑 7.6520 元人民币和 1 美元兑 8.630 元人民币。显然，相对于 80%、10%、10% 的权重比例，其汇率波动的幅度更大。特别是在美元的贬值趋势中，对以出口为导向的国家和地区更为有利。

（2）如果人民币实行钉住美元的单一汇率制，那么，欧元和日元的升值不会对人民币和美元之间的汇率产生任何影响。但欧元和日元对美元的大幅度升值，则意味着欧元和日元相对于人民币也在大幅度升值。如果人民币与美元脱钩，参考以美元、欧元和日元为主组成的篮子货币，那么，当欧元和日元相对于美元大幅度升值时，则会导致人民币对美元的小幅度升值，而人民币相对于欧元和日元则会有小幅度的贬值。在这种情况下，人民币与美元之间的汇率就不再保持稳定，而是通过人民币对美元汇率的一定程度的波动来换取人民币加权平均汇率的稳定。

三、篮子货币汇率制度的启示

是钉住单一货币还是钉住篮子货币，这一直是人民币汇率制度选择的困惑。即便目前不是选择钉住篮子货币,而是选择参考篮子货币,实行一种独特的有管理浮动汇率制,但这仅仅只是短暂的参考而已,就中短期而言,下一步所要选择的可能是真正的钉住篮子货币制度(李婧,2006)。这种可能的选择,主要与钉住篮子货币与钉住美元的区别有关。

假定一:人民币起初是钉住美元的,现在改为钉住由美元、欧元和日元组成的篮子货币,其权重依次为80%、10%和10%。

假定二:在实行钉住美元的汇率制下,某日美元、欧元、日元和人民币的即期汇率水平为:

1 美元 = 8.11 元人民币　1 美元 = 110.57 日元　1 美元 = 0.822 欧元

1 元人民币 = 0.123 美元　1 元人民币 = 13.63 日元　1 欧元 = 1.216 美元

现在人民币汇率制度安排改为钉住由美元、欧元、日元组成的篮子货币,其权重依次为80%、10%和10%。根据篮子货币标准,人民币钉住篮子货币汇率表示如下:

1 美元 = 8.11 元人民币 = 0.8 美元 + 0.1 美元 + 0.1 美元

1 美元 = 8.11 元人民币 = 0.8 美元 + 0.0822 欧元 + 11.057 日元

根据篮子货币计算标准,以上两个表达式是等价的。

(1)如果日元对美元贬值到 1 美元 = 121.625 日元(贬值10%),欧元对美元汇率保持不变,那么,在钉住美元的汇率制下三种货币汇率的变化为:

1 美元 = 8.11 元人民币 = 121.625 日元

1 元人民币 = 14.997 日元

其结果是人民币对美元的汇率不变,人民币对日元升值。在钉住篮子货币汇率制下三种货币汇率的变化为:

原篮子货币 8.11 元人民币 = 0.8 美元 + 0.1 美元 + 0.1 美元

　　　　　　　　= 0.8 美元 + 0.0822 欧元 + 11.057 日元

　　　　　　　　= 0.8 美元 + 0.1 美元 + 11.057×1/

　　　　　　　　　121.625 美元

　　　　　　　　= 0.8 美元 + 0.1 美元 + 0.09 美元

$$=0.99 \text{ 美元}$$

新的美元兑人民币汇率为:8.11 元人民币 = 0.99 美元

$$1 \text{ 美元} = 8.1919 \text{ 元人民币}$$

新的人民币兑日元汇率为:8.11 元人民币 = 0.99 美元

$$=0.99 \times 121.625 \text{ 日元}$$

$$=120.4086 \text{ 日元}$$

$$1 \text{ 元人民币} = 14.8469 \text{ 日元}$$

从以分析中可以得出,人民币对美元贬值,人民币对日元升值,但在钉住篮子货币的汇率制下小于在钉住美元的汇率制下的升值幅度。

(2)如果日元对美元升值到 1 美元 = 99.513 日元(升值 10%),欧元对美元汇率保持不变,那么,在钉住美元的汇率制下三种货币汇率的变化为:

$$1 \text{ 美元} = 8.11 \text{ 元人民币} = 99.513 \text{ 日元}$$

$$1 \text{ 元人民币} = 12.2704 \text{ 日元}$$

其结果是人民币对美元的汇率不变,人民币对日元贬值。

在钉住篮子货币的汇率制下三种货币汇率的变化为:

原篮子货币 8.11 元人民币 = 0.8 美元 + 0.1 美元 + 0.1 美元

$$=0.8 \text{ 美元} + 0.0822 \text{ 欧元} + 11.057 \text{ 日元}$$

$$=0.8 \text{ 美元} + 0.1 \text{ 美元} + 11.057 \times 1/99.513 \text{ 美元}$$

$$=0.8 \text{ 美元} + 0.1 \text{ 美元} + 0.11 \text{ 美元}$$

$$=1.01 \text{ 美元}$$

新的美元兑人民币汇率为:8.11 元人民币 = 1.01 美元

$$1 \text{ 美元} = 8.0297 \text{ 元人民币}$$

新的人民币兑日元汇率为:8.11 元人民币 = 1.01 美元

$$=1.01 \times 99.513 \text{ 日元}$$

$$=100.5081 \text{ 日元}$$

$$1 \text{ 元人民币} = 12.3931 \text{ 日元}$$

从以上分析中可以得出,人民币对美元升值,人民币对日元贬值,但在钉住篮子货币的汇率制下小于在钉住美元的汇率制下的贬值幅度。

在钉住篮子货币的汇率制度下,人民币对美元和日元都是浮动的,尽管人民币对日元的波动幅度减小了,从而充分验证了钉住篮子货币的汇率制度的"缩小器"效应,但是人民币对美元和日元的波动幅度却受到日元对美元汇率的波动幅度和两种货币在篮子货币中权重大小的影响。如果想进一步缩小人民币对日元的变动幅度,那么,在不能左右日元对美元汇率波动幅度的情况下,可以通过调节权重来达到目的。虽然增加日元的权重并相应减小美元的权重,从而减少了人民币对日元的波动幅度,但人民币对美元的升值幅度也同时被放大了。其结论是:如果政府根据宏观经济目标的要求,需要与某种货币的汇率保持稳定,那么就需要加大该货币在篮子货币中的权重;如果本币与某种货币保持坚硬的稳定,那么其权重就需要放大到1,被钉住货币则成为名义锚,即意味着本币与其他货币是完全浮动的;如果篮子货币中某种货币的权重过小,那么篮子货币的"缩小器"作用就可能被大大地弱化。钉住篮子货币的汇率制度的政策含义是:尽管某些货币是与本国国有经济相联系的货币,但那些联系不大的货币就不必纳入到篮子货币中,而应该把权重分配给更加重要的货币。

第五章

构建人民币汇率形成的『二合一』模式

围绕汇率决定和汇率制度选择两条主线,通过对汇率、汇率理论和人民币汇率形成机制三个层面的梳理和分析,特别是通过对计划经济体制和市场经济体制下人民币汇率所存在的突出问题,即在人民币汇率计值方面存在着错配问题,在人民币均衡汇率水平方面存在着错调问题,在人民币汇率制度安排方面存在着错位问题,并结合中外汇率理论的发展脉络和趋势,本章现拟构建人民币汇率形成的"二合一"模式,并就人民币汇率形成的长效机制提出初步性的对策和建议。

第一节 构建合理的人民币均衡汇率决定模型

2003 年,胡锦涛总书记就明确指出:"保证人民币汇率在合理、均衡水平上的基本稳定,同时在深化金融改革中进一步探索和完善人民币汇率形成机制"①。这一表述不仅强调了人民币汇率制度是有管理的浮动,而且还强调了人民币汇率应该达到合理的均衡水平。虽然这与人民币汇率在并轨时"以市场供求为基础的、实行单一的有管理的浮动汇率制"略有不同,但关键突出了两个方面:一是要注重平衡国际贸易收支,切实改变贸易顺差为贸易基本平衡;二是要为人民币资本项目逐步可兑换做好准备。从长远来看,就是希望人民币汇率趋向于中、长期的购买力平价水平,并真正实现人民币汇率平价的可持续性。

---

① 赵庆明:《人民币资本项目可兑换及国际化研究》,中国金融出版社 2005 年版,第181 页。

一、西方汇率决定理论在中国的适用性

主流的西方汇率决定理论大致可以分为四类,即购买力平价说、利率平价说、国际收支说和资产市场说。这些理论都从不同侧面构建了不同的汇率决定模型,在这些模型中,有的与实际相接近;有的则相去甚远;有的只适用于西方发达国家的市场经济,而对发展中国家的实际情况解释能力则较弱;有的在用来分析我国的实际情况时则尚需要进一步修正和探讨。

1. 购买力平价理论在中国的适用性分析

购买力平价理论认为汇率体现着两国货币的对内价值(即货币的购买力)。由于货币的对内价值只能通过价格水平间接地反映出来,因此,汇率的决定就取决于两国的价格水平。作为确定两国汇率的依据,购买力平价所受的制约条件是:(1)两国的生产和消费结构必须相同,否则同种商品在两国的实际价格就会存在差异,两国货币之间的购买力就会缺乏可比性;(2)两国的价格体系必须比较接近,各种商品的比价要大致相同,否则两国货币之间的购买力平价就会发生扭曲;(3)两国贸易和资本流动基本上不予管制,商品和资本流通比较自由,否则两国货币之间购买力对平价的偏离就会难以消除。

自 1994 年以来,我国学者就对人民币购买力平价理论进行了深入的研究。首先是对人民币绝对购买力平价的考察。我国学者采用绝对购买力平价计量公式估算 1995 年人民币兑美元汇率是:1 美元约合 1.5 元人民币,如按照这一比价,那么 1995 年中国 57733 亿元人民币的 GDP 则可折算为 38500 亿美元,人均 GDP 就为 3200 美元,从而使中国成为世界第二大经济强国。显然,1 美元约合 1.5 元人民币明显高估了人民币的实际购买力。当然,如以 1 美元兑 8.3 元人民币名义汇率折算,1995 年中国的 GDP 则只有 6944 亿美元,人均 GDP 为 580 美元,显然,这一数字又确实低估了人民币的实际购买力。但通过对人民币购买力平价的"对称性"和"比例性"以及对人民币购买力平价动态调整机制的实证检验表明,当以美元和德国马克为计价货币时,存在半强的购买力平价;当以日

元为计价货币时,存在弱强的购买力平价,而且人民币名义汇率和中国CPI的波动成为推动汇率短期偏差向长期购买力平价调整的决定力量。尽管人民币实际汇率序列虽然具有一定的平稳性,但均衡值并不为零,其绝对购买力平价理论也并不成立。然而,正是因为实际汇率的平稳性,所以才有力地表明在人民币名义汇率和国内外价格之间具有一定的长期均衡关系(张静、汪寿阳,2006)。

其次是对人民币相对购买力平价的考察。在1980—1984年和1990—1991年期间,美元通货膨胀率高于中国,但人民币汇率并没有如相对购买力平价理论所预测的那样呈下降趋势(币值上升),事实上人民币汇率却反而有所上升(币值下降)。在1994—1996年期间,中国通货膨胀率大大高于美国,3年平均为14.3%,而美国相应的为3.3%,假定其他条件不变,则人民币应当贬值11%,而实际上在此期间人民币名义汇率却在不断升值。任若恩(1998)通过制造业的国际竞争力的计量分析,得出1994年年底人民币购买力平价是3.21元人民币/美元;郭熙保(1997)估计1994年人民币购买力的几何平均值是2.44元人民币/美元;易纲、范敏(1997)估计1995年中美两国货币的购买力平价约为4.2元人民币/美元,估计1994年年底可贸易商品购买力平价大约是7.3元人民币/美元。赵庆明(2005)分别以3.21、2.44、4.2和7.3为基准汇率,以1994年、1995年为基准年度,采用中美两国居民物价指数,测出2002年年底人民币购买力平价分别是3.40、2.58、3.89和7.72,较相应的估计值分别低估58.89%、68.80%、52.96%和6.65%。其结论是:2002年年底的人民币名义汇率与人民币购买力平价相比都存在程度不同的低估现象。

通过对人民币绝对购买力和相对购买力的考察,从理论上可以认为,购买力平价理论描述了理想状态下的汇率与两国物价的绝对水平与通货膨胀率之间的关系。虽然现实与理想状态相去较远,但并不意味着这一理论失效。这是因为:(1)相对购买力平价适用于纯货币变动的情况,反映的是货币中性的观点,因而它是一种长期理论,能表现出汇率的长期趋势,在现实汇率的上下波动中发挥着长期均衡汇率的作用。卡塞尔证明了20世纪20年代浮动汇率时期英镑对美元的汇率与购买力的偏离只有0.3%,麦金龙证明了第二次世界大战后固定汇率时期可自由兑换货币的汇率与购买力平价大体相一致。(2)购买力平价也并不排除实际因素的影响。该理论强调的是汇率和货币供应量呈相同比例变动,但未说明货币供应量是影响汇率的唯一因素。除货币因素外,还有价格结构(贸易品与非贸易品价格比例)(Samelson,1964)、劳动生产率(Dorn Bush,1987)、贸易障碍和运输成本(Office,1976)等。(3)购买力平价表示汇率与价格之间的密切关系有两种情况:一是价格决定汇率,二是汇率作用于价格。因此,在购买力平价理论中的价格效应应该充分考虑现实汇率因素。

从购买力平价角度分析,1994—1996年人民币趋强的原因在于:一是1994年年初汇率并轨低估了人民币币值,其汇率向购买力平价回归的升值力量大于由通货膨胀率产生的贬值压力;二是发展中国家的价格结构与发达国家不同,需要作出一定的修正。比如WPI指数和CPI指数。假定一国的总体价格水平可表示为不可贸易品价格 P_N 和可贸易品价格 P_T 的几何加权平均,那么,购买力平价就可表示为:

$$PPP = \frac{P_N^{\alpha}P_T^{(1-\alpha)}}{P_N^{*\beta}P_T^{*(1-\beta)}} \tag{6.1.1}$$

如实际汇率近似等于两国可贸易品价格之比,即:

$$e = \frac{P_T}{P_T^*} \tag{6.1.2}$$

则

$$\frac{PPP}{e} = \left(\frac{P_N}{P_T}\right)^{\alpha} / \left(\frac{P_N^*}{P_T^*}\right)^{\beta} \tag{6.1.3}$$

PPP 与市场汇率 e 相等的前提是两国不可贸易品同可贸易品的价格之比,即内部价格之比 $\frac{P_N}{P_T}$ 相等。像中国这样的发展中国家,非贸易品(如住房、服务等)的涨价幅度远远高于贸易品的涨价幅度,其后果可能直接导致人民币国内购买力下降和理论汇率贬值。然而,贸易品的价格却因生产率的提高而稳中趋降,使实际人民币贸易汇率趋于升值。大多数发展中国家在经济起飞时期都是采用这一方法,其技术成熟,风险小,而且贸易品生产的提高速度一般高于发达国家。中国经济结构和价格结构的双重调整,造成了人民币对内价值下降而对外价值上升的相对运动。

综上所述,适用于中国这样的发展中国家的相对购买力平价理论,在经过调整后可粗略表述为:

$$\frac{E_t - E_{t-1}}{E_{t-1}} = \pi - \pi^* - a - b \qquad\qquad (6.1.4)$$

其中,π 表示中国的通货膨胀率,π^* 表示美国的通货膨胀率,a 表示中国与美国的非贸易品通货膨胀率之差,b 表示中国与美国的可贸易品生产力增长之差。

2. 利率平价理论在中国的适用性分析

利率平价理论认为远期汇率取决于两国利差,并从国际资本流动的角度分析汇率与利率的关系,即不仅利率差会影响汇率的变动,而且汇率的变动也会通过影响不同市场上的资金供求关系来影响利率的变动,从而将汇率决定因素由商品市场扩展到金融市场。作为确定两国汇率的依据,利率平价理论所受的制约条件是:(1)两国的货币必须具有充分的流动性;(2)外汇市场必须具有充分的有效性;(3)两国的利率必须完全市场化。我国学者(张萍,1996;易纲、范敏,1997)利用利率平价对人民币对美元汇率进行分析,其结论是利率平价理论基本上不适用于中国,其原因主要是中国对资本项目有着严格的管制,资本不能自由进出中国所致。尽管利率平价理论对 1995 年 4 月以前的日元汇率变动具有一定的解释力,但对 1995 年 4 月以后的日元汇率变动以及 1987—1993 年和 1994—1996 年的人民币对美元的汇率变动不具有解释力。实证表明,人民币汇率的变化与利率平价的预期相差较大。在 1987—1993 年和 1994—1996 年期间,人民币的利率水平在不同程度上都要相应地高于美元的利率水平,按理人民币应该贬值,但事实上人民币在这两段时期内都一直在升值(赵庆明,2005)。虽然利率平价理论对汇率的分析在逻辑上甚为严谨,但汇率的决定是多种因素共同作用的结果,那种单独强调远期汇率与利差的关系,显然是大大地简化了汇率的决定模型。对此,利率平价理论对中国的适用性仍然值得怀疑。即使过去人民币汇率的走势偶尔符合利率平价理论,但这种巧合,也并不一定能证明利率平价在真正发挥着决定作用。同时,即使未来人民币实现了可自由兑换,人民币汇率的决定因素仍会更多更复杂,利率平价理论对人民币汇率的预测能力可能会增强,而利率只不过是其中的一个因素而已。

3. 国际收支理论在中国的适用性分析

国际收支理论认为汇率产生于两国货币的交换,而货币交换又产生于国际收支所反映的商品交换,影响国际收支变动的多种因素决定了外汇的供给与需求,从而决定了汇率水平。作为确定两国汇率的依据,国际收支理论所受的制约条件是:(1)两国必须具备比较发达的外汇市场,国际收支的顺差和逆差能够比较真实地反映在外汇市场的供求关系上,否则两国汇率就会出现不合理的低估或高估;(2)两国必须处于大致相同的发展阶段,否则处于不同发展阶段的两国国际收支顺差不符合该学说的汇率调整原则;(3)两国国际收支都处于均衡状态时,其汇率水平会无法确定。国际收支理论的最大特点就是把国民收入、物价水平和利率与政府的财政和货币政策联系起来,并在其分析的框架下建立了各有侧重的不同模型。弹性分析法通过分析影响进出口的供给与需求弹性来探讨经常项目的变动情况;吸收分析法以及货币法则通过国内财政和货币政策的宏观调控来影响国内的吸收总量,进而导致经常项目的变动,最终影响汇率的变动。从我国的实际情况来看,国际收支理论能较好地反映人民币汇率变动与国际收支顺差的关系。如在人民币并轨后的1994—1996年间,经常项目与资本项目的持续大顺差是这几年人民币升值的重要原因。但就大多数年份来看,我国的国际收支更多地反映了货币贬值对保证国际收支顺差的决定作用。虽然我国在1996年实现了经常项目下人民币的可自由兑换,但强行结汇、严格管制的资本项目、中央银行的冲销干预以及外汇市场买卖操作等并不能反映外汇的供求关系。因此,国际收支理论只能作为人民币汇率变动的参考依据之一。

4. 资产市场理论在中国的适用性分析

资产市场理论认为在浮动汇率制下短期汇率如同股票、证券等金融资产的价格一样，不仅受到政府宏观经济政策、利差等因素的直接影响，还受到人们对这些因素运用趋势所产生的预期的间接影响，因而汇率的变动率往往要大于其基本决定因素的变动率。作为确定两国汇率的依据，资产市场理论所受的制约条件是：(1)两国必须具备十分发达的金融市场，短期资本移动对利差变动必须比较敏感，否则就不会存在短期汇率变动问题；(2)两国的外汇管制必须宽松，否则在人为的控制之下，短期汇率变动就无从谈起；(3)两国都必须采用自由浮动汇率制，否则短期汇率均衡就无从实现。资产市场理论主要包括资产组合平衡法和货币法两种。其共同的特点在于都是把汇率看做资产的价格，或者说，是两国资产(或货币)的相对价格。因而在分析汇率变动时，资产市场理论是从国内外资产市场存量平衡而不是从国际贸易中商品市场和劳务市场平衡的角度入手。在资产市场理论中，市场预期和信息对资产供求的变化起着非常重要的作用。但一般要求商品价格自由浮动，没有贸易限制，其货币市场和资本市场必须充分发达和开放，而在这些方面我国尚存在较大的差距。由于其严格的条件限制，因此，利用资产市场理论来构建人民币合理的均衡汇率模型，仍然很不成熟。

综上所述，结论是：(1)我国的金融市场还不完全发达，参考一篮子货币制度的实质还是有管理的浮动汇率制，资本项目还不能实现完全的可自由兑换，人民币汇率不可能通过国际市场自发形成，因而资产市场理论基本上不能作为确定人民汇率的依据；(2)我国的外汇市场还没有完全开放，因而国际收支理论只能作为确定人民币汇率的参考内容，不能作为人民币汇率决定的依据；(3)人民币还不是国际货币，人民币利率也没有完全市场化，而且人民币还不能作为国际贸易的计价货币，人民币的流动性受到极大的制约，因而利率平价理论不能作为人民币汇率决定的依据；(4)我国是一个发展中国家，国内的生产结构、消费结构和价格结构与西方还存在着较大的差别，国内汇率机制形成的非市场化程度还比较高,而且还经常受到国际贸易条件的制约,因而,一般概念的购买力平价理论还不能作为人民币汇率的制定依据。

二、人民币汇率决定的价值基础

长期以来,我国一直是一个农业大国,但经过20多年的改革开放,特别是在推行工业化、城市化和市场化之后,我国国民经济以年均9%的速度持续增长,资源配置不断得到优化,产业结构不断得到合理调整。到21世纪之初,中国经济现代化进程已经完成了第一阶段,并步入了第二阶段——从工业大国到工业强国转变的阶段。从经验上判断,无论是经济总量还是经济规模,也无论是国内调控能力还是国际清偿能力,都使得中国真正树立起了崛起中的大国形象。如果国内外发展环境和谐,那么,中国的经济增长将会打破持续27—30年的长期高速增长极限,继续高速增长20年,中国经济有望在2020年赶超美国而成为世界上第一大经济体(麦迪森、任若恩,1998),而人民币也将顺理成章地成为世界主要的国际货币和强势货币。但是,我国毕竟还是发展中国家,其社会性质还处在社会主义初级阶段。作为世界上人口最多的国家,仍然面临着巨大的就业压力,资本项目管制在逐步放宽,经常项目还有交易限制,外汇市场还很不发达,人民币还存在汇率错配、错位和错调现象。从美国角度来看,人民币会取代欧元而成为美元的斗争对象,美国绝对不会坐视中国保持人民币汇率的持续稳定,而只会通过操纵和控制人民币汇率的大幅波动来损害中国的利益,从而阻挡中国的强盛和崛起。因此,构建人民币汇率形成的长效机制,既重任在身,又任重道远。

由于人民币自诞生之日起就没有与黄金挂钩,因而以黄金作为其价值基础,显然既缺乏历史依据也没有现实意义。按照马克思主义货币价值理论,人民币的价值基础不仅是商品价值,而且是全社会商品的总价值,是全社会必要劳动的价值总和,因而人民币汇率论最终归结为劳动价值论。其理由是:(1)人民币是国家法定货币,在全国范围内充当流通手段的职能,受国家法律的保护;(2)国家手里掌握着大量的社会商品,人民币有着雄厚的物质基础;(3)货币的根源在于商品,而商品的根源则在于劳动。如果说人民币是国内价值的体现,那么,人民币汇率则是国际价值的体现。这样,人民币成为商品的一般代表,并以这种代表资格充当商品交换的一般等价物,每元人民币所代表的价值就是全社会商品价值的相应部分。要使人民币的币值保持稳定,就必须使投入市场的货币供应量同由社会商品总价值和货币正常周转速度决定的市场实际需求量基本相等,即人民币理论汇率的确定必须以其所代表的商品价值即社会商品价值为依据。

鉴于西方诸多以直接外汇市场为前提的汇率理论在中国的适用度受到限制,而且人民币的价值又是建立在社会商品价值或社会必要劳动价值的基础之上,人民币实际上也就代表了商品的购买力。因而在购买力平价理论的基础上构建一个长期的、合理的、均衡的人民币汇率决定模型,这不仅符合理论逻辑,而且还符合现实逻辑。

作为宏观经济变量,人民币汇率由许多经济变量综合决定,而且各经济变量之间还存在着密切关系,因而在构建人民币汇率决定模型时必须注意以下几个原则:(1)客观性原则。汇率模型中的变量,应该以经济运行中的客观存在为基础,而主观愿望、心理预期和政策变量等,很难将之量化,应予以排除,所以要选择最具有统计意义的解释变量或指标。(2)长期性原则。模型是以相对购买力平价为基础来描述长期均衡汇率的,主观心理因素对长期汇率决定的意义不是特别重要,而政策变量在长期中将会通过各种基本经济变量起作用。(3)全面性原则。汇率关系到国家宏观调控的整体利益,因而均衡汇率应该从宏观和微观两个方面同时加以充分考虑。(4)可操作性原则。构建模型是为了更加准确地把握人民币汇率的变动规律,以利于汇率政策的制定和调整,因而无论在变量选择、模型计量,还是技术要求上都应该具有高度的可操作性。

三、合理的人民币均衡汇率决定模型的数理分析

根据马克思关于汇率的实质就是两国货币所具有(在金属货币条件

下)或代表的(在纸币条件下)内在价值之比的理论,并参照白暴力(2006)关于货币价值的计量方法,拟构建合理的人民币均衡汇率决定模型。

假定1:商品自然价格直接由价值决定,价格总水平是社会各个商品价格的加权和。在这些商品中,有的价格直接基础高于价值,有的价格直接基础低于价值。但不论是"价值决定的价格的加权和",还是"价格直接基础决定的价格的加权和",在量上差别都是不大的。因此,假定商品的自然价格直接由价值决定,不会影响对价格总水平上涨的本质规律的研究。

假定2:在金属货币体系中,商品的绝对价格就是商品与金(货币)的交换比例,而金(货币)本身的价值变化不是经常的,在一定时期内其变化幅度也是不大的,因而可假定货币本身的价值为常数。商品的绝对价格变化与相对价格变化是同一的。商品绝对价格的变化表现为价格总水平的变化。

假定3:在纸币体系中,纸币所代表的价值变化是经常的,而且其幅度常常是很大的,纸币所代表的价值不再被假定为常数,而应当看做变量,绝对价格的变化与相对价格的变化不再是同一的,而成为一个独立的研究对象。

假定4:按照马克思关于货币的根源在于商品本身的论述,货币价值可以通过商品的价格水平来反映。

1. 在金属货币体系中的绝对价格、相对价格和价格总水平

(1)以金属表现的绝对价格

商品的价格首先表现为以货币计量的价格。这种以货币量表现的商品价格,就称为绝对价格。

假定整个经济中有几种商品,这几种商品的绝对价格的集合,即称为绝对价格体系,用行向量表示为:

$$\vec{P} = (P_1, P_2, \cdots, P_i, \cdots, P_n) \tag{6.1.5}$$

在绝对价格体系中,每一种商品的价格不仅表现为一定的货币量,而且表现为与其他商品价格的相互比例：

$$P_1 : P_2 :, \cdots, : P_i :, \cdots, P_n \qquad (6.1.6)$$

马克思汇率理论表明，一种商品以金属货币表现的绝对价格是由该商品的价值量与金属货币本身的价值量之比决定的①。可用公式表示为：

$$P_{gi} = \frac{w_i}{w_g} \qquad (6.1.7)$$

其中，P_{gi} 表示第 i 种商品以金属货币表现的绝对价格，w_i 表示第 i 种单位商品的价值量，w_g 表示单位金属货币的价值量。

由(6.1.7)式可见，以金属货币表现的商品的绝对价格是由商品的价值量相对于金属货币的价值量的相对量决定的，而不是由商品的价值量的绝对量决定的②。

按照马克思汇率理论，一种商品的价值取决于生产该商品的劳动生产率，并且，与生产该项商品的劳动生产率成反比③，可用公式表示为：

$$w_i = \frac{1}{f_i} \qquad (6.1.8)$$

其中，f_i 表示生产第 i 种商品的劳动生产率。

将(6.1.8)式代入(6.1.7)式中，可得：

$$P_{gi} = \frac{f_g}{f_i} \qquad (6.1.9)$$

其中，f_g 表示生产金属货币的劳动生产率。由(6.1.9)式可以看出，以金属货币表现的一种商品的绝对价格是由生产金属货币的劳动生产率与生产该种商品的劳动生产率之比（相对量）决定的。它与金属货币的劳动生产率成正比，与生产该种商品的劳动生产率成反比。

根据(6.1.9)式，以金属货币表示的绝对价格体系可写为：

---

① 马克思：《资本论》第 1 卷，人民出版社 1975 年版，第 61—102 页。
② 马克思：《资本论》第 1 卷，人民出版社 1975 年版，第 61—102 页。
③ 马克思：《资本论》第 1 卷，人民出版社 1975 年版，第 61—102 页。

$$\vec{P}_g = \left(\frac{f_g}{f_1}, \frac{f_g}{f_2}, \cdots, \frac{f_g}{f_n} \right)$$

即

$$\vec{P}_g = f_g \left(\frac{1}{f_1}, \frac{1}{f_2}, \cdots, \frac{1}{f_n} \right) \qquad (6.1.10)$$

其中，$\vec{P}_g$ 表示以金属货币表示的绝对价格向量。

价格由商品的价值量与作为货币的商品的价值量之比决定，就是通常所说的"价格由价值规律决定"；价格的变化由价值量的变化所决定，就是通常所说的"价格的变化由价值决定"。又由于生产商品的劳动生产率是价值量的倒数，所以"价格由生产货币的劳动生产率与生产商品的劳动生产率之比决定"等同于"价格由价值规律决定"，"价格的变化由劳动生产率变化决定"等同于"价格的变化由价值规律决定"。

（2）以金属表现的相对价格

为使绝对价格体系中各商品价格之间的关系表现得更加明确，现任意选取一种商品的价格，假定是 P_m，作为参照价格，用某一种商品的价格与参照价格的比表示某一商品价格体系中的比例关系，称为相对价格，用公式表示为：

$$p_i = \frac{P_i}{P_m} \ (\ i = 1,2,3,\cdots,m,\cdots,n\ ,\ n \geqslant m\ ) \qquad (6.1.11)$$

因为绝对价格 P_i 是单位商品的货币量，所以两种商品的绝对价格之比 $\frac{P_i}{P_m}$ 就是单位第 i 种商品交换第 m 种商品的数量，也就是用第 m 种商品表示的价格。相对价格的集合称为相对价格体系，用行向量表示为：

$$\vec{p} = (p_1, p_2, \cdots, p_m, \cdots, p_n) \ (其中，P_m = 1) \qquad (6.1.12)$$

根据绝对价格和相对价格的定义，绝对价格体系可以表示为：

$$\vec{P} = (P_1, P_2, \cdots, P_m, \cdots, P_n)$$
$$= P_m(p_1, p_2, \cdots, 1, \cdots, p_n) \qquad (6.1.13)$$

即：

$$\vec{P} = P_m \vec{p} \qquad (6.1.14)$$

其中，P_m 表示参照商品的价格，即单位商品所值的货币量。由此可见，绝对价格体系可分解为货币因素和相对价格体系因素。

（3）以金属表现的价格总水平

价格总水平是指整个经济中所有商品总量的价格之和，可用公式表示：

$$P_S = P_1Q_1 + P_2Q_2 + \cdots + P_iQ_i + \cdots + P_nQ_n \qquad (6.1.15)$$

其中 Q_i 是整个经济中第 i 种商品的数量。可以看出，价格总水平是所有商品价格的加权总和，权数就是商品数量 Q_i。

由于价格总水平是用来比较不同期间整个经济中价格变化的概念，而不同期间整个经济中各种商品的数量是不同的，所以，为了能够仅仅表现出价格的变化，一般选定基期（比较价格总水平的最初时期）的一组商品数量作为权数，可记作：

$$Q_1^0, Q_2^0, \cdots, Q_i^0, \cdots, Q_n^0$$

其上标 0 表示的是基期值。这样，价格总水平可表示为：

$$P_S = P_1Q_1^0 + P_2Q_2^0 + \cdots + P_iQ_i^0 + \cdots + P_nQ_n^0 \qquad (6.1.16)$$

用列向量表示为：

$$\vec{Q}^0 = \begin{pmatrix} Q_1^0 \\ Q_2^0 \\ \vdots \\ Q_n^0 \end{pmatrix} \qquad (6.1.17)$$

表示作为权数的商品数量集合，则价格总水平可表示为：

$$P_S = \vec{P}\vec{Q}^0 \qquad (6.1.18)$$

将（6.1.14）式代入（6.1.18）式中，可得：

$$P_S = P_m\vec{p}\vec{Q}^0 \qquad (6.1.19)$$

（6.1.19）式表示价格总水平可分解为货币因素、相对价格体系因素和权数因素（表示商品数量）。

同时，根据权数 $\vec{Q}^0$ 和价格 $\vec{P}$ 的选样不同，价格总水平有各种不同的具体计量种类。

根据(6.1.18)式 $P_S = \vec{P} \vec{Q^0}$，在金属货币体系中，价格总水平表示为：

$$P_{gs} = \vec{P_g} \vec{Q^0} \qquad\qquad (6.1.20)$$

其中，P_{gs} 表示金属货币体系中的价格总水平。将(6.1.10)式

$$\vec{P_g} = f_g \left(\frac{1}{f_1}, \frac{1}{f_2}, \cdots, \frac{1}{f_n} \right) \text{ 代入(6.1.20)式中，得：}$$

$$P_{gs} = f_g \left(\frac{1}{f_1}, \frac{1}{f_2}, \cdots, \frac{1}{f_n} \right) \vec{Q^0}$$

即：$P_{gs} = f_g \sum_{i=1}^{n} \frac{Q_i^0}{f_i} \qquad\qquad (6.1.21)$

由(6.1.21)式可见，在金属货币体系中，价格总水平是由生产金属货币的劳动生产率和生产商品的劳动生产率倒数的加权这两个因素决定的，它与生产金属货币的劳动生产率成正比，与生产商品的劳动生产率反向相关。

2. 在纸币体系中的绝对价格、相对价格和价格总水平

(1)以纸币表示的绝对价格

一种商品的以纸币表示的绝对价格(简称绝对价格)是由该商品的价值量与单位纸币所代表的价值量之比决定的，可用公式表示为：

$$P_i = \frac{w_i}{w_P} \qquad\qquad (6.1.22)$$

其中，P_i 是第 i 种商品的绝对价格，w_P 是单位纸币所代表的价值量。

由(6.1.22)式可见，商品的绝对价格是由商品的价值量相对于单位纸币所代表的价值量的相对量所决定的，而不是由商品的绝对价值量所决定的。

按照马克思汇率理论，流通中的纸币总量代表的价值量等于由"货币流通规律"所决定的金属货币总量的价值量①，可用公式表示为：

$$Mw_p = Gw_g \qquad\qquad (6.1.23)$$

---

① 《资本论》第 1 卷，人民出版社 1975 年版，第 147 页。

其中，M 表示流通中的纸币数量，G 代表由"货币流通规律"所决定的金属货币数量。而由"货币流通规律"所决定的金属货币数量等于流通中的价格总量与货币流通速度之比[1]，可用公式表示为：

$$G = \frac{\sum\limits_{i=1}^{n} P_{gi} Q_i}{N} \tag{6.1.24}$$

其中，N 表示流通速度，即货币周转次数。将（6.1.7）式代入（6.1.24）式中，得：

$$G = \frac{\sum\limits_{i=1}^{n} \frac{w_i}{w_g} Q_i}{N} = \frac{\sum\limits_{i=1}^{n} (w_i Q_i)}{w_g N} \tag{6.1.25}$$

由于 $\sum\limits_{i=1}^{n} (w_i Q_i)$ 是社会总商品价值量，用 $\sum W$ 表示，所以上式可表示为：

$$G = \frac{\sum W}{w_g N} \tag{6.1.26}$$

将（6.1.26）式代入（6.1.23）式中，得单位纸币代表的价值为：

$$w_p = \frac{\sum W}{MN} \tag{6.1.27}$$

将（6.1.27）式代入（6.1.22）式中，得绝对价格为：

$$P_i = \frac{MN}{\sum W} w_i \tag{6.1.28}$$

将（6.1.8）式代入（6.1.28）式中，得：

$$P_i = \frac{MN}{\sum W} \frac{1}{f_i} \tag{6.1.29}$$

由（6.1.29）式可见，一种商品的绝对价格是由社会总商品价值量（$\sum W$）、生产商品的劳动生产率（f_i）、流通中纸币数量（M）和货币流通速度（N）四个因素决定的。它与社会总商品价值量和生产该商品的

---

[1] 《资本论》第 1 卷，人民出版社 1975 年版，第 139 页。

劳动生产率成反比,与流通中纸币数量和货币流通速度成正比。

根据(6.1.29)式,绝对价格体系可表示为:

$$\vec{P} = \frac{MN}{\sum W}\left(\frac{1}{f_1},\frac{1}{f_2},\cdots,\frac{1}{f_n}\right) \qquad (6.1.30)$$

根据(6.1.27)式,可知单位价值量所对应的纸币量为:

$$\frac{MN}{\sum W} = \frac{1}{w_p} \qquad (6.1.31)$$

因而绝对价值体系可表示为:

$$\vec{P} = \frac{1}{w_p}\left(\frac{1}{f_1},\frac{1}{f_2},\cdots,\frac{1}{f_n}\right) \qquad (6.1.32)$$

(6.1.32)式,也可以直接从(6.1.22)式和(6.1.8)式中推出。由上面的分析可以看出,在以纸币表示的绝对价格体系中,价格之间的比例是由生产商品的劳动生产率决定的,也就是说由价值规律决定的,而价格水平则是由 $\frac{MN}{\sum W}$ 或 $\frac{1}{w_p}$ 来决定的。

(2)以纸币表示的相对价格

如果在以金属货币表示的绝对价格体系中,将金属货币选作参照商品,那么,商品的相对价格也就是绝对价格,相对价格体系也就是绝对价格体系。在现实经济中,金属货币也确实就是①参照商品。

前面已经说明的相对价格为:

$$p_i = \frac{P_i}{P_m} \ (\ i = 1,2,3,\cdots,m,\cdots,n\ ,\ n \geq m\ ) \qquad (6.1.33)$$

根据(6.1.22)式,(6.1.33)式可以表示为:

$$p_i = \frac{\dfrac{w_i}{w_p}}{\dfrac{w_m}{w_p}} = \frac{w_i}{w_m} \qquad (6.1.34)$$

其中, w_m 表示单位参照商品的价值量。

---

① 《资本论》第1卷,人民出版社1975年版,第61—102页。

将(6.1.8)式代入(6.1.34)式,可得:

$$p_i = \frac{f_m}{f_i} \tag{6.1.35}$$

其中,f_m 表示生产参照商品的劳动生产率。由(6.1.32)式和(6.1.35)式可以看出,在纸币体系中,一种商品的相对价格是由该商品的价值量相对参照商品的价值量的相对量决定的,与该商品的价值量成正比,与参照商品的价值量成反比;或者说,一种商品的相对价格是由生产参照商品的劳动生产率相对于生产该商品的劳动生产率的相对量决定的,与生产参照商品的劳动生产率成正比,与生产该商品的劳动生产率成反比。一句话,就是由价值规律决定的。

(3)纸币体系中的相对价格体系

根据(6.1.35)式 $p_i = \frac{f_m}{f_i}$,相对价格体系可以表示为:

$$\vec{p} = (\frac{f_m}{f_1}, \frac{f_m}{f_2}, \cdots, \frac{f_m}{f_n})$$

即:

$$\vec{p} = f_m(\frac{1}{f_1}, \frac{1}{f_2}, \cdots, \frac{1}{f_n}) \tag{6.1.36}$$

从以上分析中可以看到:在纸币体系中,决定相对价格及其变化的因素与在金属货币体系中决定绝对价格及其变化的因素非常相似,并且,在纸币体系中参照商品的作用与在金属货币体系中金属货币的作用相似。

(4)以纸币表示的价格总水平

将(6.1.18)式 $P_s = \vec{P}\vec{Q}^0$ 代入(6.1.30)式 $\vec{P} = \frac{MN}{\sum W}(\frac{1}{f_1}, \frac{1}{f_2}, \cdots, \frac{1}{f_n})$

中,得:

$$P_s = \frac{MN}{\sum W}(\frac{1}{f_1}, \frac{1}{f_2}, \cdots, \frac{1}{f_n})\vec{Q}^0$$

即:

$$P_s = \frac{MN}{\sum W}\sum_{i=1}^{n}\frac{Q_i^0}{f_i} \tag{6.1.37}$$

由(6.1.37)式可以看到:在纸币体系中,价格总水平是由流通中的纸币量、货币流通速度、社会总商品价值量和生产商品的劳动生产率倒数的加权和四个因素决定的。它与流通中的纸币量、货币流通速度成正比,与社会总商品价值量成反比,与生产商品的劳动生产率反向相关。

3. 绝对价格与相对价格的关系

在金属货币体系中,相对价格与绝对价格是同一的,所以下面只考察绝对价格与相对价格的关系。

可以由(6.1.11)式 $p_i = \dfrac{P_i}{P_m}$,得:

$$P_i = P_m p_i \tag{6.1.38}$$

即一种商品绝对价格等于参照商品的绝对价格与该种商品的相对价格的乘积。根据(6.1.29)式 $P_i = \dfrac{MN}{\sum W} \dfrac{1}{f_i}$,有:

$$P_m = \frac{MN}{\sum W} \frac{1}{f_m} \tag{6.1.39}$$

将(6.1.39)式代入(6.1.38)式中,得:

$$P_i = \frac{MN}{\sum W} \frac{1}{f_m} p_i \tag{6.1.40}$$

由此可见,绝对价格与相对价格成正比,正比例系数是由流通中纸币量(M)、货币流通速度(N)、社会总商品价值量($\sum W$)和生产参照商品的劳动生产率(f_m)四个因素决定的,因而,绝对价格的决定要比相对价格的决定复杂得多。

根据(6.1.40)式 $P_i = \dfrac{MN}{\sum W} \dfrac{1}{f_m} p_i$,绝对价格体系与相对价格体系的关系可表示为:

$$\vec{P} = \frac{MN}{\sum W f_m} \vec{p} \tag{6.1.41}$$

从上所述,在金属货币体系中,相对价格与绝对价格是同一的,而在纸币体系中,两者分离开来,绝对价格及其变化要比相对价格及其变化复杂得多。

4. 构建合理的人民币均衡汇率决定模型

假定 P_s 表示以人民币表现的商品价格总水平, P_s^* 表示以外币表现的外国商品价格总水平(带"*"号的表示外国相对应的经济变量),则外币所表现的商品价格总水平为:

$$P_s^* = \frac{M^* N^*}{\sum W^*} \sum_{i=1}^n \frac{Q_i^{0*}}{f_i^*} \tag{6.1.42}$$

假定人民币长期购买力平价存在(许多实证研究也证明存在),且一价定律成立,则合理的人民币均衡汇率决定模型可表示为:

$$e = \frac{\dfrac{MN}{\sum W} \sum\limits_{i=1}^n \dfrac{Q_i^0}{f_i}}{\dfrac{M^* N^*}{\sum W^*} \sum\limits_{i=1}^n \dfrac{Q_i^{0*}}{f_i^*}} \tag{6.1.43}$$

(6.1.43)式中, e 表示合理的人民币均衡汇率。

经典的购买力平价理论认为,一个国家所有商品的价格都会影响该国的货币购买力,而且,在现代经济学分析中,经济学家也普遍认为一国的不可贸易品与可贸易品之间以及各国不可贸易品之间存在着种种联系,这些联系使得一价定律对于不可贸易品也成立。因而上述推论可以扩展到一国经济中的所有商品。

5. 合理的人民币均衡汇率决定模型的经济学意义

为便于分析,现将(6.1.43)式变换如下:

$$e = \left(\frac{M}{\sum W} \bigg/ \frac{M^*}{\sum W^*} \right) \times (N/N^*) \times \left[\left(\sum_{i=1}^n \frac{Q_i^0}{f_i} \right) \bigg/ \left(\sum_{i=1}^n \frac{Q_i^{0*}}{f_i^*} \right) \right]$$

$$\tag{6.1.44}$$

从(6.1.44)式可以看出, $\dfrac{M}{\sum W}$ 和 $\dfrac{M^*}{\sum W^*}$ 被认为是中外两国的货币化率(或一国的货币化程度), $\left(\dfrac{M}{\sum W} \bigg/ \dfrac{M^*}{\sum W^*} \right)$ 则表示中外两国的货币

化程度之比；(N/N^*) 表示中外两国货币的流通速度之比。根据该汇率模型数量关系，可以得出其经济学含义是：

（1）汇率的决定不仅与货币因素有关，而且还与非货币因素有关，比如全社会的商品价值总量、全社会的劳动生产率以及货币的流动性有关。

（2）人民币汇率与其决定因素的逻辑关系是：

①当 $(\dfrac{M}{\sum W}/\dfrac{M^*}{\sum W^*})$ 和 (N/N^*) 一定时，则合理的人民币均衡汇率随着 $[(\sum\limits_{i=1}^{n}\dfrac{Q_i^0}{f_i})/(\sum\limits_{i=1}^{n}\dfrac{Q_i^{0\,*}}{f_i^*})]$ 的变化而反向变化；

②当 $(\dfrac{M}{\sum W}/\dfrac{M^*}{\sum W^*})$ 和 $[(\sum\limits_{i=1}^{n}\dfrac{Q_i^0}{f_i})/(\sum\limits_{i=1}^{n}\dfrac{Q_i^{0\,*}}{f_i^*})]$ 一定时，则合理的人民币均衡汇率随着中外两国货币流通速度［即 (N/N^*)］之比的变化而正向变化；

③当 (N/N^*) 和 $[(\sum\limits_{i=1}^{n}\dfrac{Q_i^0}{f_i})/(\sum\limits_{i=1}^{n}\dfrac{Q_i^{0\,*}}{f_i^*})]$ 一定时，则合理的人民币均衡汇率随着中外两国货币化率之比［即 $(\dfrac{M}{\sum W}/\dfrac{M^*}{\sum W^*})$］的变化而正向变化。

以上仅仅是对合理的人民币均衡汇率决定模型的理论探讨，由于现实经济情况可能会更加复杂，在具体运用时，可能会因为数据计量问题而出现误差。

第二节　选择合意的人民币汇率制度

早在 2002 年之际，克鲁格曼就断言，由于"发展中国家左右自身贸易条件不如发达国家"，因此对于发展中国家而言，为了控制通货膨胀预期，"汇率稳定对于一般的发展中国家要比一般的发达国家更为重要"。汇率稳定对人民币来说至关重要，但在经济转型的发展时期，若仅仅以此为目标,又会失之偏颇。实际上,我国的经济政策正面临着多重目标约束,既要稳定物价、稳定汇率,又要扩大就业、扩大内需,还要确保经济快速增长。从理论上看,实现多重目标,既可以确保货币政策的有效性,即货币政策能够系统地影响产出;又可以确保多重目标协调一致,即政策搭配能够有效地产生组合效应。从实践上看,虽然在短期内要同时实现货币政策的多重目标比较困难,而且还可能由于多重目标的相互矛盾而引起中央银行在决策时顾此失彼,在操作上无所适从;但要实现经济发展的内外平衡,确保人民币汇率水平合理而均衡,确保人民币汇率制度合意而适用,我国的汇率政策就不能是单一化的目标政策,而应该是多样化的目标追求,并使多重目标政策产生组合效应。

一、西方汇率制度选择理论在中国的适用性

从理论上分析,汇率制度选择可以通过"边干边学"或"试错法"来进行,但在实际中,汇率制度安排直接关系到金融体系的稳定与安全,不适用的汇率制度安排可能成为引发货币危机乃至经济危机的重要诱因之一,其后果甚至可能是毁灭性的。即使危机能在一定程度上调整汇率安排的偏差,但所付出的代价是高昂而不可预见的。因此,选择适用性的汇率制度非常重要。

在人民币汇率制度的选择与安排中,许多学者都援引西方经典的经济学理论,其中最为常见的,就是蒙代尔—弗莱明模型(M-F模型)及其推论,即"蒙代尔不可能三角"命题。他们一般以货币政策独立性、汇率稳定性和完全的资本自由流动性三个政策目标不可能同时实现为基础,分析判断中国是否出现了资本完全流动、汇率稳定条件下的货币政策失效现象,并以此为据来预测人民币汇率制度的未来走向。

然而,任何经济理论都有其严格的前提假定,而现实经济中的条件又往往可能与某些特定的假定前提不相符合,理论的说服力自然就要受到削弱。因此,对西方经济理论的运用必须慎之又慎,一般不宜直接套用其结论来解释我国的汇率制度安排情况。

据研究,M-F模型的主要结论是"固定汇率制度下货币政策无效"。

而得出此结论的关键假定为：一是利率应该具有完全弹性，货币市场供求关系的变动能够因利率的变动而变动；二是资本具有完全流动性，能够自由地流出（入），这也意味着货币具有完全的可兑换性。但是，当前这两个关键假定在我国都不完全成立。其一，我国的利率尚未完全市场化，资本市场仍然存在着严格的管制，包括存贷款利率在内的大多数利率仍然由中央银行决定；其二，我国的人民币在资本项目下仍然不能完全自由兑换，资本的跨境跨国流动仍然受到严格管制（苏平贵，2003）。因此，M-F模型在我国的适用性较差，而且M-F模型的不适用性也直接影响到"蒙代尔不可能三角"命题的适用性。

从实践上分析，"三元悖论"，又称"蒙代尔不可能三角"、"三难选择"，它是克鲁格曼和奥伯斯费尔德在M-F模型基础上提出的。"三元悖论"曾深受学术界的推崇，也曾成为一国开放经济中必须遵循的政策选择性依据。一些发达国家基本上是执行三角的底边（货币政策自主权和资本自由流动），汇率实行有管理浮动。但发展中国家则一直在三个目标中艰难选择，有时甚至不得不忍受外汇危机的侵扰。"现在真正清楚的一点是，虽然发达的大国可以对浮动汇率和国际资本流动处之泰然，发展中国家却似乎还没有完全令人满意的选择"，汇率制度选择面临着"困惑的未来"（克鲁格曼，2002）。之所以如此，主要是因为"三元悖论"本身并不成立（陈炳才，2005）。其原因在于"三元悖论"是以国际货币尤其是以单一国际货币（美元）为背景或假定前提，而假定其他国家必须选择资本流动自由化（或资本市场必须完全开放）的理论。例如美国不仅允许资本自由流动，而且在放弃美元与黄金挂钩的固定汇率制后，仍然保持了汇率政策的自我控制和调节，甚至主导欧元和日元的变动。美国不但具有货币政策的独立性，而且还具有很强的资本流动性和汇率稳定性。这主要是因为在实行浮动汇率制之后，美元成为了世界轴心货币，美元金融和货币政策成为了主导和支配世界的政策。作为国际货币国家的英国、日本以及欧洲各国也在一定程度上保持了三者的平衡。欧元汇率曾经是固定汇率制，过渡期结束后是自由浮动汇率制，而且允许资本自由流动，但欧洲央行仍然保持了货币政策的独立性。日本原来可以保持三者的平衡,但由于日元汇率被美国支配而丧失了货币政策独立性。也就是说,作为国际货币或国际货币国家,"三元悖论"是否存在值得研究。

然而,与发达国家不同的是,发展中国家的货币不是国际储备货币,而是非国际货币,并处于弱势地位以及被领导和被支配地位。因而非国际货币国家的资本流动和资本市场开放就不能简单地采用发达国家的理论。对发展中国家来说,如果实行资本项目可自由兑换或资本市场开放,那么,他们就没有自己选择汇率和货币政策独立的自由,就无法确定自己的利率和汇率。如果美元降低利率,发展中国家不降低利率,那么就会带来很多比较严重的问题。而保持与外部利率平衡,货币政策的调节空间又极其有限,这早已被实证所证明。如果发展中国家开放资本市场,并允许资本自由流动,那么,要保持汇率稳定是不可能的。因为面对强大的外部资本流动冲击和国际货币之间的汇率波动,发展中国家要保持货币政策的独立性和汇率的稳定性也同样是不可能的。因为一国独立的货币政策无法对资本流动施加任何影响,而且独立的货币政策也不足以抗衡国际社会对汇率自由浮动后所产生的大幅波动的冲击,这在货币危机中已表现得最为明显。如果要保持货币政策的独立性,或者三者之中选择任何两个,那么也是根本不可能的。如果说独立政策能够在自由浮动汇率、资本自由流动之后保持下来并发挥作用(如大幅度提高利率甚至超过国际利率水平),那么,这个国家不是正处在金融危机之中,就是正在孕育着金融危机。而此时与外部相反的低利率则会导致资本大量外流,高利率则会使企业成本提高,直至无法承受。当然,如果开放资本市场,允许企业自由借款,那么,则会导致企业大量借外债(如韩国),或者由银行借外债来谋取拆借资金的利益(如泰国),从而酝酿货币危机。

如果不陷入"三元悖论"陷阱,即非国际货币国家不选择所谓的资本自由流动或完全的资本市场开放,其情况又有所不同。如果选择有管制的资本流动,适当的利率自由化,保持汇率的可自由浮动,那么,不仅可以保持货币政策的独立性,而且也可以吸引足够的外资,同时还可以提高本币汇率的信誉,促进经济的长期发展。如果汇率不稳定,那么,经济行为主体也不会赞同,只有投机交易者喜欢。如果让美元每天变化无常,那么,美元也不会有资格继续获得国际货币的地位。因此,判断汇率、利率(货币政策)、资本流动三者之间的关系是否合适或者成功的依据就是本国经济是否可持续发展,而不是资本流动是否自由化。自由化可以方便企业和市场,但不一定会带来国家经济和金融发展的成功。我国当前就是在汇率逐渐浮动化、利率逐渐市场化和资本流动逐渐自由化(主要是直接投资和部分短期资本)之间获得了成功。而这个模式是可以保持经济可持续发展的。从事实上分析,利率、汇率和资本流动三者之间拥有很多的选择,我国不应该陷入三者的自由化选择即"三元悖论"之中,因为那本身就是一个无解的假设。

根据转型国家与新兴市场经济国家的经验,赵蓓文(2004)从另一角度阐释了"蒙代尔不可能三角"对我国汇率制度选择的指导意义,并指出在货币政策、汇率稳定和资本自由流动中存在一种"钟摆效应",这种效应的政策意义在于:如果固定三个目标中的一个,那么另外两个实行一定程度的摆动,但同样意味着要牺牲某一个目标。在我国现行的汇率制度下,要维持名义汇率的稳定,作为基础货币投放的主要渠道之一的外汇占款,其持续快速增长将不可避免地影响我国货币政策在追求内部均衡时的实施效果,甚至出现货币独立性丧失的可能,即中央银行冲销政策无效(谢多,1998;管华丽、张晓田,2000)。

其实,人们不能从冲销干预无效或作用十分有限以及货币政策时滞对货币投放量产生影响等方面来简单地评判货币政策独立性的强弱,这种从存量的稳定性角度来考虑问题并非就是一种好的思路。因为在经济开放程度日益提高且流动性趋势不断加强的情况下,要维持名义上的有管理浮动汇率制度,就势必或多或少地要牺牲国内均衡的政策目标,即牺牲货币政策独立性。因而可以说,在我国不大可能存在"蒙代尔不可能三角"式的钟摆效应问题,即中央银行在维持实际上的固定汇率制度,并可以在货币政策与资本自由的流动性之间审时度势地作出调整,如图6-2-1所示。

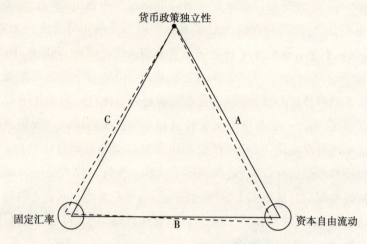

图6-2-1 采用汇率目标区情况下的"蒙代尔三角"

因此,"蒙代尔不可能三角"所描述的都是极端的情况,没有探究汇率制度、资本流动和货币政策效果的中间状态。就我国而言,当前我国对资本项目的管制尚未开放,即便实行固定汇率制,货币政策也不会完全失效,即我国当前的汇率制度在一定时期内应该是可以继续维持的,但从长期来看,还应该提高汇率制度转换的有效性。

浮动汇率制下一国能否自动地获得货币政策独立性也需要进一步研究探讨。一般而论,实行浮动汇率制的国家为干预过度波动的汇率,往往也需要运用货币政策,实践中真正能够实现货币政策独立性的国家并不多。因此,过分追求货币政策独立性而采用浮动汇率制,这可能是一个误区。

在经济开放条件下,如果货币政策仍然不可能普遍独立,那么反经济周期的措施就不能过分地依赖于货币政策,这样在选择汇率制度时就不能以货币政策独立性与否为依据。如果依然以反经济周期的措施在不同汇率制度下的表现作为选择汇率制度的关键标准,那么就可以考虑财政政策的效果,而且大多数发展中国家都依赖财政政策,中国当然也不例外。

根据 M-F 模型,如果实行固定汇率制度,那么,资本流动性越强,财政政策效果就会越好；即在资本完全流动的条件下，财政政策则完全有效；在资本完全不流动的条件下，财政政策则完全无效。如果实行浮动汇率制度，那么，资本流动性越强，财政政策效果就会越差；即在资本完全流动的条件下，财政政策则完全无效；在资本完全不流动的条件下，财政政策则完全有效。如果考虑以财政政策效果为标准，那么，显然将倾向于固定汇率制度。但由于"蒙代尔不可能三角"只涉及固定汇率制度与货币政策独立的关系，不能囊括汇率制度选择必须涉及的其他要素，所以依据"蒙代尔不可能三角"进行汇率制度选择与安排，可能会导致错误的结论。

　　除了反经济周期的措施之外，还可以从很多角度审查固定汇率与浮动汇率的优劣。比如，实施浮动汇率制度可以帮助隔离外部冲击，汇率将由市场决定，且更具透明性，而不需要维持巨额的外汇储备来提供"对冲的激励"，以刺激外汇市场发育并防范货币波动。但浮动汇率可能不利于贸易和投资，投机套利活动可能造成汇率偏离经济的基本面。如果缺乏规范，那么，独立的货币政策反而会对经济发展带来副作用。而实施固定汇率制度，汇率波动的不确定性将会降低，交易成本和风险将会减少，公众对中央银行反通货膨胀政策的信任将会增强。然而，固定汇率制度在外部的持续冲击下还会产生不稳定性（孙华好和马跃，2003）。汇率可以看做是一个"名义锚"，但维持固定汇率必须付出一定的成本，即中央银行干预汇率市场和进行相应冲销操作所形成的财务成本以及资本管制可能造成的效率损失。

二、合意的人民币汇率制度选择理论的数理分析

　　汇率制度是重要的，它是国际货币制度体系中的一个游戏规则。波动的汇率"在扰动下是否能够回到原来的状态"[①]应该是最优的汇率制度选择标志。汇率制度理论一直是国际金融理论研究中的一个重要领域。许多经济学家从汇率制度的可持续性和防范金融危机的角度出发，创造

---

① 张建平：《西方经济学的终结》，中国经济学出版社 2005 年版，第99页。

了"两极论"、"原罪论"、"害怕浮动论"、"中间汇率消失论"、"退出战略论"、"最适度通货区论"、"汇率目标区论"等新的理论。但除 Frankel (1999)和 Masson(2000)外,大多数经济学家都是从静态角度来研究汇率制度的[1]。汇率制度选择过程也如汇率决定过程一样,是一个非均衡的动态过程。从短期来看,各国汇率制度选择处于相对静态之中,但从长期来看,各国都会自愿或非自愿地改变其汇率制度及其选择路径。因此,自20 世纪 50 年代以来,从"二元冲突"到"三元冲突",从"特里芬难题"到"新特里芬难题",都充分地展示了非均衡的汇率制度理论发展和汇率制度选择实践的演变历程。

在国外,最早提出"三元悖论"[2]的是蒙代尔(Mundell,1963),他认为,"如果资本项目完全开放,也就是资本完全流动,那么在固定汇率下货币政策失效,在浮动汇率下货币政策具有有效性"(如图 6 - 2 - 2 所

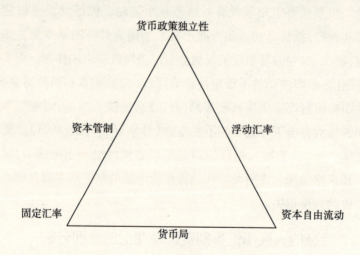

图 6 - 2 - 2   开放经济的"三元悖论"

①   沈国兵:《汇率制度的选择——兼论对人民币汇率制度的启示》,经济科学出版社2003 年版。

②   有学者认为"三元悖论"这个词是由 Obstfeld Taylor(1998)给出的,Fleming - Mundell 模型只是暗合了"三元悖论"的存在。参见何青、李凌波、杨晓光:《最优汇率制度的数理分析》,中国科学院研究生院虚拟经济与金融研究中心,2003 年 4 月。

示）。克鲁格曼（Krugman，1979）对这个理论进行了深化，构建了"不可能三角（Impossible Trinity）"或"三元悖论"模型：一个国家只能够在汇率稳定、货币政策独立和资本自由流动之间选择两个目标，而不可能同时实现三个目标。弗兰克尔（Krankel，1999）则进一步诠释："在目前金融开放成为大势所趋的情况下，一个国家为了融入国际金融体系，只能在固定汇率和有效的货币政策之间进行二选一的游戏"，并将其形式化为"不可能三角模型"，同时还提出了"半独立、半稳定"的组合理论。

在国内，易纲和汤弦（2001）在接受 Frankel（1999）观点的基础上，提出了扩展三角模型假说，建立了可供实证检验的理论框架。他认为"蒙代尔不可能三角"虽然清晰地展示了汇率稳定性、货币政策独立性和资本流动性三个政策目标之间的关系，但依然无法清晰地表述出 Frankel 的观点，而且也更加无法清晰地说明"没有单一货币制度在任何状况下对所有国家都是最优"和"中间汇率制度在一定条件下都是有效"等理论结论。因而他们重新构造了一个新的指标体系，试图形式化"蒙代尔不可能三角"和 Frankel 的观点。模型的前提假定是：（1）金融衍生品工具不发达，即汇率风险不能通过对冲来规避，投机攻击缺乏有力的放大杠杆；（2）资本流动程度是外生变量，由国内的金融体系发育成熟程度所决定。如图 6-2-3 所示，x、y 和 m 分别表示汇率稳定性、货币政策独立性和资本流动性的大小，并且经标准化后，都属于 $[0,1]$。即：当 $x=0$ 时，表示汇率完全自由浮动；当 $x=1$ 时，表示完全固定；当 $y=0$ 时，表示货币联盟；当 $y=1$ 时，表示货币政策完全独立；当 $m=0$ 时，表示资本完全管制；当 $m=1$ 时，表示资本完全自由流动。

其余中间值表示中间状态。于是，每一个可能的汇率制度（x）以及与（y、m）的相关组合，都可以用一个"1-1"对应的（x、y、m）来描述。如（1、0、1）属于第 1 类制度（如欧洲和香港），而（0、1、1）就属于第 8 类制度（如美国）。但在易纲的扩展三角模型中可供检验的假设只有一种情形：即 $x+y+m=2$，他排除了以下三种情形的可能性：即 $x+y+m=0$，$x+y+m=3$，$x+y+m=1$；或者（0，0，0），（1，1，1），（1，0，0），（0，1，0），（0，0，1）等组合。

如图 6-2-4 所示，每个点（x、y 和 m）到三边（汇率稳定性、货币政

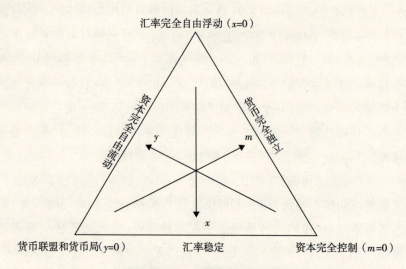

图 6-2-3 蒙代尔不可能三角

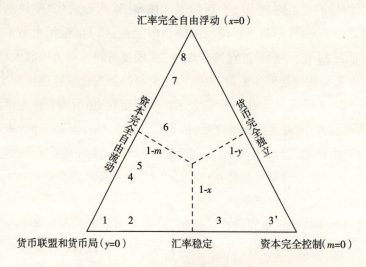

图 6-2-4 扩展的蒙代尔三角

策独立性和资本流动性)的距离分别为 $(1-x、1-y$ 和 $1-m)$。图中数字表示第几类汇率制度的大致位置。如中国位于 3′;角点制度的第 1 类和第 8 类制度分别位于扩展三角顶点 $(y=0)$ 和 $(x=0)$。在扩展的三角模型中

（如图6-2-4所示），他们认为在 x、y 和 m 的任意两两组合中，都有：当 $x+y=2$ 时，则 $m=0$；当 $y+m=2$ 时，则 $x=0$；当 $x+m=2$ 时，则 $y=0$。

所以在开放经济条件下，蒙代尔的"三元冲突"就被彻底形式化了，同时也为 Frankel 的"一半一半"的观点提供了形式化的工具[1]。即：当 $x=1$ 时，则 $y=1/2$，$m=1/2$；当 $y=1$ 时，则 $x=1/2$，$m=1/2$；当 $m=1$ 时，则 $x=1/2$，$y=1/2$。

易纲和汤弦（2001）在形式化"蒙代尔不可能三角"之后构建了一个由政府主导的汇率选择模型，并推导出决定汇率制度选择的主要参数与最优货币区标准是大致相符的，而且认为中间汇率制度自身固有的道德风险和对政府的信任危机会内生地引发投机攻击，并导致货币危机，因此中间汇率制度将随着时间的推移而消失。"这时，无论政府名义上宣布何种汇率制度（比如管理浮动），事实上它都将收敛于固定汇率制度"[2]。

在易纲和汤弦（2001）论述的基础上，何青等人（何青、李凌波和杨晓光，2003）首先对"蒙代尔不可能三角"在三维空间上（如图6-2-5所

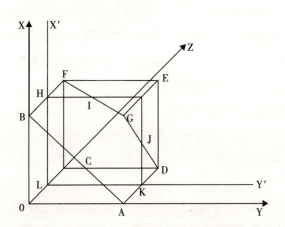

图6-2-5 三维坐标下的"三元悖论"

① 易纲：《中国的货币化进程》，商务印书馆2003年版，第213页。

② 易纲：《中国的货币化进程》，商务印书馆2003年版，第216页。

示)进行了新的扩展。其中,X轴表示汇率稳定性,在坐标原点 0 处表示完全浮动汇率;Y轴表示货币政策独立性,在坐标原点 0 处表示完全丧失货币政策独立性;Z轴表示资本自由流动性,在坐标原点 0 处表示实行完全资本管制;这三个方向就代表政府所期望的三个政策目标。为简化分析,现将货币政策独立性、稳定性和资本自由流动性三个变量单位化,即在 X 轴上汇率稳定性在 0—1 之间选择,1 表示完全的固定汇率;在 Y 轴上货币政策独立性在 0—1 之间进行选择,1 表示货币政策完全独立;在 Z 轴上资本自由流动性在 0—1 之间进行选择,1 表示资本完全流动。那么,$F(1,0,1)$ 就表示固定汇率且资本能够自由流动,F 就表示货币局制度;$G(1,1,0)$ 表示固定汇率且货币政策完全独立,G 就表示完全资本管制;$D(0,1,1)$ 表示资本自由流动且货币政策独立,D 就表示浮动汇率制。这样,ΔFGD 就可以与开放经济的"三元悖论"相对应。FGD 所在的平面就构成了一国"政策目标选择的上界",即一个国家在进行三个政策目标选择时不能超过平面 FGD,政策目标的选择只能在立方体 $AOCDGBFE$ 的内部或者边界进行。现任取立方体 $AOCDGBFE$ 的内部或者边界的一个点 W,过 W 点作平行 XY 平面的一个截面 $HLKJI$,截面与直线 FG 相交于 I,与直线 GD 相交于 J。因为截面 $HLKJI$ 平行于 XY 平面,所以,$BH = z$;又因为 ΔBFG 是等腰直角三角形,所以,$IG = \sqrt{2}z$;因 ΔIGJ 是等边三角形,从而可得出 $IJ = \sqrt{2}z$。在 ΔIGJ 平面上可知,直线 $MN: x + y = 2 - z$;而在直线 MN 的下面则有:$x + y \le 2 - z^2$。在这个线性约束条件下,各国政府选择不同的政策目标,从而决定该国相应的汇率制度安排。

何青等人得出的结论是:在给定资本自由流动性的情况下,如果选择货币政策的独立性,则要承受汇率自由浮动带来的不确定性、复杂性、结算成本和交易成本,特别是对于发展中国家而言,由于金融市场不发达,其损害程度更大。即使是在发达国家,如果汇率长期偏离购买力平价,那么这种失调也会造成效率的损失,而且在浮动汇率制下,主要工业化国家的货币政策是无纪律的,这也会导致短期汇率的过度波动和长期汇率的过度失调。如果选择汇率稳定,那么就必须放弃货币政策独立性,当产品市场受到冲击时,就无法通过货币政策来调节国内产出,确保理想的经济稳定。这种由于放弃货币独立性所引起的额外的不确定性就是所谓的经济稳定性损失。因此,如果考虑汇率制度对浮动汇率的风险损失和经济稳定性损失的影响,那么,一国的汇率制度就应该在两者之间进行权衡选择。

从"三元悖论"演绎的意义来看,"蒙代尔不可能三角"确实是个"铁律"。但它在理论上却并无新意,它只不过是非抵补利率平价的直观图示(孙华好,2005)。然而,人们看重的不是"蒙代尔不可能三角"的三个角点,而是"蒙代尔不可能三角"的三条边。人们也普遍相信,一个国家如要谋取任意两角点所代表的目标,那么就必然要选择这两角点的连线所表示的汇率制度安排。例如,如果一国要想获得货币政策完全独立,同时又要获得汇率稳定,那么它就必须实行资本完全控制。中国就被认为是这一制度安排的典型代表。如果一国想要获得货币政策完全独立,同时又要获得资本完全自由流动,那么它就必须实行完全浮动汇率制。美国就被认为是这一制度安排的典型代表。如果一国想要获得完全汇率稳定,同时又要获得资本完全自由流动,那么它就必须实行硬钉住固定汇率制。中国香港就被认为是这一制度安排的典型代表。

有人认为,能够较好地解释"蒙代尔不可能三角"理论基础就是 M-F 模型(Krugman,1998)。现从对 M-F 模型及其相关因素分析中可以得出以下结论:(1)固定汇率制下的货币数量是内生变量,且内生于国际收支差额,可以作为货币政策工具使用,但不能发挥反经济周期的作用。这被认为是"蒙代尔不可能三角""右边解"的基础。(2)浮动汇率制下货币数量是外生变量,可以作为货币政策工具使用。这被认为是"蒙代尔不可能三角""左边解"的基础。(3)在当今国际外汇市场上,与国际贸易相联系的交易只占5%,因而造成国际收支失衡的主要原因可能是国际资本流动。如果实行完全资本控制,那么,就有可能恢复货币政策独立性。这被认为是"蒙代尔不可能三角""底边解"的基础。

在理论上,如果本国资本和外国资本完全可以替代、资本完全自由流动和固定汇率制度完全值得信赖,那么在开放的资本市场上那些可被视为无穷大的套利资金的套利活动将使得本国利率不可能脱离国外利率而自主地调整,货币政策不可能只针对国内经济状况并独立于外部因素而自如地收放。这既是简单的非抵补利率平价的直接结论,也是"蒙代尔不可能三角"的基本逻辑(Obstfeld,Shambaugh and Taylor,2003)。然而该逻辑只能排除"蒙代尔不可能三角"的三个角点同时成立,并不能保证"蒙代尔不可能三角"的两点一定能够同时成立。比如放弃资本自由流动,在固定汇率制下货币政策是否一定能够自主;或者放弃固定汇率制,在资本完全流动下货币政策是否一定能够独立。依照"蒙代尔不可能三角"理论,人们还是无从判断。当 Obstfeld 等人把货币政策是否有效的评价标准从货币政策对产出、对物价和对就业的影响力转向对国内外的利差时(Obstfeld and Taylor,1998),M-F 模型的货币市场、商品市场同时均衡的分析框架就被打碎了,最后只剩下货币市场的局部分析,这就限制了"蒙代尔不可能三角"的解释力。

当仔细审查货币政策在"蒙代尔不可能三角"的三个边解中的表现时,人们就会发现对于"蒙代尔不可能三角"的底边——资本完全限制,虽然可以割断国内利率与国外利率的联系,但并不能保证固定汇率下货币政策在长期内有效,即完全资本控制不能保证汇率稳定与货币政策独立两者完全兼得。我国货币政策实践证实了 M-F 模型的这一结论(谢平、张晓朴,2002)。正当克鲁格曼为金融危机后的东亚各国开出资本控制的药方并宣传"向中国学习"时,中央银行也正在为贸易顺差收缩、外汇储备增长下降而使得以货币供给增加对抗通货紧缩的政策措施难以奏效而苦恼。1998 年和1999 年,中国经济出现通货紧缩现象,其中消费价格指数分别下降 0.8% 和 1.4%,同期,储备资产增加分别为 6426 亿和8505 亿美元,正处于历史低位。正是储备资产增加低于预期水平,从而使得当时货币供给增加计划难以完成(孙华好,2000)。而对于"蒙代尔不可能三角"的左边——放弃汇率稳定,虽然成就了货币数量的外生性,但并不能割断国内利率与国外利率的联系,保证货币政策独立,即浮动汇率制不是资本完全流动条件下货币政策独立的保证。如发展中国家和新兴市场国家在"浮动恐惧"下的货币政策不能专注于国内经济,因而浮动汇率制不是货币政策独立的充分条件。对于"蒙代尔不可能三角"的右边解，虽然可以放弃货币政策独立性，但在资本完全自由流动的条件下，除非放弃本国货币（比如美元化），否则，在出现持续或大规模外部冲击的情况下，汇率并不见得就可以稳定，那种依据"蒙代尔不可能三角"而建立"两极汇率制"的论调，实际上是站不住脚的。比如 2001 年年底阿根廷因国内就业问题恶化而退出货币局制就是典型的一例。

总之，从经典的或称原始的 M-F 模型中，"蒙代尔不可能三角"的含义是：(1)当选择固定汇率制度和资本完全放松控制时，就必须放弃货币政策；(2)当选择货币政策完全独立和资本完全放松控制时，就必须采取自由浮动汇率制度；(3)当选择货币政策完全独立和固定汇率制时，就必须放弃资本完全控制。以此观之，"当一个参数为 1 时，而其他的两大参数解只能为零"（即 $x+y=2$ 或 $x+m=2$ 或 $y+m=2$）的命题可以说是严重误解了 M-F 模型的分析逻辑——"蒙代尔不可能三角"并非意味着存在以上的因果关系，而是意味着一种否定的逻辑关系，即"三大政策目标不可能同时并存"。即使经典的 M-F 模型成立，"蒙代尔不可能三角"所表达的命题是真的，但是这也并不意味着其"否命题"也是真的，即"货币政策完全独立、汇率完全稳定和资本完全自由流动三大政策目标不可能同时并存"（即 $x+y+m=3$）是真命题，并非意味着"货币政策不完全独立、汇率不完全稳定和资本不完全自由流动三大政策目标可以同时并存"（即 $0<x+y+m<3$）是真命题，也并非意味着"货币政策完全依赖、汇率自由浮动和资本完全管制三大政策目标可以同时并存"（即 $x+y+m=0$）是真命题（刘元春，2006）。

根据经典的"蒙代尔不可能三角"以及克鲁格曼关于汇率目标区情况下的"钟摆效应"原理，本书拟尝试性扩展为"弹性三角"模型（如图 6-2-6 所示），并应用于人民币汇率制度选择和人民币汇率政策制定。所谓"弹性三角"模型，是在克鲁格曼"钟摆效应"的基础上全面整合"货币政策独立性、资本自由流动性和汇率稳定性"三大目标功能，以促进汇率政策与经济政策的协调一致、和谐发展。"弹性三角"模型能够有效地克服"两极汇率制度论"和"中间汇率制度论"的理论缺陷，既拥有浮动汇率

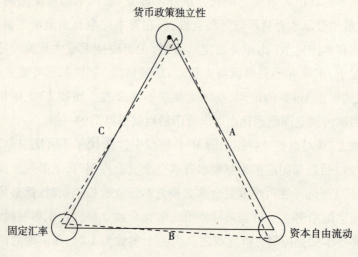

图6-2-6 "弹性三角"模型

的灵活性,又拥有固定汇率的稳定性;既强调货币政策独立性,又强调货币政策有效性;既可隔离资本流动的抵抗性冲击,又可形成配套政策的组合效应。同时,充分发挥"弹性三角"模型的调节作用,切实加强中央银行与国际货币体系的汇率协调,也是强化货币政策有效性的一个重要途径。从短期上看,加入全球汇率协调机制可能致使中央银行的货币政策独立性下降,但从长期上看,随着经济的全球化、一体化的到来,任何完全意义上的货币政策独立性将不可能长期存在,而国际汇率协调将会变得越来越重要。因为"一国货币政策的目标应该是宏观经济和通货的稳定,货币政策独立性并不是目标本身而仅仅是实现目标的手段,对开放经济体而言,有效的国际货币合作值得优先追求"①。

① Mckinnon, R. , "An International Standard for Monetary Stabilization", IIE Policy Analysis in International Economics, No. 8, March, 1984. Williamsan, J. , "*The Exchange Rate System*," IIE Policy Analysis in International Economics, No. 5, Sept. ,1983.

第三节　人民币汇率形成的"二合一"
模式的对策和建议

在《经济史中的结构与变迁》中，诺思指出："人们过去作出的选择决定了其现在可能的选择"。作为人民币汇率形成的机制，必须以科学发展观为指导，既要立足于发展，即构建合理的人民币均衡汇率平价可持续发展的长效机制，而不要受制于非经济因素的影响；又要立足于科学，即遵循人民币均衡汇率平价形成机制演化的内在逻辑和客观规律，有效而及时地转换制度，以利于合意的人民币汇率制度的路径选择，而不要受制于其他利益集团或政治意愿。为此，特提出如下对策和建议。

一、建立人民币汇率制度转换的有效机制

1. 短期：应该由钉住美元转换为参考篮子货币制度

在资本账户尚未开放之前，选择固定汇率制是最优策略。但是选择固定并不是选择钉住美元的固定。当今世界正在形成美元、欧元和日元的"三极"货币格局，单一钉住美元会被动地与其他货币"非均衡"浮动。而从贸易量上看，美国、欧盟和日本三个地区与中国的贸易额占中国总贸易额的比重已经上升到60%。所以，可以将美元、欧元和日元作为篮子货币。在设置权重时，应该考虑政府的主要政策目标。当汇率制度目标是稳定对外贸易时，篮子货币中各种货币的最优权重就是它们对中国贸易的权重。参考篮子货币，在一定程度上可以化解因美元、欧元和日元之间的浮动而造成的人民币非均衡浮动。在短期内，由于资本账户尚没有开放，而汇率变动又主要集中在对净出口影响上，参考篮子货币在一定程度上要优于钉住美元。我国自2005年7月以来，新一轮人民币汇率改革已经完成。其改革的内容虽然是"参考"篮子货币而非钉住篮子货币，但事实上改革以来的人民币汇率走向表明，所谓"参考"，大体上还是在暗中钉住美元，这就在一定程度上削弱了中央银行对汇率进行定价的主动

权。如人民币汇率的关键点位已被多次地突破就是实例。

据研究,在很长的一段时间里,美元在世界范围内确实发挥了货币标尺的作用,但由于欧元的兴起,美元的稳定性和关键货币的地位已经受到了削弱。我国政府在考虑国际整体经济形势和美元地位的微妙变化之后采用了参考篮子货币的汇率制度,其基本目的不仅在于让人民币汇率形成机制在渐进式的市场化改革中更加完善,而且还在于试图阻击国际游资对人民币的投机性冲击,避免人民币汇率的大起大落,而绝非单纯的货币升值。从理论上看,"参考"篮子货币与"钉住"美元相比显然具有本质的不同,但从实际运行中分析:外币之间的汇率变化确实会影响人民币汇率。因而"参考"篮子货币需要以市场供求关系为基础,实行有管理的浮动汇率制度。虽然有时无法取得稳定汇率的有效预期,但在一定程度上会强化中央银行调整汇率的力度。

2. 中期:应该由参考篮子货币转换为钉住汇率目标区制度

从中期看,我国资本账户必将逐步开放,资本自由流动将是大势所趋。那时,中央银行不仅要面临"三难选择"困境,而且还要固守货币政策独立性,其中最有可能调整的就是汇率制度。所以,汇率制度放弃参考篮子货币转而选择逐渐浮动是必然的。但鉴于中期资本账户还没有完全开放,所以可以选择汇率目标区制度。不过,与 Frankel(1999)"一半一半"不同的是我国中期的汇率制度选择,是以一半的资本自由流动和一半的汇率稳定来保证货币政策独立性。但中心汇率的确定更应倾向于使用能够使国际贸易品市场出清的人民币即一篮子货币的汇率作为中心汇率(董力为,2004)。在中期,特别是在资本项目的渐次开放过程中,资本流入的开放要先于资本流出的开放,大量的长期投资性资本流入必然要通过贸易来影响经济,因而购买力平价成立的条件前提几乎不能成立(冯用富,1999),而购买力平价理论对人民币兑美元汇率也是不适用的,即使对美元设置目标区,也仍然不能摆脱人民币对其他货币的非均衡性浮动,因而必须考虑人民币的综合浮动程度,从我国的经济基本面出发,设置汇率的浮动区间,并综合考虑以下几个因素:(1)国内进出口商品物价水平变动情况;(2)出口状况;(3)我国的外汇储备水平;(4)我国国际收支的变化,并随着资本流动程度的提高而不断扩大目标区的波动幅度。根据汇率浮动目标区设计和运行经验,人民币汇率浮动目标区可参考以下波幅范围:

(1)小幅的汇率波动限制,如偏离中心汇率的上下限为1%—2.25%。其参考依据是第二次世界大战后布雷顿森林体系以及1971年年底史密森协议的规定。在内外基本经济条件的相对变化差异较小特别是国内宏观经济较快增长时,人民币汇率的稳定不仅是需要的,而且是可能的。因为管理浮动汇率制下的政策目标是为了维持人民币汇率的基本稳定,这是正常情况下的汇率调控。

(2)中幅的汇率波动限制,如偏离中心汇率的上下限为5%—6%。其参考依据是欧洲货币体系汇率机制中意大利里拉的波动幅度。在内外基本经济条件相对变化有较大差异特别是我国国际收支顺差持续而且较大时,为缓解外汇市场上人民币升值压力,或者当国际外汇市场上美元兑其他主要货币汇率发生较大变化时,为对冲这种变化,有必要从小幅的汇率波动限制转换为中幅的汇率波动限制。因为人民币汇率已经明显偏离均衡汇率,汇率稳定已无法而且没有必要再维持,允许汇率有一定程度的波动,这是汇率政策目标的明智选择。

(3)大幅的汇率波动限制,如偏离中心汇率的上下限为10%—15%。其参考依据是1967年英镑贬值14.3%以及1992年发生欧洲货币危机之后欧洲货币体系汇率机制中大部分货币的汇率波动幅度扩大到15%时所提供的一定的经验。在内外基本经济条件相对没有变化特别是面临外来的投机冲击时,为在短期内抑制冲击,允许汇率较大幅度的浮动而不是用大规模干预的方法来阻止投机。因为这与采用完全放任的自由浮动是不同的,在冲击过后可以容易地恢复对汇率的调控[①]。

3. 长期:应该由中间汇率制度转换为独立浮动汇率制度

在国际货币体系的游戏规则未改变之前,在资本账户开放的情况下,

---

① 许少强、马丹、宋兆晗:《人民币实际汇率研究》,复旦大学出版社2006年版,第215页。

实行中间汇率制度是危险的,只有汇率完全市场化才是有效而保险的。从长期来看,我国开放资本账户之后,资本可完全自由流动,目标区制度就不再适宜。但是,前期汇率目标区的运行,增强了经济行为主体回避汇率风险的意识,也促进了金融市场的完善和发展。这为实行浮动汇率制度提供了现实基础。在不远的将来,随着我国经济改革的深入,经济的平稳发展,资本账户开放的一般条件必将得到满足:(1)稳定的宏观经济状况;(2)一定的经济发展水平;(3)国内金融体系的深化;(4)微观经济主体的塑造;(5)高效稳健的金融监管;(6)合意的汇率制度和合理的汇率均衡水平;(7)外汇短缺的消除和可维持的国际收支;(8)合适的货币自由兑换顺序。这些条件基本上都是选择浮动汇率制度的前提。因而,选择浮动汇率和资本账户的开放其实是互动的。那时,我国的汇率制度就可以选择在外汇市场比较平静或资本大量流入的时机及时地退出中间汇率制度而收敛于独立浮动汇率制。这既是我国人民币汇率制度的最优和最终选择,也是我国汇率制度的长期安排和可持续的科学发展。

二、建立货币政策传导的有效机制

货币政策独立性并不等于货币政策有效性。通常所说的货币政策独立性是指本国政府对货币政策目标的可控程度,而货币政策有效性则是在一定货币政策独立性的前提下实现既定货币政策目标的程度(雷达、刘春元,2006)。货币政策独立性是开放经济的核心内容,它不仅是构建一国货币政策有效性的基础,而且也是一国进行汇率制度选择和外汇管理政策选择的关键评价指标之一(Obstfeld 和 Rogpff, 1995; Frankel, 2000)。根据波兰的经验,汇率制度的转换必须平稳演进,以促进汇率制度与资本自由流动的程度逐步相适应。但是过去人民币汇率形成机制所暴露出来的问题,已经引起人们对中国货币政策独立性及其所依据的"蒙代尔不可能三角"理论的质疑和反思。如果"蒙代尔不可能三角"理论所存在的缺陷不能有效地克服,那么,增加人民币汇率的自由浮动空间并不意味着能够提高货币政策独立性(沈国兵,2003;张志超,2003;麦金龙,2003)。虽然克鲁格曼在修正和扩展"蒙代尔不可能三角"时,为一定时期内的汇率构建了一个目标区范围,在固定汇率和浮动之间提供了一个舒服的"折中方法",即在一个类似于"钟摆效应"的区间内,中央银行可以在保持货币政策独立性的情况下,在一定幅度内灵活地根据实际经济状况来选择和调整汇率政策及对资本流动情况加以控制。但是在汇率稳定中增加了弹性并兼顾汇率稳定与资本项目对外开放的人民币汇率制度,却在维持不可放弃的货币政策独立性中削弱了货币政策独立性。

例如,一般认为,货币的对内价值一般是由商品量与货币量的比率所决定,而货币的对外价值一般是由两国货币对内价值的比率所决定。汇率的均衡在于以它的对内价值为基础并围绕它的对外价值上下波动。但长期以来,人民币对内价值因为货币供求的"倒逼机制"而受到影响。非均衡的货币供求机制引发了汇率的非均衡生成机制,即在中国货币供求机制中,既存在货币供给的"倒逼"现象,也存在货币需求的"倒逼"现象。据郭福敏研究,1990—1999 年之间,人民币出现了持续不均衡现象。就货币量与货币价值的变动而言,中国的货币量与货币价值的变动呈反向变动(但 1999 年货币价值的下降幅度比货币量的上升幅度小),即货币量增加,货币价值下降;货币量减少,货币价值上升。就商品价值与货币量的变动而言,中国的商品价值与货币量的变动呈同向变动(但 1999 年出现大幅度上升),即货币量增加,商品价值上升;货币量减少,商品价值下降。就货币价值与商品价值的变动而言,在 1979—1987 年之间,中国的货币价值与商品价值的变动呈反向变动(但 1988 年以后二者偏离的幅度在缩小),即货币价值一直在下降,而商品价值却一直在上升,二者明显发生偏离。[①] 据易秋霖研究,中国货币供求还呈现着"复合非均衡"现象。除 1979—1982 年、1989 年、1993 年外,其余 12 年(即 1978 年、1983—1988 年、1990—1992 年、1994 年、1995 年)意愿需求(MD)均大于意愿供给(MS),即 $\overset{\frown}{MD} > \overset{\frown}{MS}$;除 1980—1982 年、1993 年这 4 年外,其余 14 年(即:1978 年、1979 年、1983—1992 年、1994 年、1995 年)意愿需

---

① 　郭福敏:《货币均衡新说》,河北大学出版社 2003 年版,第 119—126 页。

求($\hat{MD}$)均大于实际供给(MS^*),即$\hat{MD} > MS^*$。在历年的通货膨胀率统计中,1978—1995 年中国每年的通货膨胀率都大于 0,这表明此期间实际货币供给(MS^*)大于真实货币需求(MD_t),即($MS^* > MD_t$),实际货币供给(MS^*)过剩,所以在意愿需求大于实际供给的 14 年(即:1978 年、1979 年、1983—1992 年、1994 年、1995 年)中出现了以下非均衡:$\hat{MD} > MS^* > MD_t = MS_t$,其中,$MS_t$为真实货币需求[①]。

因此,在目标区内,中央银行应该尽量减少干预,促进和完善汇率的生成机制,增加汇率灵活性,充分发挥汇率政策调节外部平衡的作用。只有当汇率的变动超出目标区时,中央银行才能考虑进行干预。因为"蜜月效应"的存在,中央银行的干预才能够有效地促使汇率向中心汇率的回归。为体现人民币汇率改革的主动性、可控性和渐进性原则,政府决策时可采用"弹性三角"模型进行宏观调控,如图 6 - 2 - 6 所示。

三、建立外汇储备的有效机制

自 20 世纪 80 年代以来,我国的外汇储备迅猛增长,从 1981 年 27 亿美元增加到 2007 年 3 月底的 12020 亿美元,已成为世界上外汇储备最多的国家。在这个庞大的数据中,有 60% 的外汇储备是以美元资产的形式存在。然而,据估算,万亿美元以上的外汇储备,相当于在国内超额投放 7000 多亿元的人民币基础货币,这就对中国经济构成了巨大的通胀压力。特别是其中的几千亿美元都购买了美国债券。表面上看,是美国对中国的欠债;而实际上看,如果人民币对美元持续升值,则意味着中国持有的巨额美元资产将持续缩水,寓言中借金还银的故事就成为现实。因此,在美元"只贬不升"和人民币"只升不贬"的汇率演化中,建立旨在稳定人民币币值的外汇储备的有效机制已迫在眉睫。

1. 建立适度的外汇储备规模

一个国家外汇储备水平究竟应该以多少为宜,并不存在一个现成的、

---

① 易秋霖:《中国的非均衡金融》,经济管理出版社 2004 年版,第 259 页。

可用理论模式加以推导的、确切的衡量标准。一般而言,特别是作为发展中国家,理想的外汇储备额就是"足以抵付三个月进口"支出,并且按其资本账户调整,而不能以进口所需外汇为准,因为当该国与国际资本市场更为密切时,其整体资本流动的幅度远较进口外汇为高。据研究,中国外汇储备的合适水平应在5000亿美元左右,即保持在满足6个月的进口需要的水平上,并考虑短期外债对外汇储备的需求。但本书认为,适度的外汇储备规模应该以能够维持人民币汇率平价的可持续性发展为宜,即持续维持人民币币值的相对稳定。

2. 建立均衡的外汇储备供求机制

据研究,除1994年、1997年和1998年中国外汇储备低于需求水平之外,其余年份中国外汇储备的实际持有量都高于需求量,即从1990年以来中国实际外汇储备在多数年份中都处于相对过剩状态(许承明,2003)。据测算,中国外汇储备的需求弹性是2.73,这充分表明中国外汇储备的需求自1973年以来已经大大超过了经济的增长速度。而高达0.77的外汇调整速度,也表明了外汇需求量与年初持有量之间的缺口有77%的部分在年度内得到了调整。这与发达国家为0.54、发展中国家为0.42的平均调整速度相比,我国外汇储备的动态调整速度已经远远超过了20世纪70年代末发达国家的水平[1],并引发了中国式的外汇储备增长,即非均衡式的外汇储备增长。为改变这种非均衡式的外汇储备增长模式,确保人民币金融安全,就必须保持经济发展的对内平衡和对外平衡。具体而言,一是建立统一的外汇市场,避免市场分割所产生的"金融抑制"现象;二是实行更加灵活的软性结售汇制,避免外汇指定银行对人民币汇率的垄断定价;三是放松外汇指定银行的外汇余额管理,甚至取消外汇余额管理限制,避免外汇指定银行非意愿性的外汇买卖。

3. 建立合理的外汇储备币种结构机制

从理论上看,储备货币国对外供应本国货币具有两种不同性质的方

---

[1]　许承明:《中国的外汇储备问题》,中国统计出版社2003年版,第47页。

式:一是债务性输出,即通过持续性经常项目的逆差来输出本国货币;二是债权性输出,即在经常项目保持平衡或顺差的情况下,通过资本项目的逆差来输出本国货币。如果在第一种方式下储备别国货币,那么储备货币国输出本国货币越多,其对外负债就越多,就必然影响该国货币的信用和地位;如果在第二种方式下储备别国货币,那么储备货币国输出本国货币越多,其对外债权就越多,就不会影响该国货币的信用和地位。例如,日本从 1981 年以来经常项目持续顺差并且规模较大,使日本成为世界最大的债权国。然而,作为占世界外汇储备最大份额的美元,其输出方式显然不是债权性而是债务性的货币输出,20 多年来美国经常项目不断持续逆差,并且逆差的规模还在逐年扩大,进而使美国成为世界上最大的债务国,而且美国对外的债务已经超过世界美元储备总量(许承明,2003)。在选择储备货币币种时,国家要全面分析储备货币国的国际收支类型,要根据储备货币国货币的信用和地位,有效优化外汇储备的国别货币结构,剔除不稳定的外汇储备币种。

4. 建立可持续的黄金储备体系

在布雷顿森林体系下,货币兑换主要表现为黄金兑换能力与数量关系,而当美元与黄金脱钩,特别是在黄金不再作为最后的国际支付手段时,美元或其他主要货币在国际流通中就成为国际社会认可的国际货币。各国货币与黄金的兑换关系于是就转化为与美元的兑换关系,即从黄金供给与兑换转化为非国际货币与国际货币的兑换能力与数量关系。在新中国成立初期,由于战争原因,我国曾极度缺少黄金,因而就没有规定人民币的含金量,也没有将人民币纳入到第二次世界大战后所建立的以黄金为基础的布雷顿森林体系中。美国虽然是世界上唯一没有外汇储备的国家,但美国拥有世界上最多的黄金储备。美国之所以在 20 世纪 70 年代极力主张黄金非货币化,就是因为美国不想用更多稀有的黄金去回购在国际市场上游荡的数千亿贬值的美元,而且当时欧盟各国的黄金储备已经远远超过美国的黄金储备,美国的企图是想绕开黄金而直接以其经济实力和军事实力重建美元霸权。在布雷顿森林体系崩溃之后,虽然在国际上黄金被非货币化,并使得黄金退出了世界货币的历史舞台,黄金已经不再以货币形式出现,但是,黄金毕竟是"财富的绝对社会化身"①,它不仅具有稳定的内在价值,而且还可以用作各国国际储备的重要组成部分,甚至在战争和金融动荡中一旦出现国际收支特别困难之时仍然可以用作国际间的贸易支付(如韩国在亚洲金融危机时期,曾用黄金作为国际支付手段)。不过,货币与黄金的关系已经不是兑换关系,而是由市场供求决定的买卖关系。据统计,世界储备中黄金仍占 25% 以上,而且发达国家所储备的黄金比重更高,世界黄金储备中的 85% 为发达国家所拥有,欧洲货币基金建立之时也要求其份额的 20% 用黄金缴纳(陶湘、陈雨露,1996)。到 2004 年,美国黄金储备约为 8100 吨,约占其国际储备的 56%,位居世界之首②;其他如德国占 37.6%,法国占 47.1%,意大利占 47.8%,瑞士占 38.2%,荷兰占 46.6%。据 IMF 统计,截至 2005 年 6 月,我国拥有 600 吨黄金储备,约占外汇储备的 1.4%。与很多国家相比,这一比例明显偏低。特别是在当前美元出现大幅度贬值、欧元不断走强和黄金价格不断攀升的情况下,中国应适时扩大黄金储备规模,以改善国际储备结构,并参照国际上发达国家的储备结构,使中国黄金储备维持在中国国际储备的 8%—10% 左右。通过扩大黄金储备,来稳定未来人民币汇率,从而使人民币成为区域性的强势货币。

5. 建立稳定的外汇储备转换机制

为增强外汇储备的稳定性,国家既要根据国别货币的投资收益和风险的变动进行动态调整,又要适当控制债务性的外汇储备,提高债权性的外汇储备比重。特别是在我国外汇储备中资本流入占有很高比例的情况下,更要切实加强资本的有效管理和监控。在保证外汇资产安全性和流动性的前提下,按照一定比例购买投资基金,或建立重要物资战略储备,从而有效地促进外汇储备向资源技术储备的转换,及时避免外汇贬值所产生的金融风险,如石油储备、稀有金属储备、高端技术设备储备等。在外汇储备的方式上,可以将藏汇于国的方式转换为藏汇于民的方式,并可

---

① 马克思:《马克思恩格斯全集》第 23 卷,人民出版社 1979 年版,第 164 页。
② 张望:《扩大黄金储备改善储备结构》,《国际金融报》2004 年第 2 期。

以大胆借鉴国际上的外汇储备经验。如日本官方的名义外汇储备虽然只有大约 8000 亿美元,但日本民间所拥有的流动性外汇资产却是政府外汇储备的 3 倍,即日本的外汇储备大头在民间。在外汇储备必然持续增长的趋势下,国家应该特别重视分散的民间外汇储备,从体制上减缓外汇储备的过度集中。

四、建立人民币国际化演进的有效机制

按照马克思有关"世界货币"论述,国际货币应该是具有国家信用和持币信心并能够越出国内流通领域的职能货币。虽然货币国际化不等于资本项目的可兑换化,但实现资本项目可兑换化能够有效推进货币的国际化。自改革开放以来,我国的货币化进程不断取得了新的进展,人民币的货币化程度达到甚至超过了某些发达国家的水平(胡援成,2002),而且还在不断提高。到 21 世纪初期,这一指标已经超过了 1.8(如表 6 - 3 - 1 所示)。据实证研究,西方国家在 1946 年"折点"处的货币化比率是 0.9,尽管 20 世纪 50 年代以后经历了一个缓慢的上升过程,但从平均水平来看,仍未超出 1946 年的"折点"值。而大多数发展中国家虽然在 1950 年的货币化比率要高于中国的同期水平,但其后的货币化路径表现得比较平缓,在 1980 年没有越过 0.3 的关口,即便是 1999 年创出了历史

表 6 - 3 - 1　1978—2003 年中国货币化程度

年份	M_2/GDP	年份	M_2/GDP	年份	M_2/GDP	年份	M_2/GDP
1978	0.3198	1985	0.5800	1992	0.9536	1999	1.3947
1979	0.3611	1986	0.6588	1993	0.9095	2000	1.5257
1980	0.4079	1987	0.6980	1994	1.0035	2001	1.6779
1981	0.4595	1988	0.6765	1995	1.0389	2002	1.7300
1982	0.4891	1989	0.7067	1996	1.1210	2003	1.8958
1983	0.5182	1990	0.8246	1997	1.2220		
1984	0.5782	1991	0.8992	1998	1.3338		

资料来源:胡援成:《中国资本账户贩开放》,江西人民出版社 2002 年版;《中国统计年鉴》。

新高,但仍然没有超出 0.5 的平均值。可以推测,这些发展中国家货币化的"折点"值可能要比中国低得多(张杰,2006)。在中国,尽管货币化程度的不断提高反映了人民币国际化的内在要求,但是由此而引起人民币流动性的相对过剩和人民币流通速度的下降,这又在某种程度上严重制约了人民币国际化的深入发展。

表 6-3-2　2001 年世界有关国家和地区的货币化程度

国别/地区	M_2/GDP	国别/地区	M_2/GDP	国别/地区	M_2/GDP	国别/地区	M_2/GDP
匈牙利	0.468	日本	1.270	欧盟	0.689	加拿大	0.660
澳洲	0.732	韩国	0.858	泰国	1.030	印度尼西亚	0.640
墨西哥	0.470	巴西	0.300	智利	0.465	马来西亚	1.060
阿根廷	0.272	波兰	0.500	美国	0.690	俄罗斯	0.235

资料来源:张纯威:《人民币名义汇率超稳定研究》,经济管理出版社 2005 年版,第 106 页。

目前,人民币虽然已经越出了国界和境界,获得了周边一些国家和地区的认可,并在一定程度上成为一种当之无愧的区域性货币,但与那些国际化的强势货币相比,其所具有的国际度极低(如表 6-3-3、表 6-3-4 所示)。据实证研究,储备货币国的 GDP 占世界 GDP 比重每上升一个百分点,就会导致该国货币在世界外汇储备中的比重增加 0.8%,而对外贸易占世界贸易比重每上升一个百分点,就会导致该国货币在世界外汇储备中的比重增加 0.4%(Eichengreen,1998)。因此,人民币在逐步实现资本项目可兑换的进程中必须采取有效措施以便于加快其国际化的步伐。

表 6-3-3　2000 年美元、欧元、日元和人民币国际度指标

	美元	欧元	日元	人民币
货币国际度综合	9.11	1.70	1.05	0.19

资料来源:李瑶:《人民币资本项目可兑换研究》,社会科学文献出版社 2005 年版,第 159 页。

(1)在周边国家和地区,建立"中国自由贸易区",继续扩大人民币在经常项目中的使用范围。我国可以充分利用 WTO 中关于成员方之间建

立关税同盟或自由贸易区优惠条款,建立双赢互惠、合作互动的自由贸易区。一是建立双边自由贸易区。比如"中国—新加坡自由贸易区"、"中日自由贸易区"、"中韩自由贸易区"、"中朝自由贸易区"、"中俄自由贸易区"等。二是建立多边自由贸易区。比如"中国内地—香港—澳门自由贸易区"、"中国内地—香港—澳门—台湾自由贸易区"、"东盟—中国自由贸易区"等。通过建立不同形式、不同结构、不同地区、不同制度的自由贸易区,促使人民币国际化在经常项目领域中率先取得重要地位,比如提高人民币在自由贸易区的计价结算比例等。

表 6-3-4   2000—2002 年人民币国际度指标

	2000 年	2001 年	2002 年
人民币国际度	0.191	0.217	0.222

资料来源:刘力臻、徐奇渊:《人民币国际化探索》,人民出版社 2006 年版,第 176 页。

(2)人民币资本项目下可兑换是人民币国际化的技术性要求。因为人民币国际化是以其资本项目下的可兑换为基础,资本项目下的可兑换本身就是人民币国际化的核心内容(刘光灿、蒋国云等,2003),没有资本项目下的可兑换就没有人民币的国际化。当然,人民币国际化的过程也不必等到资本项目实现完全可兑换后才进行。事实上,从表 6-3-4 中分析,虽然人民币国际度指标绝对数值较小,人民币国际化的程度也不高,但从时间角度分析,人民币国际度指标绝对数值仍在不断增大,人民币国际化的程度依然在逐渐提高。如果进一步开放资本项目,那么就会进一步提高人民币国际化的程度。从人民币资本项目下可兑换的进程分析,其主要受到三个基本条件的约束:一是人民币是非国际货币;二是中国是一个发展中国家;三是中国不可能获得西方发达国家出于意识形态原因而提供的经济援助和危机救助。但相对众多的弱势非国际货币国家而言,人民币的境外和国外流通态势,不仅有助于树立其国际信心,而且还有助于减轻对外支付压力。就短期而言,人民币资本项目需要实现可兑换的主要方面是:(1)居民可以自由地使用人民币购汇并对外直接投资;(2)居民可以自由地使用人民币购汇并能持有外汇存款,或自由购汇投资境外股票、债券和期货等;(3)居民可以更加自由地从境外借款,并将借得的外汇贷款调回境内结汇后使用人民币;(4)非居民可以自由地使用外汇兑换人民币,或直接持有人民币存款,或将得到的人民币投资于中国的国债、公司债券、股票、金融衍生工具等;(5)非居民可以自由地将持有的人民币存款或其他资产自由地兑换成外汇汇出。

(3)在中华区统一货币,建立适度货币区。人民币一旦实现了资本项目可自由兑换,其汇率将更多地由中国之外的力量决定,但这并不意味着中国自身的实力不起作用。人民币可依托其主体在政治、经济和军事上的独特优势在包括中国大陆、台湾、香港、澳门的大中华地区中发挥"领头雁"的作用,共同形成统一的、适度的中华货币区。这样不仅可以提高人民币的市场流动性,扩大人民币的市场容量,而且还可以节省外汇储备,振兴港澳台经济,从而缓解人民币升值压力并强化人民币作为未来国际化货币的地位。目前在中华区统一货币可以分两步进行(赵庆明,2005):

第一步,在港澳台地区推进人民币结算、自由兑换业务的稳健发展,考虑建立人民币与港币、澳门币、新台币的货币联盟,对内固定人民币与港币、澳门币、新台币的汇率,对外联合浮动,缩小人民币与港币、澳门币、新台历汇率波动的幅度,在人民币、港币、澳门币、新台币四个币种之间建立不可逆的固定汇率机制,并对其他货币(包括美元)汇率采取钉住一篮子货币联合浮动。这样,中国作为仅次于美国和欧盟的第三大经济体,人民币不仅可以凭借其雄厚的经济力量进一步强化和巩固在亚洲地区的国际货币地位,而且还可以凭借因经济总量增加而必然提高国际竞争力与其他国际货币相角逐。

第二步,借鉴欧元经验,以蒙代尔的最优货币区理论做指导,发挥中国大陆、香港、澳门、台湾均具 WTO 成员资格的独立关税区作用,先行"亚元"一步,建立人民币、港币、新台币和澳门币的单一化货币体系,构造中国统一市场,降低交易成本,提高中国区域的贸易效率,实现两岸四地经济一体化,提高大陆、台湾、香港、澳门的汇率 GDP,增强国际经济竞争和抵御金融风险的经济实力,为将来"亚元"的流通积累经验。

然而,与经常项目可兑换相比,资本项目可兑换是一个内容和范围不断发展的范畴。在布雷顿森林体系崩溃前后,经常项目可兑换在内容和范围上并没有明显的变化,仅仅只是在涉及服务贸易可兑换所占的比重上有所增加;资本项目可兑换,则随着浮动汇率制的合法化、黄金的非货币化和金融的不断深化而不断改变其内容和形式。一般来说,许多发达国家在布雷顿森林体系崩溃前就已经实现了货币的可自由兑换和货币的国际化,但无论是就外部环境还是就交易手段而言,都是非常简单的,其所面临的风险也较小。由于发达国家在资本项目可兑换方面已经积累了不少应对经验,因此,在布雷顿森林体系崩溃之后的历次货币危机中,发达国家都能免遭其难而且还能煞有介事地对发展中国家指手画脚。与过去相比,人民币资本项目可兑换所涉及的内容和范围早已远远超过当年日元、德国马克和法国法郎可兑换时所做的一切。尽管如此,但凭借今天的经济实力,中国完全有能力实现人民币资本项目下的完全可自由兑换化。

人民币国际化后,我国货币政策传导机制①将会在一定的条件下表现为如下的情形:

$$M\uparrow \rightarrow i\downarrow \rightarrow E\downarrow \rightarrow NX\uparrow \rightarrow Y\uparrow$$

其中,M 表示名义货币需求量,i 表示利率,E 表示人民币汇率,NX 表示净出口,Y 表示收入。

一般而言,$i\downarrow \rightarrow E\downarrow$ 之间的机理主要是在实施浮动汇率制和外汇管制取消之后,巨额资本可以在全球范围内自由流动,从而当一国利率下降时,那么就会引起短期资本的大量流出,进而引起本币的贬值,即缓解了本币的升值压力。

---

① 刘力臻、徐奇渊:《人民币国际化探索》,人民出版社 2006 年版,第 255 页。

结　语

本书以汇率理论为立足点,始终围绕汇率决定理论和汇率制度选择理论两条主线,通过对马克思汇率理论、西方汇率理论和人民币汇率演变历程的全面回顾、梳理和分析,厘清了汇率理论发展与实践的基本脉络和发展趋势。同时,针对当前我国人民币汇率所面临的问题,探索性地提出构建人民币汇率形成的"二合一"模式的设想,即合理的人民币均衡汇率水平、合意的人民币汇率制度选择和人民币汇率形成的长效机制。

本书认为,马克思关于汇率的研究,虽然没有形成非常完备的理论体系,但马克思对于汇率理论的经典论述,不仅表明他是汇率理论的集大成者,而且还表明他是汇率价值平价理论的开创者。马克思认为汇率在形式上表现为用一国货币表示另一国货币的价格,但在实质上却是指两国货币所包含或所代表的价值量之间的兑换比率,因而可以说劳动价值理论是马克思的汇率理论的坚实基础。马克思不仅强调国内劳动价值对汇率的决定影响,而且还强调国际劳动价值对汇率决定的影响。从汇率的层面看,价值规律的调节作用已从国内范围扩展到国际范围。马克思坚定地认为汇率就是国际商品交换的历史发展及其内在矛盾的必然产物,汇率变动的"典型过程"就是实际汇率围绕货币价值平价上下波动的过程。他不仅敏锐地指出金本位制下国际信用体系的所有弊端,认为"现实的危机总是在汇兑率发生转变以后",而且还认同"汇兑率是货币金属的国际运动的晴雨表"。尽管马克思的汇率理论还带有他那个时代的历史局限性,但国际汇率理论的研究始终没有超越马克思对于汇率的基本定义和基本观点。

西方工业革命的兴起,为西方汇率理论提供了广阔的发展空间。但是追求利益至上的资本主义世界却遭受了发展的困惑,一次又一次的经济危机,迫使西方资本主义国家不断地寻求趋利避害的药方,而作为经济的晴雨表——汇率,就自然成为他们用以调控经济和掠夺世界财富的手段。特别是全球化的到来,当政治的力量不足以控制世界时,许多西方大国就在货币问题上大做文章,并试图以国际货币格局来改变世界政治格局。英镑的衰落,使美元成为各国顶礼膜拜的"当然之锚"。而当"美元迟暮"进入"霸权末路"时,欧元的横空出世,使国际货币体系遂成三足鼎立(美元、欧元和日元)之势。因此,本书在政治与经济的时代背景下从历史的角度回顾和评述了汇率决定理论和汇率制度选择理论的演变和发展历程。从汇率决定理论层面,本书重点介绍和阐释了国际借贷理论、汇兑心理理论、购买力平价理论、利率平价理论、资产组合理论、均衡汇率理论和汇率决定的混沌理论;从汇率制度层面,本书重点介绍和阐释了金本位货币体系下的汇率制度、布雷顿森林货币体系下的汇率制度和牙买加货币体系下的汇率制度;从汇率制度选择理论层面,本书重点介绍和阐释了汇率两极论理论、最优货币区理论、经济结构理论、名义驻锚理论、"原罪"理论、"恐惧浮动"理论和"中间汇率制度消失"理论。通过分析与比较,本书认为,不论从哪个角度来考察研究,这些汇率理论都具有其独特的内容和形式。就汇率决定理论而言,其发展经历了"三个"转变,即从以注重宏观分析为主向以注重微观分析为主转变,从以注重存量因素分析为主向以注重流量因素分析为主转变,从以注重实体经济为主向以注重虚拟经济为主转变。本书还认为购买力平价理论依然具有很强的生命力,如在简评利率平价理论时,就分析了费雪开放条件、购买力平价与利率平价三者的逻辑关系,在分析资产市场理论假设中,就发现其隐含着购买力平价成立条件。至于我国的换汇成本学说,就是依据购买力平价创立的。就汇率制度选择理论而言,其发展也经历了"三个"转变,即从收敛于固定汇率制度向收敛于独立浮动制度转变,从选择最优货币区向选择汇率目标区转变,从追求单一政策目标向追求多重政策目标转变。尽管汇率理论各有特色,但由于各国情况千差万别,任何一个国家"永远都无法知道正确的汇率",而且也没有任何汇率制度适合于所有的国家和所有的时期,更没有任何最好的汇率制度。

最后,本书从经济体制的角度回顾和评述了人民币汇率形成机制的演变和发展历程。就计划经济体制时期而言,当时那种以行政管理来替代经济管理、以政治规律来替代经济规律的经济运行方式,容易造成对现实经济的人为性偏离,从而也就无法使人们依据一般汇率理论来确立人民币汇率的均衡水平,那种非经济性的人民币汇率的长期稳定就成为政治长期稳定的附庸。因而,与其说人民币汇率的长期稳定包含着许多不合理的成分,还不如说是一种不得已而为之的选择。就市场经济体制时期而言,特别是近20年以来,人民币汇率所存在的问题日益凸显,即在人民币汇率计值方面存在着错配现象,在人民币均衡汇率水平方面存在着错调现象,在人民币汇率制度安排方面存在着错位现象。鉴于人民币汇率形成机制所存在的问题,本书从两个层面探讨了构建人民币汇率形成的长效机制问题,并提出了人民币汇率"二合一"的模式。在人民币汇率决定方面,本书根据马克思关于汇率的实质就是两国货币所具有(在金属货币条件下)或代表的(在纸币条件下)内在价值之比的理论,并参照有关货币价值的计量方法,构建了合理的人民币均衡汇率决定模型。在人民币汇率制度选择方面,本书沿着克鲁格曼关于汇率目标区情况下"蒙代尔三角"、"钟摆效应"的思路,放大了"蒙代尔三角"的功能,构建了"弹性三角"模型。所谓"弹性三角"模型,是在克鲁格曼"钟摆效应"的基础上全面整合"货币政策独立性、资本自由流动性和汇率稳定性"三大目标功能,以促进汇率政策与经济政策的协调一致、和谐发展。根据考察国际货币理论的经典模型蒙代尔—弗莱明模型的动态发展和演变,本书认为完全固定的汇率制度和完全浮动的汇率制度都不能保证货币政策的独立性,而且一旦中国全面步入开放经济的轨道,货币政策将无法完全由政府掌控。特别是在经济全球化时期,一国宏观经济是不能完全依靠汇率制度的转换来应对的。因此,本书认为,合意的汇率制度就是指能够符合一国自身特点,并同本国宏观经济发展相协调的汇率制度。而"弹性三角"模型可以有效地克服"两极汇率制度论"和"中间汇率制度论"的理论缺陷,从而使合意的汇率制度既拥有浮动汇率的灵活性,又拥有固定汇率的稳定性;既可保持货币政策独立性,又可维持货币政策有效性;既可隔离资本流动的抵抗性冲击,又可形成配套政策的组合效应。参考"弹性三角"模型,不仅可以增强合意的人民币汇率制度的灵活性和可塑性,而且还可能充分体现中国的市场经济特色。同时,鉴于人民币汇率未来改革的取向,本书认为,"二合一"模式不仅符合汇率理论发展的学理逻辑,而且还符合我国社会经济发展的现实逻辑。为充分发展和运行好"二合一"模式,本书提出了四个方面的政策建议,即建立人民币汇率制度转换的有效机制;建立中央银行货币政策传导的有效机制;建立国家外汇储备的有效机制;建立人民币国际化演进的有效机制。

综上所述,本书的基本结论是:人民币汇率改革必须以科学发展观为指导,在"二合一"模式的总体框架下,既要立足于发展,即形成合理的人民币均衡汇率平价可持续发展的长效机制,而不要受制于非经济因素的影响;又要立足于科学,即遵循人民币均衡汇率平价形成机制演化的内在逻辑和客观规律,有效而及时地转换制度,以利于合意的人民币汇率制度的路径选择,而不要受制于其他利益集团或政治意愿。只有这样,才能真正实行有管理的浮动汇率制,才能真正实现人民币汇率平价的可持续发展,才能有效地推进人民币成为世界货币的国际化进程,并最终使人民币成为坚挺的国际硬通货。

本书的主要学术贡献是:

(1)从价值角度和价格角度,条分细缕地分析了马克思汇率理论与西方汇率理论的发展脉络,并进行了相对的归类和客观的评价;

(2)根据价值理论,并参考价格理论,构建了合理的人民币均衡汇率水平的理论模型,并进行了理论上的逻辑推导;

(3)在前人研究的基础上,继续反思了"蒙代尔不可能三角"命题,并提出构建"弹性三角"模型的设想,特别是在货币政策独立性问题上,提倡偏重于货币政策的有效性分析;

(4)在分析人民币价值基础时,虽然重提人民币含金量问题已经没有现实意义,但为了解决新的特里芬难题,黄金储备及其资源型的物资战略储备已经变得越来越重要;

(5)在政策操作层面,中长期的汇率政策不仅要实行多重目标管理,而且还应该由参考篮子货币转换到钉住篮子货币,同时要增加关键货币的权重,发挥篮子货币所具有的"减缩器"和"稳定器"的功能作用,大力提升人民币汇率的相对稳定性。

参考文献

中文部分

[1][英]亚当·斯密:《关于法律、警察列入及军备的演讲》,商务印书馆 1962 年版。

[2][英]亚当·斯密:《国民财富的性质和原因的研究》上卷,商务印书馆 1972 年版。

[3][英]大卫·李嘉图:《李嘉图著作和通信集》第 3 卷,商务印书馆 1977 年版。

[4]《资本论》第 1 卷,人民出版社 1975 年版。

[5]《资本论》第 2 卷,人民出版社 1975 年版。

[6]《资本论》第 3 卷,人民出版社 1975 年版。

[7]《马克思恩格斯全集》第 13 卷,人民出版社 1979 年版。

[8]《马克思恩格斯全集》第 26 卷Ⅰ,人民出版社 1979 年版。

[9]《马克思恩格斯全集》第 26 卷Ⅱ,人民出版社 1979 年版。

[10]《马克思恩格斯全集》第 26 卷Ⅲ,人民出版社 1979 年版。

[11]《马克思恩格斯全集》第 44 卷,人民出版社 1979 年版。

[12]《马克思恩格斯全集》第 46 卷(上),人民出版社 1979 年版。

[13]《马克思恩格斯全集》第 46 卷(下),人民出版社 1979 年版。

[14]《马克思恩格斯全集》第 47 卷,人民出版社 1979 年版。

[15][德]马克思:《政治经济学批判》,人民出版社 1976 年版。

[16][日]冈本博之、宇佐美诚次郎、横山正彦、木直道:《马克思〈资本论〉研究》,刘焱、赵洪、陈家英等译,山东人民出版社 1993 年版。

[17][英]凯恩斯:《货币改革论》,《凯恩斯文集》(上卷),改革出版社 2000 年版。

[18][美]爱德华·肖:《经济发展中的金融演化》,上海三联书店,

1988 年版。

[19][德]西美尔:《货币哲学》,华夏出版社 2002 年版。

[20][英]约翰伊特尔等:《新帕尔格雷夫经济学大辞典》第 2 卷,经济科学出版社 1996 年版。

[21][法]保尔·拉法格:《摩尔和将军——回忆马克思和恩格斯》,人民出版社 1982 年版。

[22][美]莫里斯·戈登斯坦、菲利浦·特纳著,李扬、曾刚等译:《货币错配——新兴市场国家的困境与对策》,社会科学文献出版社 2005 年版。

[23][英]露西沃·萨诺、马克·P.泰勒著,何泽荣等译:《汇率经济学》,西南财政大学出版社 2006 年版。

[24][美]克鲁格曼、奥伯斯法尔德:《国际经济学》第四版,中国人民大学出版社 1998 年版。

[25]李兴山:《社会主义市场经济理论与实践》,中共中央党校出版社 2004 年版。

[26]陈岱孙、厉以宁:《国际金融学说史》,中国金融出版社 1991 年版。

[27]崔孟修:《现代西方汇率决定理论研究》,中国金融出版社 2002 年版。

[28]吴晓灵:《中国外汇管理》,中国金融出版社 2001 年版。

[29]许承明:《中国的外汇储备问题》,中国统计出版社 2003 年版。

[30]张纯威:《人民币名义汇率超稳定研究》,经济管理出版社 2005 年版。

[31]李瑶:《人民币资本项目可兑换研究》,社会科学文献出版社 2005 年版。

[32]刘力臻、徐奇渊:《人民币国际化探索》,人民出版社 2006 年版。

[33]李翀:《国家金融风险论》,商务印书馆 2000 年版。

[34]张建平:《西方经济学的终结》,中国经济学出版社 2005 年版。

[35]李婧:《中国资本账户自由化与汇率制度选择》,中国经济出版

社 2006 年版。

[36]邓立立:《汇率制度的选择与发展趋势研究》,东北财经大学出版社 2006 年版。

[37]黄瑞玲:《汇率稳定机制》,社会科学文献出版社 2005 年版。

[38]刘波:《〈资本论〉概说》,辽宁大学出版社 1992 年版。

[39]汤在新:《〈资本论〉续篇探索——关于马克思计划写的六册经济学著作》,中国金融出版社 1995 年版。

[40]买建国:《外汇理论与实务》,立信会计出版社 2004 年版。

[41]陈岱孙、商德文:《近现代货币与金融理论研究》,商务印书馆 2003 年版。

[42]李平、杨清仿:《人民币汇率——理论、历史、现状及其发展趋势》,经济科学出版社 1999 年版。

[43]陶湘、陈雨露:《国际金融与管理》,中国人民大学出版社 1996 年版。

[44]姜波克:《国际金融新编》,复旦大学出版社 2003 年版。

[45]陈树生:《汇率理论与汇率政策研究》,湖南大学出版社 2005 年版。

[46]王伟光:《货币、利率与汇率经济学》,清华大学出版社 2003 年版。

[47]潘国陵:《国际金融理论与数量分析》,上海三联书店、上海人民出版社 2000 年版。

[48]郭福敏:《货币均衡新说》,河北大学出版社 2003 年版。

[49]赵登峰:《人民币市场均衡汇率与实际均衡汇率研究》,社会科学文献出版社 2005 年版。

[50]伍海华、翟锋、王继勋:《资本市场、汇率调整与金融发展》,经济科学出版社 2004 年版。

[51]张晓朴:《人民币均衡汇率研究》,中国金融出版社 2001 年版。

[52]宋海:《金融全球化下的汇率制度选择》,中国金融出版社 2003 年版。

[53]易秋霖:《中国的非均衡金融》,经济管理出版社 2004 年版。

[54]沈国兵:《汇率制度的选择——兼论对人民币汇率制度的启示》,经济科学出版社 2003 年版。

[55]周文贵、肖鹍飞:《国际货币制度论》,中山大学出版社 2003年版。

[56]储幼阳:《论汇率制度转换——从固定汇率走向浮动汇率》,社会科学文献出版社 2006 年版。

[57]岳华:《固定与浮动的博弈——国际汇率制度改革之路》,中国金融出版社 2005 年版。

[58]王鹤:《欧洲经济货币联盟》,社会科学文献出版社 2002 年版。

[59]余维彬:《汇率稳定政策研究》,中国社会科学出版社 2003年版。

[60]刘振林:《东亚货币合作与人民币汇率制度选择研究》,中国经济出版社 2006 年版。

[61]雷达、刘元春:《人民币汇率与中国货币政策研究》,中国经济出版社 2006 年版。

[62]许少强、朱真丽:《1949—2000 年的人民币汇率史》,上海财政大学出版社 2002 年版。

[63]吴念鲁、陈全庚:《人民币汇率研究》,中国金融出版社 1992年版。

[64]中国国际金融学会、中国银行国际金融研究所:《人民币汇价讨论文集》,中国金融出版社 1984 年版。

[65]许少强、马丹、宋兆晗:《人民币实际汇率研究》,复旦大学出版社 2006 年版。

[66]韩复龄:《一篮子货币——人民币汇率形成机制、影响与展望》,中国时代经济出版社 2005 年版。

[67]李婧:《中国资本账户自由化与汇率制度选择》,中国经济出版社 2006 年版。

[68]赵庆明:《人民币资本项目可自由兑换及国际化研究》,中国金

融出版社 2005 年版。

[69]白暴力:《价值价格通论》,经济科学出版社 2006 年版。

[70]易纲:《中国的货币化进程》,商务印书馆 2003 年版。

[71]孙华好:《人民币汇率平价可持续研究》,对外经济贸易大学出版社 2005 年版。

[72]刘海虹:《人民币汇率制度安排的产权经济学分析》,中国经济出版社 2001 年版。

[73]张礼卿:《汇率制度变革——国际经验和中国选择》,中国金融出版社 2005 年版。

[74]刘阳:《均衡汇率与人民币汇率机制改革》,西南财政大学出版社 2006 年版。

[75]何青、李凌波、杨晓光:《最优汇率制度的数理分析》,中国科学院研究生院虚拟经济与金融研究中心,2003 年。

英文部分

[1]Adler, M. "Deviations from Purchasing Power Parity in the Long Run", *Journal of Finnance*, 38(5), 1983, pp. 1471–1487.

[2]Allen, P. R. and Taylor, S., "Charts, Noise and Fundamentals: a Study of the London Exchange Market", Discussion paper, 1989, p. 341.

[3]Baillie, R. T., "The Foreign Exchange Market Theory and Econometric Evidence", Cambridge University Press, 1989.

[4]Boothe, P., "The Statistical Distribution of Exchange Rate : Empirical Evidence and Economic Implications", *Journal of International Economics*, (2), 1987, pp. 297–319.

[5]Bu, Y. X. and Tyers, R., "China's Equilibrium Real Exchange Rate:Counterfactual Analysis", Felbruary Working Papers in Economics and Econometrics No. 390 Australian National University SBN, 0868313904, 2001.

[6]Chou, W. L. and Y. C. Shih, "The Equilibrium Exchange Rate of

Chinese RMB", *Journal of Comparative Economic* (26), 1997, pp. 165-174.

[7] Dornbusch, R., "Equilibriu and Disequilibrium Exchange Rates", In Internation Financial Management, 1982.

[8] Edwards, S. 1989, "Real Exchange Rates in the Developing Countries : Concepts and Measurement ", National Bureau of Conomic Research Working Paper No. 2950, April.

[9] Einzing, P., *The History of foreign exchange*, London Macmill press, Second Edition, 1970.

[10] Elbadawi, I. A., 1994, "Estimating Long Rate Equilibrium Exchange Rate", In John Williamson, Ed., *Estimating*, *Equilibrium Exchange Rates*, 93-133, Washington, DC: Institute for International Economics.

[11] Evan, G. W., "A Test for Speculative Bubbles in the Sterling - Dollar Exchange Rate : 1981-1984", *AER*, 76(4), pp. 621-636.

[12] Frenkel, J. A. and Froot, K. A., "Chartists, Fundamentalists and the Demand for Dollars", *Greek Economic Reviews*, (10), 1988.

[13] Friedman, M., "The Case for Flexible Exchange Rate", *Essays in Positive Economics*, Chicago University Press, 1953.

[14] Froot, K. A. and Ito T., "On the Consistency of Short Run and Long Run Exchange Rate Exchange Expectations", *Journal of Internation Money and Finance* (8), 1989, pp. 487-510.

[15] Hard, G., "News and the Foreign Exchange Market", London School of Economics Financial Markets, Group Discussion Paper, 1989, p. 71.

[16] Keynes, J. M., "The Future of the Foreign Exchange", Loyel Bank Linrited, Monthly Review 6, (10), 1935.

[17] Liviatan, N., "A Disequilibrium Analysis of the Monetary Trade Model", *Journal of Internation Economics*, 9(3), 1979.

[18] Mckinnon, R., "An International Standard for Monetary Stabilization", IIE Policy Analysis in International Economics, No. 8, March, 1984.

[19] Montiel, P. J., 1999a, "The Long Run Equilibrium Exchange Rate

：Conceptual Issues and Empirical Reasearch", In Lawance E. Hinkle and Peter J. Montiel, Eds., *Exchange Rate Misalignment*：*Concepts and Measurement for Developing Countries*, 219-263, New York：The World Bank.

[20] National Post, Nobel Money Duel—Two of the leading currency experts debate some of the key economic issues of our time, 2002-12-12.

[21] Nurkes, R., "Conditions of International Monetary Equilibrium", Essays in *International Finance* 4, Princeton, Princeton University Press, 1945.

[22] Paul De Grauwe, *Economics of Monetary Union* (Fourth Edition), Oxford University Press, 2000, p. 23.

[23] R. A. Mundell, "A Theory of Optimum Currency Areas", *American Economic Review*, vol. 51, September, 1961, p. 57.

[24] Reihart, C., 2000, "The Mirage of Floating Exchange Rate", *American Economic Review*, Vol. 90, No. 2, p. 69.

[25] Takagi, S., "Exchange Rate Expection", IMF Staff Papers 8 (1), 1991, pp. 156-183.

[26] William, J., Rrowder C., "The International Convergence of Inflation Rates during fixed and Floating Exchange Rateregimes", *Journal of International Money and Finance*, 1996, 15(4), pp. 551-575.

[27] Willianmson, J., "On Seeking, to Improve IFM Conditionality", *The American Economic Review* (73), 1983.

[28] Williamson, J., "The Crawling peg", *Princeton Essays in Internaional Finance*, (50), 1965, p. 8.

[29] Williamsan, J., "The Exchange Rate System", IIE Policy Analysis in International Economics, No. 5, Sept., 1983.

[30] Zanello Alessandro, Dominique Desruell, "A Primer on the IMF's Information Notice System", IMF Working Paper, 1997.

[31] Zhang Zhichao, "Real Exchange Rate Misalignment in China：An Empirical Investigation", *Journal of Comparative Economics* (29), 2001, pp. 1-15.

后　记

　　本书是在我的博士论文基础上修改而成。在论文的写作期间,我始终得到导师——全国政协委员、原中共中央党校教育长李兴山教授的悉心指导和拨冗阅审。恩师渊博的知识、敏锐的洞察力和严谨的治学态度,常常令我敬佩不已;对我殷切的期待、慈父般的宽容和殷切的教诲,令我终生难忘。更令我感恩的是,恩师李兴山教授还就本书的出版提出了许多宝贵意见并欣然作序。北京大学刘方棫教授、睢国余教授,中央党校经济学部赵振华教授、韩保江教授,也给予本书诸多的指点和评审,他们的培育教导和风骨气韵是我成长前进的财富。所有这些,对我来说,既是一种鼓励,也是一种鞭策。

　　本书的初创,历经 2005 年 7 月 21 日人民币第一次汇率改革。书中,立足于提高我们党和国家执政能力,在发展经济与社会和谐之中论证以动态的汇率调控作为实现平衡的支点和以激励控制作为经济发展的原动力,通过评述国际汇率理论和实践,回顾人民币汇率形成机制的演变和发展历程,积极探索中国特色汇率形成的新思路,初步构建了人民币汇率形成的"二合一"模式。时至今日,特别是历经 2010 年 6 月 29 日人民币第二次汇率改革之后,虽然两次汇率改革的历史背景、内外部经济环境和所肩负的历史使命有所不同,但个人的观点不仅具有充分的说服力,而且在立论方面对人民币未来的发展趋势具有研判力。

　　"货币的命运最终也将成为国家的命运"。因此,关注人民币就是关注中国的未来。如同中国渐进式改革一样,人民币也在渐进式地回归价值。尽管当前人民币对外升值、对内贬值,其内外价值存在着差异,但随着人民币国际化道路日渐加快,人民币内外价值趋同的时候必将到来,"中国制造"的奇迹必将成为"中国创造"的历史,"中国的人民币"必将成为"世界的人民币",超主权货币必将展示着全球化、市场化、人文化的无穷魅力。这是本书的价值指向,也是本书的期待所在。

　　由于本人学识有限,特别是金融历练较少,对汇率理论发展与实践的研究探索难免有所疏漏,甚至辞不尽意,敬请有识之士不吝教正。书中借鉴和参考的大量相关文献,引用和引述国内外专家学者的研究成果和学术观点,如涉及版权,敬请与作者联系,并在此表示诚挚的谢意。

　　感谢中国延安干部学院常务副院长陈燕楠研究员、副院长付建成教授、副院长靳铭教授的悉心指导和鼎力支持,感谢教学科研部部长马广荣教授在协调中国延安干部学院学术著作出版基金资助本书出版方面所给予的大力帮助。同时,还要感谢人民出版社的领导,责任编辑陈登、徐庆群等,没有他们的鼎力支持、出色编辑和辛劳付出,就没有这本书的问世。

　　最后,本书的付梓,希望能够给父母双亲以安慰,给同行同事以共鸣,给爱人孩子以幸福,给同学朋友以回味,重要的一点,就是要给自己以前行的动力。大道前驱,正道直行,作者将一如既往地默默走下去,走出属于自己的一条特色之路来!

黄先禄

2011 年 4 月于中国延安干部学院

责任编辑:徐庆群

装帧设计:李欣欣

版式设计:王　舒

图书在版编目(CIP)数据

汇率理论发展与实践研究——兼论人民币汇率形成的"二合一"模式/
　黄先禄著. -北京:人民出版社,2011.6
ISBN 978-7-01-009820-3

Ⅰ.①汇…　Ⅱ.①黄…　Ⅲ.①汇率理论-研究 ②人民币汇率-研究
　Ⅳ.①F830.73 ②F832.63

中国版本图书馆 CIP 数据核字(2011)第 063044 号

汇率理论发展与实践研究

HUILV LILUN FAZHAN YU SHIJIAN YANJIU

——兼论人民币汇率形成的"二合一"模式

黄先禄　著

人民出版社 出版发行

(100706　北京朝阳门内大街 166 号)

北京集惠印刷有限责任公司印刷　新华书店经销

2011 年 6 月第 1 版　2011 年 6 月北京第 1 次印刷
开本:710 毫米×1000 毫米 1/16　印张:20.5
字数:295 千字

ISBN 978-7-01-009820-3　定价:45.00 元

邮购地址 100706　北京朝阳门内大街 166 号
人民东方图书销售中心　电话 (010)65250042　65289539